新编教师礼仪训练教程

万爱莲◎编著

New Teachers'Etiquette Training Course

華中科技大學出版社
http://www.hustp.com
中国·武汉

图书在版编目(CIP)数据

新编教师礼仪训练教程/万爱莲　编著.—武汉：华中科技大学出版社，2013.9
ISBN 978-7-5609-8987-7

Ⅰ.新…　Ⅱ.万…　Ⅲ.教师-礼仪-教材　Ⅳ.G451.6

中国版本图书馆CIP数据核字(2013)第100575号

新编教师礼仪训练教程　　　　**万爱莲　编著**

策划编辑：周小方　陈培斌
责任编辑：刘　亭
封面设计：李　嫚
责任校对：封力煊
责任监印：张正林
出版发行：华中科技大学出版社(中国·武汉)
　　　　　武昌喻家山　　邮编：430074　　电话：(027)81321915
录　　排：华中科技大学惠友文印中心
印　　刷：华中理工大学印刷厂
开　　本：710mm×1000mm　1/16
印　　张：15.5　插页：1
字　　数：310千字
版　　次：2013年9月第1版第1次印刷
定　　价：29.80元

本书若有印装质量问题，请向出版社营销中心调换
全国免费服务热线：400-6679-118　竭诚为您服务

内容提要

教师的师表作用对一个国家公民文明水平的提高关系重大；教师礼仪的修养如何，不仅会直接影响其教育效果，而且会直接影响到人类文明在整个社会中传播的效果。本书从什么是教师礼仪、教师的常规礼仪（仪容礼仪、仪表礼仪、仪态礼仪）、教师的工作礼仪（教学礼仪、辅导礼仪、校园集会礼仪）和教师的交往礼仪（生活交往礼仪和公共场所礼仪）等四个大的方面分别进行阐述，探讨了有助于增强教师与师范生礼仪素质的相关知识与实践应用的途径。

不同于以往的任何有关“教师礼仪”的教材，本书结合课堂教学的实际，布置相关作业，选用了大量第一手来自于学生作业的真实案例。这些案例不仅在现实的教学过程中随处可见，而且生动有趣，富有警醒、教育意义。

本书理论知识丰富，能更好地帮助广大教师和读者了解礼仪精髓，更好地做到知礼、守礼、用礼。

本书案例生动具体，富于指导性，易于操作。有助于广大教师和读者从实例中学习、比较，发现自身的长处和不足，更好更快地提高自身的素质。

本书语言简洁易懂，实用性强，是一部关于“教师礼仪”的实践教材，是教师和师范生首选的学习参考资料。

前言

国运兴衰，系于教育；教育振兴，全民有责。《国家中长期教育改革和发展规划纲要》(2010—2020 年)明确提出要坚持德育为先，加强中华民族优秀文化传统教育。礼仪，是中华民族传统文化中的一颗璀璨明珠。中国自古以来就被称为礼仪之邦，身处礼仪之邦，应做礼仪之人。教师礼仪是每一位教师在其工作、学习和生活中所必须带头遵守的礼仪规范。教师礼仪有明确的榜样性、严格自律性等特点，其根本含义是为人师表，以身作则，为学生、为社会树立良好榜样。无论是我国古代还是西方近现代都很重视礼仪的教化作用，人们总是对教师寄予很高的期望，把礼仪修养作为教师必备的基本素质之一。1999 年江泽民同志在第三次全国教育工作会议上强调："教师是学生增长知识和思想进步的导师，他的一言一行，都会对学生产生影响，一定要在思想政治上、道德品质上、学识学风上全面以身作则，自觉率先垂范，这样才能真正为人师表。"2002 年，他又在《关于教育问题的谈话》中指出："教师作为人类灵魂的工程师，不仅要教好书，还要育好人，各个方面都要为人师表。"德国教育家第斯多惠在《德国教师培养指南》中指出，"……他应该首先发展他本身的这些优秀品质……正如没有人能把自己所没有的东西给予别人一样，谁要是自己还没有发展、培养和教育好，他就不能发展、培养和教育别人"。

当前在国家重视教育的大环境下，素质教育、新课程改革的教育思想和理念日益深入人心，绝大多数教师都很重视自身素质的提高，对教师礼仪修养的重要性也有了一定的认识。但由于某些主客观的原因，仍有一些教师作出一些不符教师职业形象、背离教师职业道德的行为与表现，如有的教师不太注重自己的仪容仪表，不修边幅，穿背心拖鞋上课；有的教师为了追求时髦，衣着前卫，打扮得过于艳丽；有的学校领导或教师与人谈话不尊重他人，随地吐痰，随意接听电话；有的教师语言粗俗，对学生不尊重，挖苦讽刺或体罚学生，导致与学生、与同事关系紧张，也在学生家长中造成恶劣影响。师范生是未来的人民教师，但目前我国某些师范生的礼仪修养现状同样不容乐观，如在师范院校的校园中，我们可以发现有学生不分场合地穿着奇装异服，发型怪异；男女同学之间行为举止过于亲密；对集体漠不关心，缺乏责任心；不守信用；考试作弊；在校园内抽烟、酗酒；在教室等学习场所大声喧哗或随意接打手机；休息时间吵闹，影响他人休息；给老师、同学起绰号；随地吐痰，乱扔果皮纸屑；课堂不文明，不尊重老师；上课睡觉或玩手机且心安理得;破坏校内公共设施、设备;在桌椅、图书和教室、宿舍墙上乱涂乱画;就餐时随意插队。更令人不安的是,有的同学把漠视校纪校规、行为放浪不羁、只顾自己不顾他人当做有个性,他们强烈要求别人尊重自己,却不尊重别人。

教师是人类文明和科学文化知识的传播者,是学生道德的启蒙者,是学生美好心灵的塑造者,其职业特点是以人格来培养人格,以灵魂来塑造灵魂;教师对学生的影响不仅贯穿于学生受教育过程的始终,而且会影响学生的一生。一名合格的教师不仅要有高尚的思想品德、广博的知识,更要具有通情达理的风范。要继承发扬中华民族"礼仪之邦"的优秀传统,就必须加强对青少年的礼仪教育,教师正是担负这一重任的主要角色。如果说教师良好的素养与过硬的专业水平是教师的"硬件"的话,那么教师的礼仪则是教师的"软件"。育人就要讲礼仪。从孔夫子开始,礼仪就被列入必修的"六艺"(礼乐射御书数)之中,人类文明发展到今天,教师更应当成为讲究礼仪的典范。教师在礼仪方面的师表作用对一个国家公民文明水平的提高关系重大;教师礼仪的修养如何,不仅会直接影响其教育效果,而且会直接影响到人类文明在整个社会中传播的效果。今天,开展和加强对教师与师范生的礼仪教育,势在必行。针对种种现象,湖北第二师范学院于 2009 年开设了"教师礼仪"课程,我有幸作为主讲教师,并开始着手编写"教师礼仪"教材,历时三年的摸索总结,一千多个日日夜夜电脑前的苦战,终于有了现在这本书。在编写本书的过程中,我的老师们,湖北第二师范学院教师素质训练中心的谭细龙教授、田恒平教授等众多同事、同学、朋友及家人给我提了许多宝贵意见,提供了大量帮助,我的学生们给了我大力支持,为我提供了大量真实鲜活的案例,同时我也参考了一些同仁们的研究成果,在此表示衷心的感谢!没有你们的鼓励、支持与帮助,这本书实难付梓。

当然,由于我生活积淀的欠缺,难免才疏学浅,学识有限,这本教材肯定有许多不尽如人意的地方,恳请大家不吝赐教、批评指正,我一定会在今后的教学和生活中继续探索、研究、总结,以期做得更好。

万爱莲

2013 年 3 月 27 日

Conterts

目录

第一编

导　论

第一章

教师礼仪概述

礼仪，是人类在历史发展中逐渐形成并积淀下来的一种文化，始终以某种精神约束着每个人的行为。在人际交往中，礼仪不仅可以有效地展现一个人的教养、风度和魅力，还能体现出一个人的学识、对社会的认知。自古以来，中国就是一个讲究礼仪的国家，享有礼仪之邦的美誉。随着社会的飞速发展和文明程度的不断提高，中国与世界的交流日益频繁，人们越发意识到礼仪在生活、工作中的重要作用，意识到礼仪是人立身处世的根本、是人际关系的润滑剂、是现代竞争的附加值。“不学礼，无以立”已成为人们的共识。如何体现自己有礼、有节、有度的修养和风度，已引起越来越多的人的思考。

美国著名的人际关系学大师戴尔·卡耐基就认为，一个人事业的成功，15％是由于他的专业技术，85％靠他的人际关系和处事技巧。生活中就有这么一个真实的事例：一位先生要雇一个没带任何介绍信的小伙子到他的办公室做事，先生的朋友挺奇怪。先生说：“其实，他带来了不止一封介绍信。你看，他在进门前先蹭掉脚上的泥土，进门后又立即脱帽，并随手关上了门，这说明他很懂礼貌，做事很仔细；当看到那位残疾老人时，他立即起身让座，这表明他心地善良，知道体贴别人；那本书是我故意放在地上的，所有的应试者都不屑一顾，只有他俯身捡起，放在桌上；当我和他交谈时，我发现他衣着整洁，头发梳得整整齐齐，指甲修得干干净净，谈吐温文尔雅，思维十分敏捷。怎么，难道你不认为这些小节是极好的介绍信吗？”

教养体现于细节，细节展示素质。不积跬步，无以至千里；不积小流，无以成江河。文明行为的形成，需要养成习惯；良好习惯的养成，则需要平时注意行为细节上的不断自我约束。可见，礼仪说的是细节，说的是小事，但这些又不是小事。

教师，这一太阳底下最光辉的职业，对礼仪的继承、传递与创新起着不可估量的作用。这是因为，在普及义务教育的情况下，学校教育几乎是所有儿童和青少年生活的重要部分，对他们今后的生活产生着决定性的影响。教师是影响学生人格和个性发展的最重要的因素，家长、社会都不能代替教师的作用。那些爱岗敬业、爱生如子、严谨求实、无私奉献、以身作则、表里如一的教师，总是会得到学生肯定并影响他们的终生。

第一节　教　师

振兴民族的希望在教育，振兴教育的希望在教师。1993 年《中华人民共和国教师法》将教师定义为：教师是履行教育教学职责的专业人员，承担教书育人、培养社会主义事业建设者和接班人、提高民族素质的使命。可见，教师这个职业是多么崇高和伟大。教师是人类灵魂工程师，必须努力提高自己的思想政治素质和业务水平；热爱教育事业，教书育人，为人师表；精心组织教学，积极参加教育改革，不断提高教学质量。在人类数千年的灿烂文明历史中，"教师"是受人尊敬、被人爱戴的。教师，是人类文化继承、传播和创新的使者。

一、教师职业的起源与发展

"教"这个字，在我国最早出现在甲骨文中，为[①]，会意。从攴(pū)，从孝，孝亦声，像有人在旁边用手执杖或鞭，教导他人学习。在奴隶社会，奴隶主要靠鞭杖来施行他们的教育、教化。本义：教育，指导。如：上所施下所效也。——《说文》。教也者，长善而救其失者也。——《礼记·学记》等。甲骨文"师"字作，金文"师"字作，证明了"古之学者必有师"。[②]

教师是人类最古老的职业之一，可以说，自有了人类社会就有了教师。但教师作为一种职业，是随着社会生产力的发展，伴随着社会分工要求出现的产物。为了向年轻一代传授经验和知识，实现人类社会的延续和发展，教师职业从原始社会融于社会生产和生活过程中的非专业化形态，到与生产劳动相脱离的古代学校教育的泛专业化形态，最后走向近现代社会教育与生产劳动相结合的专业化形态，经历了漫长的历史进程。

原始社会，人们共同生活在一起，没有私有财产，没有阶级。为了种族的繁衍和生存，他们必须向下一代传授劳动经验以及社会生活的传统行为习惯，及如何制造和使用相关工具进行生产。教育就在社会生产和生活过程中进行，族中长辈、父母都是小孩的教师。

到了奴隶社会，随着社会生产力的发展和文字的出现，社会上出现了脑力劳

① 转引自王道俊、郭文安主编：《教育学》，北京，人民教育出版社，2009 年版，第 5 页。

② 宋嗣廉、韩力学主编：《中国师范教育通览》，长春，东北师范大学出版社，1998 年版，第 1 页。

动和体力劳动的分工，教育从社会生活中分离出来，产生了古代学校教育，教师成为真正意义上的一种专门职业。据《礼记》等书记载，在我国夏朝已出现“庠”“序”“校”等施教机构。到了西周——奴隶社会的鼎盛时期，统治者对教育极为重视，教育与政治紧密联系。“学在官府”是这个时期教育制度的显著特点，“官师合一”“政教合一”是其典型表现。西周立国之初，为了加强军队统治力量，统治者便开始办学校，培养贵族子弟。这些贵族子弟在学校主要是学习射箭、驾驭等军事技能，而后才是学习文化。因此，西周初期学校的教师都是由高级军官担任，因其职名未变，人们称他们为“师”或“师氏”。随着社会的进步和文化教育事业的发展，文官任教的人也逐渐多起来，因而教师便成为社会上一部分人的职业。这时的学校分国学和乡学两种。国学是专门为京城的奴隶主贵族子弟设立的，乡学是建在地方上为一般奴隶主和庶民子弟设立的。学校教师，国学由京城大官担任，乡学由地方官吏担任。天子和诸侯每年都要视学，同时举行隆重典礼，以表示统治者“尊师重教”之意。

到春秋战国时期，奴隶制瓦解，封建制建立。上层建筑发生激变，政治上，王权衰落；意识形态上，礼崩乐坏。文化教育也随之发生变化，其主要标志就是官学没落，私学兴起。王室、诸侯忙于战争，社会动乱，无暇顾及学校。社会的变动打破了奴隶主贵族垄断教育的局面，秘藏于官府的典籍文物散失民间。破落的奴隶主贵族及掌握了一定文化知识的人员流落到社会下层，成为私学的教师。教育过程与政治活动有所分离，教师不再是官吏，而成为较单纯、独立的社会职业，可以随处讲学，所以春秋战国时期，私人讲学之风盛行，私学遍及各地，“学在四夷”。私人讲学不仅是谋生的手段，也是“成一家之言”的方式，各种学派努力培养“士”，企图用各自的主张来拯救动乱的局面，因此形成了我国学术思想文化发展史上百家争鸣的繁荣局面。孔子首创私学，可以说是我国历史上第一个以教书为业的专职教师。战国末期的《学记》，是中国教育史上最早，最完善的文献，称教师为“教者”“师”，如“学者有四失，教者必知之”，“教也者，长善而救其失者也”，“故师也者，所以学为君也。是故择师不可不慎也”。由于一方面“教”也是“师”，另一方面“教”也是传授知识的主要手段，“故君子之教喻也”，“善歌者使人继其声，善教者使人继其志”，因此，人们便逐渐把“教”和“师”合起来，称为“教师”。

秦始皇统一中国，以“法”治国，采取了一系列巩固统治的措施。在文教政策上，实行“书同文”“行同伦”“设三老以掌教化”“颁挟书令”和“禁私学、以吏为师”等政策，但始终没有设立官学，不重视学校教育。为了禁止当时“以古非今”的现象，甚至焚书坑儒，不能不说是秦朝的一大失策。

两汉时期，汉武帝接受董仲舒的“罢黜百家，独尊儒术”的建议，在朝廷设五经博士，作为太学的教师。自此国家政策和文化教育皆以儒术为本，儒学成为统一思想，并根据这个指导思想培养人才、选拔人才，对人民加强思想教化。因此，儒家把教师地位抬得很高，称为“礼之三本”，把师与天地、国君相提并论：天地君亲师。汉代的官学有中央和地方两种，中央官学主要是太学，地方官学为郡国学校。汉朝在长安设太学，可容万人，由五经博士任教师。由各地官员推荐 18 岁的子弟学习，经过考试，合格的便可直接做官。使儒学与仕途结合起来，要做官，非学儒不可，从而使学校成了专门学儒的地方，士人也都变成了儒生。“学而优则仕”成了整个封建社会教育的特点。汉代虽有官学，也有私学，那些经师大儒凡得不到从政和任博士机会的，即从事私人讲学。

魏晋南北朝期间，由于封建割据战争频繁、阶级矛盾复杂尖锐，官学处于时兴时废的状态。九品中正制的选拔制度，使教师的作用得不到很好的体现。

隋炀帝首创科举考试，从此科举考试成为历代统治者选拔官吏的一种主要途径。到唐代，学校已成为科举制的附庸，并形成了相当完备的学校制度，从中央到地方有一整套学校体制，对各级各类学校的教师和学生名额、招生对象以及学习内容等都有详细规定。教师的地位受到重视，当时学校教师有博士、助教、直讲等，他们既是政府官员，又是教师。教职以官职大小为标准，博士自正五品至从九品，助教至从六品至从九品。而且唐朝的私学也较兴盛，当时许多名师大儒，都聚徒讲学，传经授业。韩愈关于教师的见解是我们值得关注的，他认为教师是传道、授业、解惑之人，表明了教师的主导作用。

宋元时期有官学私学两类，书院在初期偏于私学，后来也有中央或地方创办的。私学中蒙馆、家塾、“冬学”等也相当发达。私学教师的水平极为悬殊，教师旨趣也大不同。有的是不屑仕进，耻事权贵；有的是不与时俯仰，如晋宁人王佐，“从父居上都，教授里巷，不与时俯仰”；有的当朝大夫以“传道授业”为儒者要务；更多的则是屡试不第，为养家糊口而教授乡里。这一时期私学教师的地位也一落千丈，以至元朝，有“九儒十丐”[①]之说。

明清时期，统治者在京师设国子监，设博士、助教、学正、学录负责教学。在文化思想教育方面实行专制主义政策，大兴“文字狱”，实行八股取士，禁锢思想，扭曲文化，给士人风气带来恶劣影响，采取压制、笼络等政策，使教师噤若寒蝉，思想僵化，真正成了“腐儒”。

清末教育腐败、没落，外国侵略者开始对中国进行文化侵略，开办了一些教会学校，由外国传教士任教师。后来洋务派也创办了一些新式学堂，教师也多为外国人。直到后来留学生回国后，才开始有了新学教师。[②]

---

① 元代统治者把人分为十等，读书人列为第九等，居于末等的乞丐之上。后指知识分子受到歧视和苛待。有人认为当代“臭老九”一词源于此语。

② 毛礼锐、瞿菊农、邵鹤亭编：《中国古代教育史》，北京，人民教育出版社，1983 年版；孙培青：《中国教育史》，上海，华东师范大学出版社，2000 年版。

二、历史上教师的称谓简介

我国有悠久的尊师重教的传统，孟子将其与君并列，荀子进一步把教师纳入到天、地、君、亲的序列，即“天地君亲师”。《吕氏春秋》曰：“古之圣王，未有不尊师者。”为教师留下了许多敬称和誉称。有“师氏”“西席”“山长”“师长”“老师”“先生”等，近现代又出现了“园丁”“蜡烛”“春蚕”“人梯”“孺子牛”“人类灵魂的工程师”等称谓。

1. 老师

老师，传授知识、技艺的人，泛指在思想政治、业务知识等方面值得学习的人。又指年辈最尊的学者，如老师宿儒。《史记·孟子荀卿列传》：“田骈之属皆已死，齐襄王时而荀卿最为老师。”唐朝韩愈《施先生墓铭》：“自贤士大夫、老师宿儒、新进小生，闻先生之死，哭泣相吊。”“老”字在这里均表尊敬的意思。到宋元时代，人们逐渐地就不再管年龄的大小，把教学生的人也称为“老师”，如金代文学家元好问《示侄孙伯安》诗云：“伯安入小学，颖悟非凡貌。属句有夙性，说字惊老师。”①

2. 西席、西宾

据清梁章钜《称谓录》卷八：“汉明帝尊桓荣以师礼，上幸太常府，令荣坐东面，设几。故师曰西席。”意为汉明帝刘庄为太子时，就拜桓荣为师，登上皇位后，对桓荣仍十分尊敬，他常常到桓荣住的太常府内，请桓荣坐向东的位子，并替桓荣摆好桌案和手杖，亲自手拿经书听桓荣讲解经文。汉代席地而坐，室内座次以靠西墙（西边），面向东方为尊。汉明帝给桓荣安排坐西南面东的坐席，表示对启蒙老师的尊敬。由于皇帝安排老师坐西席，于是人们就把家庭教师，甚至所有老师尊称为西席了。从此，“西席”便成了对教师的尊称，也称西宾。②

3. 师长

师长是古时对教师的尊称之一。《周礼·地官·师氏》：“教三行，一曰孝行以亲父母，二曰友行以尊贤行，三曰顺行以事师长。”《韩非子·五蠹》：“今有不才之子，父母怒之弗为改，乡人谯之弗为动，师长教之弗为变。”后来通称教师为师长。如今人们常说的“为人师长”，就是指的教师。③

4. 师父

师父为旧时老师的通称或对老师的尊称。《红楼梦》第八十二回：“这早晚就

---

① 夏征农、陈至立主编：《辞海》（第六版彩图本 2）（H—M），上海，上海辞书出版社，2009 年版，第 1311 页。

② 夏征农、陈至立主编：《辞海》（第六版彩图本 4）（W—Z），上海，上海辞书出版社，2009 年版，第 2449 页。

③ 广东广西湖南河南辞源修订组、商务印书馆编辑部编：《辞源》（修订本）（1—4）（第二册），北京，商务印书馆，1980 年版，第 978 页。

下学了么？师父给你定了工课没有？”南唐尉迟偓《中朝故事》：咸通中有幻术者，不知其姓名，于坊曲为戏。……其人乃谢诸人看，云：“某乍到京国，未获参拜所有高手，在此致此小术不行，且望纵之，某当拜为师父。”也用于对有技艺者的尊称和对和尚、尼姑、道士的尊称。①

5. 师傅

师傅为老师的通称。《谷梁传·昭公十九年》：“羁贯成童，不就师傅，父之罪也。”后常用为学徒对传授技艺的老师的尊称，又用于对各种有生产技能的工人的尊称。如老师傅、木匠师傅。旧时也指太师、太傅、太保、少师、少傅、少保的通称，或指王府师、傅及三公。《史记·儒林列传》：“自孔子卒后，七十子之徒散游诸侯，大者为师傅卿相。”②

6. 山长

唐末五代时山中学舍称书院，其主讲兼总院务者曰山长。如唐代刺史孙丘于阆州古台山置学舍，以尹恭初为山长；五代蒋维东隐居衡岳，受业者称蒋为山长。久而久之，“山长”成为对教师的一种尊称。③

7. 先生

“先生”这个称呼由来已久，不过历史上各个时期，“先生”这个称呼是针对不同对象的。

(1) 父兄。《论语·为政》：“有酒食，先生馔。”注解：“先生，父兄也。”意思是有酒肴，就孝敬父兄。

(2) 年长有学问的人。《孟子·告子下》：“宋牼(kēng)将之楚，孟子遇于石丘，曰：‘先生将何之？’”赵岐注：“学士年长者，故谓之先生。”《孟子》：“先生何为出此言也。”这一“先生”是指长辈而有学问的人，后指对知识分子和有一定身份的成年男子的尊称。现在意义有所外延，但凡德高望重的人，都可以被尊称为“先生”，有表示尊敬的意思，不一定完全指男士。如宋庆龄、杨绛、冰心、丁玲等均可称为先生。

(3) 老师。《礼记·曲礼上》：“从于先生，不越路而与人言。”郑玄注：“先生，老人教学者。”今称教师为先生，本此。《庄子·应帝王》：“列子曰：‘嘻，子之先生死矣，弗活矣。’”鲁迅《书信集·致萧军萧红》：“我的确当过多年先生和教授，但我并

---

① 夏征农、陈至立主编：《辞海》(第六版彩图本 3)(N—T)，上海，上海辞书出版社，2009 年版，第 2038 页；广东广西湖南河南辞源修订组、商务印书馆编辑部编：《辞源》(修订本)(1—4)(第二册)，北京，商务印书馆出版，1980 年版，第 978 页。

② 夏征农、陈至立主编：《辞海》(第六版彩图本 3)(N—T)，上海，上海辞书出版社，2009 年版，第 2038 页。

③ 广东广西湖南河南辞源修订组、商务印书馆编辑部编：《辞源》(修订本)(1—4)(第二册)，北京，商务印书馆出版，1980 年版，第 920 页。

没有忘记我是学生出身。”

(4) 妇女称自己或别人的丈夫。《烈女传·楚于陵妻》:“妾恐先生之不保命也。”现在使用该词,一般前面都带人称代词或定语;比如你先生、我先生。如:你是找我家先生吗?他不在家。

(5) 旧时称以相卜、行医、看风水等为业的人。《史记·淮阴侯列传》:“(蒯 kuǎi 通)以相人说韩信曰:‘仆尝受相人之术……。’韩信曰:‘善。先生相寡人如何?’”《南史·吉士瞻传》:“(士瞻)年逾四十,忽忽不得志,乃就江陵卜者王先生计禄命。”清李渔《凰求凤·假病》:“请先生过来,用心替他诊脉。”

(6) 文人学者自称。史记三代世表序补:“张夫子问褚先生曰。”褚先生是褚少孙自称。晋陶潜陶渊明集有五柳先生传,五柳先生是陶潜自称。

(7) 现在对所有男性都可以称为先生如:王先生、李先生等。①

三、我国教师节的由来

1985年9月10日,是新中国第一个教师节。1985年举行的六届全国人大常务委员会第九次会议同意了国务院关于设立教师节的议案,决定每年的9月10日为教师节。

尊师重教是中国的优良传统,早在公元前11世纪的西周时期,就提出“弟子事师,敬同于父”,古代大教育家孔子更是留下了“有教无类”“温故而知新”“学而时习之”等一系列至理名言。传道授业解惑的教师,被中国人誉为人类灵魂的工程师。在我国的近现代史上,曾多次设立过教师节。

早在1931年5月,由教育家、南京中央大学教授邰爽秋、程其保等发起,拟定6月6日为全国教师节,雅称“双六节”。并发表《教师节宣言》,提出改善教师待遇、保障教师工作、增进教师修养三项目标,产生了一定的社会影响。可惜这个宣言没有得到国民党政府的承认。

1939年,国民党政府教育部决定将中国古代教育家孔子的诞辰日定为教师节,并颁布了《教师节纪念暂行办法》,但因为战争原因也没有能够在全国推行。

1951年全国教育工会成立,同年4月19日,教育部长和教育工会全国委员会主席宣布“五一国际劳动节”为教师节,将教师节与“五一”国际劳动节合并一起。但是,由于两个节日的重叠和当时的社会原因,教师节也没有真正实行。

党的十一届三中全会后,中国教育事业重新走上了正常轨道,发展教育成了全民族的共识。教师又重新得到人们尊重,社会地位得以提高。于是,教育界便有了设立教师节的提议。

---

① 广东广西湖南河南辞源修订组、商务印书馆编辑部编:《辞源》(修订本)(1—4)(第一册),北京,商务印书馆出版,1979年版,第278页;夏征农、陈至立主编:《辞海》(第六版彩图本4)(W—Z),上海,上海辞书出版社,2009年版,第2480页。

1981 年 11 月，中国人民政治协商会议第五届全国委员会第四次会议上，中国民主促进会的 17 位全国政协委员联名提交了一份提案，建议确定全国教师节。认为教师担负着培养“四化”建设人才的重任，应该受到全社会的尊敬，享有崇高的社会、政治地位。

1982 年 7 月 20 日，《光明日报》刊登了天津南开中学教师田家骅提出的设立和确定“教师节”的建议。信中提出：“当前全国有两千多万教师，肩负着三亿青少年的教育、教学任务，为国家培养人才的任务义不容辞地落在了他们的肩上，教师应有自己的节日。”

1983 年 6 月全国政协六届一次会议上，中国民主促进会的全国政协委员联名再次提出“为提高教师的社会地位，造成尊师重教的社会风尚，建议恢复教师节案”。

1984 年 12 月初，广州暨南大学和中山大学学生倡议建立“尊师节”；北京师范大学校长、中国科学院院士王梓坤向新闻界表达了自己的建议，希望开展尊师重教月活动，在《北京晚报》上发表后引起了社会的广泛响应。12 月 15 日，北京师范大学教授钟敬文、启功、王梓坤等人联名给全国人大写信，提议设立教师节。

师生们的提议，得到了党和政府的积极回应。在建设中国特色社会主义的伟大事业中，教师肩负着培养一代新人的重大责任。在这种情况下，提出设立教师节，将进一步激发教师的光荣感和责任感，对于调动他们建设社会主义的积极性和创造性，对于重新动员全社会尊重教师并提高教师的政治地位和社会地位、改善教师的工作和生活条件，形成尊重知识、尊重人才的社会风尚，推动教育事业的发展有着深远的意义。

1985 年 1 月 21 日，六届全国人大常务委员会第九次会议正式通过国务院关于设立教师节的议案，并决定 9 月 10 日为我国的教师节。中国教师从此有了自己的节日。教师节的设立，将尊师重教的传统用法律的形式加以保证，使中华民族优秀传统美德得以传承。

1985 年 9 月 10 日，全国各地举行隆重的庆祝大会，迎接第一个教师节。国家主席李先念发出《致全国教师的信》，勉励教师为祖国的社会主义教育事业作出更大的贡献。

第二节　礼　　仪

礼仪，是随着人类的交际活动而产生、发展的。千百年来，礼仪作为一种社会现象，时时处处影响着人们生活的方方面面。在中国几千年漫长的历史中，礼仪不断为历代统治阶级所利用、所丰富，逐渐成为我国传统文化中具有强大凝聚力和传承力的元素。

一、礼、礼貌、礼节与礼仪的含义

1. 礼

何谓礼？我国古辞书《说文·示部》解释说："礼，履也，所以事神致福也。"《辞海》对"礼"的注释为：①本谓敬神。班固《东都赋》："礼神祇，怀百灵。"引申为表示敬意的通称。如敬礼、礼貌。《左传·僖公二十六年》："[重耳]及郑，郑文公亦不礼焉。"②社会生活中由于风俗习惯而形成的为大家共同遵奉的仪式。如婚礼、丧礼。《聊斋志异·封三娘》："遂涓吉速成礼。"③泛指古代社会贵族等级制的社会规范和道德规范。《论语·为政》："齐之以礼。"朱熹注："礼，谓制度品节也。"④礼物。如送礼、礼单。《晋书·陆纳传》："及受礼，唯酒一斗，鹿肉一柈。"等等。[①] 由此可知，"礼"原来并没有等级制度的伦理道德方面的意义，在阶级社会出现后，人类开始有了等级之分，宗教祭祀也随之出现了身份的限制和区分，于是，作为宗教祭祀仪态的"礼"便开始具有了社会身份区分的内容，逐渐转化为奴隶社会和封建社会的一种身份制度。

我们说的封建礼教的"礼"有着作为政治的等级制度和伦理道德两个方面的属性。作为等级制度的"礼"，强调的是"名位"。也就是孔子所谓的"君君、臣臣、父父、子子"。作为伦理道德的"礼"，具体内容包括孝、慈、恭、顺、敬、和、仁、义等。在"礼"两个方面的属性中，等级制度为"礼"的本质，而伦理道德方面的属性则为等级制度的外在显现。封建礼教实际上是通过向人们灌输孝、慈、恭、顺、敬、和、仁、义等，把这些外在于人的伦理道德观念变为人的内在需求，去束缚人们的思想，限制人们的行为，把人们变为统治阶级的忠实奴仆，以达到维护封建等级制度的目的。正因为如此，所以中国封建社会的历代统治者都把封建礼教作为维护其统治的不二法门。

近代以来，中国的"礼"逐渐脱离了原先为封建社会的森严的等级制度服务的本质，成为人们日常生活中所必须遵守的和维系社会良好风气的道德规范和行为规范。但这并不是意味着我们就可以不再受到"礼"的约束，甚至把儒家文化等一味地看成是陈腐的。实际上，我们所鄙弃的只是"礼"中的糟粕，对于儒家文化中占据相当分量的高尚的东西，还是要继承并发扬。随着中国的一步步发展，"礼"无与伦比的魅力必将会再度大放异彩。

2. 仪

何谓仪？《辞海》对"仪"的注释为：①礼节、仪式。如行礼如仪。《左传·昭公

---

① 夏征农、陈至立主编：《辞海》(第六版)(彩图本 2)(H—M)，上海，上海辞书出版社，2009 年版，第 1330 页。

二十五年》:“子大叔见赵简子,简子问揖让之礼焉,对曰:‘是仪也,非礼也’。”②礼物。如贺仪、奠仪。苏轼《赐王宗晖生日礼物口宣制》:“受兹多仪,永锡难老。”③法度、准则。亦谓以为准则。如设仪立度。《国语·周语下》:“所以宣布哲人之令德,示民轨仪也。”又:“不仪生物之则。”④仪器。如浑天仪、地球仪。《后汉书·律历志中》:“诏书下太常,令史官与融以仪校天,课度远近。”⑤容貌、举止。如仪容。《诗·大雅·烝民》:“令仪令色,小心翼翼。”等等。

3. 礼貌

礼貌,言行谦恭、文明的表现。礼貌,对人恭敬和顺的仪容。《孟子·告子下》:“迎之致敬以有礼,则就之;礼貌衰,则去之。”赵岐注:“礼者,接之以礼也。貌者,颜色和顺,有乐贤之容。”俞樾《群经平议》谓凡言礼貌者,并当读为体;体貌即容貌、仪容意。礼貌是一个人在待人接物时的外在表现,它通过仪表及言谈举止来表示对交往对象的尊重。它反映了时代的风尚与道德水准,体现了人们的文化层次和文明程度。侧重于表现人的品质与素养。

4. 礼节

礼节,指表示尊敬、祝颂、哀悼、欢迎之类的各种惯用形式,如鞠躬、握手、献花圈、献哈达、鸣礼炮等。礼节是人们在日常生活中,特别是在交际场合中,相互表示问候、致意、祝愿、哀悼、慰问以及给予必要的协助与照料的惯用形式,是人们待人接物的行为规则。礼节是礼貌的具体表现方式,具有形式化的特点。

5. 礼仪

礼仪包括“礼”和“仪”两部分。“礼”即礼貌、礼节;“仪”即“仪表”“仪态”“仪式”“仪容”,是礼节和仪式的统称。[①] 礼仪是指人们在社会交往中由于受历史传统、风俗习惯、宗教信仰、时代潮流等因素而形成,既为人们所认同,又为人们所遵守,是以建立和谐关系为目的的各种符合交往要求的准则和规范的总和。从广义的角度看,它泛指人们在社会交往中的行为规范和交际艺术。从狭义的角度看,通常是指在较大或隆重的正式场合,为表示敬意、尊重、重视等所举行的合乎社交规范和道德规范的仪式。

6. 礼、礼貌、礼节与礼仪的关系

礼是一种社会道德规范,是人们社会交际中的行为准则。礼、礼貌、礼节、礼仪都属于礼的范畴,礼貌是表示尊重的言行规范,礼节是表示尊重的惯用形式和具体要求,礼仪是由一系列具体表示礼貌的礼节所构成的完整过程。“礼貌”“礼节”“礼仪”三者尽管名称不同,但都是人们在相互交往中表示尊敬、友好的行为,其本质都是尊重人、关心人。三者相辅相成,密不可分。有礼貌而不懂礼节,往往

---

① 李行健主编:《现代汉语规范词典》,北京,外语教学与研究出版社、语文出版社,2004 年版,第 802 页。

容易失礼;谙熟礼节却流于形式,充其量只是客套。礼貌是礼仪的基础,礼节是礼仪的基本组成部分。礼是仪的本质,而仪则是礼的外在表现。礼仪在层次上要高于礼貌礼节,其内涵更深、更广,它由一系列具体的礼貌礼节所构成;礼节只是一种具体的做法,而礼仪则是一个表示礼貌的系统、完整的过程。

二、中国礼仪的起源与发展

(一) 中国礼仪的起源

关于中国礼仪的起源,说法不一。归纳起来有五种起源说:一是天神生礼仪;二是礼为天地人的统一体;三是礼产生于人的自然本性;四是礼为人性和环境矛盾的产物;五是礼生于理,起源于俗。

1. 天神生礼说

这是人们还没有认识到礼仪的真正起源时的一种信仰说教,是神崇拜的反映,代表了人类图腾崇拜时期对原始礼仪的一种认识。(左传)有言:"礼以顺天,天之道也。"意思是,礼是用来顺乎天意的,而顺乎天意的礼就合乎"天道"。"天神生礼说"虽然不科学,但反映了礼仪起源的某些历史现象。

2. 礼是天地人的统一体

这种观点是春秋以后兴起的一股思潮。它认为,天地与人既有制约关系又有统一性,同时具有高于人事的主宰性。把礼引进到人际关系中来讨论,比单纯的"天神生礼说"有了很大进步,但仍没有摆脱原始信仰,所以仍是不科学的。

3. 礼起源于人性说

这是儒家的创见,儒家学派把礼和人性结合起来,以为礼起源于人的天性。孔于以仁释礼,一方面把"礼"作为处理人际关系的总则,另一方面把"仁"当做"礼"的心理依据。克己以爱人,就是"仁";用仁爱之心正确而恰当地处理好人际关系,就是"礼"。

4. 礼是人性和环境矛盾的产物

这一学说的目的,在于解决人和环境的矛盾。孔子"克己复礼"的观点,就是看到了人和环境的矛盾,而解决这种矛盾的方法是"克己"。人的好恶欲望如不加以节制,什么坏事都干得出来,于是圣人制礼,节制贪欲。

5. 礼生于理,起源于俗

这是对礼仪起源的更深入探讨。理,是指事物的必然性的道理。人们为了正常生存和发展,根据面临的生存条件,制定出合乎人类生存发展必然性的行为规范,就是"礼"。"礼"是理性认识的结果。事物的礼落到实处,使之与世故习俗相关,所以又有了礼起源于俗的说法。荀子说:"礼以顺民心为本……顺人心者皆礼也。"从理和俗上说明礼的起源。

根据上述种种说法,我们可以看到:

从理论上说,礼的产生,是人类为了协调主客观矛盾的需要。

首先,礼的产生,是为了维护自然的"人伦秩序"的需要。人类为了生存和发展,必须与大自然抗争,不得不以群居的方式相互依存,这使得人们之间相互依赖、相互制约。在群体生活中,男女有别,老少有异,既是一种天然的人伦秩序,又是一种需要被所有成员共同认定、保证和维护的社会秩序。人类面临着的内部关系必须妥善处理,因此,人们逐步积累和自然约定出一系列"人伦秩序",这就是最初的礼。

其次,起源于人类寻求满足自身欲望与实现欲望诸多条件之间的动态平衡的需要。人对欲望的追求是人的本能,人们在追寻、实现欲望的过程中,难免会发生矛盾和冲突,为了避免这些矛盾和冲突,就需要为"止欲制乱"而制礼。

从具体的仪式上看,礼产生于原始宗教的祭祀活动。

原始宗教的祭祀活动都是最早也是最简单的以祭天、敬神为主要内容的"礼"。这些祭祀活动在历史发展中逐步完善了相应的规范和制度,正式成为祭祀礼仪。随着人类对自然与社会各种关系的认识的逐步深入,仅以祭祀天地鬼神祖先为礼,已经不能满足人类日益发展的精神需要和调节日益复杂的现实关系的需要。于是,人们将事神致福活动中的一系列行为,从内容和形式扩展到了各种人际交往活动,从最初的祭祀之礼扩展到社会各个领域的各种各样的礼仪。

因此,我们可以发现"礼"先于"仪",有了"礼"这个道德规范,才用"仪"这种形式去表现。"礼"与"仪"常常密不可分。礼仪与部落群居的形成过程同步产生,并随着社会组成形式和国家制度的变化而变化,随着人类社会生活的发展而逐步完善起来。

(二) 中国礼仪的发展

中国礼仪在其传承沿袭的过程中不断发生着变革。从历史发展的角度来看,其演变过程可以分四个阶段。

1. 礼仪的起源时期:夏朝以前(公元前21世纪前)

礼仪起源于原始社会,在原始社会中、晚期(约旧石器时代)出现了早期礼仪的萌芽。整个原始社会是礼仪的萌芽时期,礼仪较为简单和虔诚,还不具有阶级性。内容包括:制定了明确血缘关系的婚嫁礼仪;区别部族内部尊卑等级的礼制;为祭天敬神而确定的一些祭典仪式;制定一些在人们的相互交往中表示礼节和表示恭敬的动作。

2. 礼仪的形成时期:夏、商、西周三代(公元前21世纪—前771年)

人类进入奴隶社会,统治阶级为了巩固自己的统治地位,把原始的宗教礼仪发展成符合奴隶社会政治需要的礼制,礼被打上了阶级的烙印。在这个阶段,中国第一次形成了比较完整的国家礼仪与制度。如"五礼"就是一整套涉及社会生活各方面的礼仪规范和行为标准。古代的礼制典籍亦多撰修于这一时期。在汉以后2000多年的历史中，它们一直是国家制定礼仪制度的参考范本，被称为礼经。

3. 礼仪的变革时期：春秋战国时期(公元前771—前221年)

这一时期，学术界形成了百家争鸣的局面，以孔子、孟子、荀子为代表的诸子百家对礼教进行了研究和发展，对礼仪的起源、本质和功能进行了系统阐述，第一次在理论上全面而深刻地论述了社会等级秩序划分及其意义。

孔子对礼仪非常重视，把“礼”看成是治国、安邦、平定天下的基础。他认为“不学礼，无以立”，“质胜文则野，文胜质则史。文质彬彬，然后君子”。他要求人们用礼的规范来约束自己的行为，要做到非礼勿视、非礼勿听、非礼勿言、非礼勿动。倡导“仁者爱人”，强调人与人之间要有同情心，要相互关心，彼此尊重。

孟子把礼解释为对尊长和宾客严肃而有礼貌，即“恭敬之心，礼也”，并把“礼”看做是人的善性的发端之一。

荀子把“礼”作为人生哲学思想的核心，把“礼”看做是做人的根本目的和最高理想，“礼者，人道之极也”。他认为“礼”既是目标、理想，又是行为过程。“人无礼则不生，事无礼则不成，国无礼则不宁。”

管仲把“礼”看做是人生的指导思想和维持国家的第一支柱，认为礼关系到国家的生死存亡。

4. 强化时期：秦汉到清末(公元前221—公元1911年)

在我国长达2000多年的封建社会里，尽管在不同的朝代礼仪文化具有不同的社会政治、经济、文化特征，但有一个共同点，就是一直为统治阶级所利用，礼仪是维护封建社会的等级秩序的工具。这一时期的礼仪的重要特点是尊君抑臣、尊夫抑妇、尊父抑子、尊神抑人。在漫长的历史演变过程中，它逐渐变成妨碍人类个性自由发展、阻挠人类平等交往，紧锁思想自由的精神枷锁。

纵观封建社会的礼仪，内容大致有涉及国家政治的礼制和家庭伦理两类。这一时期的礼仪构成中华传统礼仪的主体。

5. 现代礼仪的发展

辛亥革命以后，受西方资产阶级“自由、平等、民主、博爱”等思想的影响，中国的传统礼仪规范、制度受到强烈冲击。五四新文化运动对腐朽、落后的礼教进行了清算，符合时代要求的礼仪被继承、完善、流传，那些繁文缛节逐渐被抛弃，同时接受了一些国际上通用的礼仪形式。新的礼仪标准、价值观念得到推广和传播。新中国成立后，逐渐确立以平等相处、友好往来、相互帮助、团结友爱为主要原则的具有中国特色的新型社会关系和人际关系。改革开放以来，随着中国与世界的交往日趋频繁，西方一些先进的礼仪、礼节陆续传入我国，同我国的传统礼仪一道融入社会生活的各个方面，构成了社会主义礼仪的基本框架。许多礼仪从内容到形式都在不断变革，现代礼仪的发展进入了全新的发展时期。大量的礼仪书籍相继出版,各行各业的礼仪规范纷纷出台,礼仪讲座、礼仪培训日趋红火。人们学习礼仪知识的热情空前高涨。讲文明、讲礼貌蔚然成风。今后,随着社会的进步、科技的发展和国际交往的增多,礼仪必将得到新的完善和发展。

三、礼仪的功能

1. 教育功能

礼仪是人类社会进步的产物,是传统文化的重要组成部分。礼仪蕴涵着丰富的文化内涵,体现着社会的要求与时代精神。礼仪通过示范、评价、劝阻等教育形式纠正人们不正确的行为习惯,指导人们按礼仪规范的要求去协调人际关系,维护社会正常生活。让大家都来学习、接受礼仪教育,可以提高整个民族的综合素质。

2. 沟通功能

礼仪行为是一种信息性很强的行为,每一种礼仪行为都表达一种甚至多种信息。在人际交往中,交往双方只有按照礼仪的要求,才能更有效地向交往对象表达自己的尊敬、崇拜、善意和友好之情,人际交往才可以顺利进行和延续。热情的问候、善意的目光、亲切的微笑、文雅的谈吐、得体的举止等,不仅能唤起人们沟通的欲望,建立彼此间的好感和信任,而且可以促成交流的成功和范围的扩大,从而促进事业的发展。

3. 协调功能

在人际交往中,不论体现的是何种关系,维系人与人之间沟通与交往的礼仪,都承担着十分重要的“润滑剂”作用。礼仪的原则和规范,约束着人们的动机,指导着人们立身处世的行为方式。如果交往的双方都能够按照礼仪的规范约束自己的言行,不仅可以避免某些不必要的感情对立与矛盾冲突,还有助于建立和加强人与人之间相互尊重、友好合作的新型关系,使人际关系更加和谐,社会秩序更加有序。

4. 塑造功能

礼仪讲究和谐,重视内在美和外在美的统一。礼仪在行为美学方面指导着人们不断地充实和完善自我并潜移默化地熏陶着人们的心灵,使人们自身的素质修养不断提升。人们的谈吐变得越来越文明,人们的装饰打扮变得越来越富有个性,举止仪态越来越优雅,并符合大众的审美原则,体现出时代的特色和精神风貌。

5. 维护功能

礼仪作为社会行为规范,对人们的行为有很强的约束力。在维护社会秩序方面,礼仪起着法律所起不到的作用。人们共同遵守礼仪的规范与要求有助于社会的发展与稳定、家庭的和谐与安宁、邻里间的和睦共处、同事之间的信任与合作。

社会上讲礼仪的人越多,社会便会更加和谐稳定。

第三节 教师礼仪

中华民族历来有“尊师重教”的良好传统。人民对于教师,怀有朴素的崇敬感情。古代孟子在与齐宣王对话时讲:“天降下民,作之君,作之师。”把教师地位与君王的地位相提并论。随后,荀子把师纳入了天、地、君、亲的序列。古代帝王,对于自己的老师,也不得不“执弟子礼”,以表示对教诲自己的师长的尊敬。新中国成立后,特别是党的十四届三中全会以来,我国教师的地位明显提高。

按照《中华人民共和国教育法》和《中华人民共和国教师法》的定义,教师是履行教育教学职责的专业人员,承担教书育人,培养社会主义事业建设者和接班人,提高民族素质的使命。

礼仪,是人们在社会交往中,为了表示相互尊重,在待人接物方面约定俗成的行为规范。它是人们人际交往的通行证,礼仪的真谛——心有敬而形于外。首先是心有敬,心有礼之义;其次是形于外,行有礼之仪。其核心是自尊与敬人。既要有自尊敬人的礼仪观念,又要有优雅得体的言行举止。礼仪,对于个人,是文明与教养的表现;对于社会,是发展与进步的标志;对于民族,是精神风貌的展现。

教师的礼仪行为是展示榜样形象的最佳途径,是一种社会美的表现,能在社会生活中起到模范作用。它不仅可以传播礼仪文明,还可以培养教育对象的礼仪素质。

一、教师礼仪的含义

什么是教师礼仪?教师礼仪就是每一位教师作为教师——教书育人这个特殊职业中的一员,在其工作、学习和生活中所必须带头遵守的礼仪规范。它以礼仪学为核心,同时吸收教育学、心理学、伦理学、社会学和美学的内容,具有明确的榜样性、严格的自律性、集体的形象性等特点,其根本含义是为人师表、以身作则,学高为师,身正为范,为学生、为社会树立良好榜样。

思考:大家在中小学时代给教师起过绰号没有?

学生给教师起绰号“高音喇叭”、“机关枪”、“牵慢羊”等,其实是对教师不良的教学语言或行为习惯的批评与讽刺。

古今中外都很重视礼仪的教化作用,人们总是对教师寄予很高的期望,把礼仪修养作为教师必备的基本素质之一。1999 年,江泽民同志在第三次全国教育工作会议上强调:“教师是学生增长知识和思想进步的导师,他的一言一行,都会对学生产生影响,一定要在思想政治上、道德品质上、学识学风上全面以身作则,自觉率先垂范，这样才能真正为人师表。"2002年，在《关于教育问题的谈话》中进一步指出："教师作为人类灵魂的工程师，不仅要教好书，还要育好人，各个方面都要为人师表。"德国教育家第斯多惠在《德国教师培养指南》中指出"……他应该首先发展他本身的这些优秀品质……正如没有人能把自己所没有的东西给予别人一样，谁要是自己还没有发展、培养和教育好，他就不能发展、培养和教育别人"。

教师是人类文明和科学文化知识的传播者，是学生道德的启蒙者，是学生美好心灵的塑造者，其职业特点是以人格来培养人格，以灵魂来塑造灵魂；教师对学生的影响不仅贯穿于学生受教育过程的始终，而且会影响学生的一生。一名合格的教师不仅要有高尚的思想品德、广博的知识，更要具有通情达理的风范。要继承发扬中华民族"礼仪之邦"的优秀传统，就必须加强对青少年的礼仪教育，教师正是担负这一重任的主要角色。如果说教师良好的素养与过硬的专业水平是教师的"硬件"的话，那么教师的礼仪将是教师的"软件"。育人就要讲礼仪。从孔夫子开始，礼仪就被列入必修的"六艺(礼乐射御书数)"之中，人类文明发展到今天，教师更应当成为讲究礼仪的典范。教师在礼仪方面的师表作用对一个国家公民文明水平的提高关系重大；教师礼仪的修养如何，不仅会直接影响其教育效果，而且会直接影响到在整个社会中传播人类文明的效果。

教师职业的特点，需要教师注意仪容形象、仪表形象、仪态形象以及语言美的感染力。教师实施礼仪，要表现出求真、严谨、无私、谦虚和宽宏的品质。苏荷姆林斯基说过："让每一个学生都抬起头来走路。"教师职业的功能是育人，离不开人情味，教师礼仪要在发挥人情味功能上，架起通往良好人际关系的金桥。

教师礼仪的内容一般由教师的形象礼仪、教学礼仪和社交礼仪三大方面组成。教师的形象礼仪，主要由教师的仪表、仪容、仪态和服饰等方面来体现。教学礼仪，主要由教师的语言、教师组织课堂的礼仪、批改作业试卷礼仪等方面来体现。社交礼仪，主要由与家长沟通礼仪、同事共处礼仪、集会礼仪及人际交往的一般礼仪等方面来体现。

二、教师礼仪的基本原则

教师礼仪是教师内涵的学识修养和外显的气质风度的完美统一，"充内形而外谓之美"是教师形象的完美写照。在当今社会，形象是金，人们看的是形象，体现的是素质。在人际交往的过程中，有一个典型的晕轮效应：形象——素质——可信度——美誉度。因此一般而言，在教师礼仪实施的过程中，应遵循以下四个基本原则：

第一，自律、自尊。礼仪是对自己的要求，广大教师要学会自我要求、自我约束、自我修养、自尊自爱。

第二，尊重、真诚。礼者，敬人也，礼由心生。在礼仪中，有关对待他人的做法，比对待个人的要求更重要，这一部分实际上就是礼仪的重点和核心。在人际交往中，有一条“黄金法则”——你希望别人怎样对待你，就应该先如此对待别人。大家平等交往，以“我”为中心。还有一条“白金法则”——别人希望你怎样待他，就请你在合法前提下努力满足他。交往以对方为中心，但行为必须合法。

真诚的尊重

经常让别人感到他很重要；尽量赞美而不要批评别人；如果批评也先从赞扬开始，批评不要伤害别人自尊心，避免当面伤害别人的感情。

第三，宽容、谦和。要平等待人、宽以待人、谦虚待人、和善待人。要多容忍他人，多体谅他人，多理解他人，千万不要求全责备，斤斤计较，咄咄逼人。

第四，适度、从俗。感情要适度（止乎礼也），语言要适度，行为要适度，距离要适度。人们在交往过程中，双方的人际关系以及所处情境决定着他们之间空间距离的范围。美国人类学家爱德华·霍尔博士划分了四种不同的距离，即亲密距离、个人距离、社交距离和公众距离。各种距离都与双方的关系相称。

亲密距离，是一个人与其关系最密切最亲近的人相处的距离，在 0 到 45 厘米之间。当一个不属于这个亲密距离圈子内的人随意闯入这一空间，就会引起对方的反感，也会自讨没趣。因此在人际交往中，教师必须谨慎地把握这个距离。

个人距离，是交往中稍有分寸感的距离，在 45 厘米到 1 米之间。人们可以在这个范围内亲切交谈，又不致触犯对方的近身空间。一般朋友和熟人在街上相遇，往往在这个距离内问候和交谈。

社交距离，不再是亲密或熟人之间的距离，而是人们在正式社会交往中的距离，在 1 到 3.5 米之间。其中 1 到 2 米通常是人们在社会交往中处理私人事务的距离。如在银行取款时要输入密码，为了保护客户的机密，银行要求其他客户必须站在“一米线”之外。人们在工作中与异性相处，应该保持在这个距离。2 到3.5 米是远一些的社交距离，表现为一种更加正式的交往关系。商务会谈通常是在这个距离。在社交距离范围内，双方说话时音量要适当提高，目光应适当多接触，否者对方就会有被忽视、被拒绝的感受。

公众距离，往往是公众集会（如演讲）时采用的距离。一般在 3.5 米到 7 米左右。超过这个距离人们就无法以正常的音量进行语言交流了。所以有经验的语文老师时常都会走下讲台朗读课文，以提高语言的感染力。

当然，在不同的文化背景下，把握人际距离的准则会有所差异，但基本规律是相同的。另外，由于国情、民族、文化背景的不同，必须坚持入乡问俗、入门问讳、入境问禁，与绝大多数人的习惯做法保持一致。不可以目中无人、自以为是。

三、教师礼仪的作用

(一) 是新世纪教师队伍建设的核心组成部分

教师礼仪教育是师德教育的重要组成部分。在目前的教师队伍中存在着一些不文明不文雅的地方。如有的教师不太注重自己的仪容仪表,蓬头垢面、不修边幅,有的甚至穿背心拖鞋上课;有的教师追求时髦,衣着前卫,熊猫眼、媒婆嘴、烟熏妆,煞是夸张;有的学校领导或教师与人谈话不尊重他人,随地吐痰、随意抽烟、接听电话;有的教师语言粗俗,导致与学生、与同事关系紧张,也在学生家长中造成恶劣影响。这一切都说明,加强教师礼仪教育,是新世纪教师队伍建设的核心,它能为教师塑造良好职业形象打下坚实基础。

(二) 对我国两个文明的建设起着重要的推动作用

新世纪到来后,我国明确提出在建设高度物质文明的同时,更要建设高度的精神文明,这是我国社会主义现代化建设事业的必然要求,也是人类社会发展的必然趋势。讲究礼仪是社会高度文明的重要标志之一。中国素有“礼仪之邦”的美称,足以说明我国讲文明礼貌的优秀传统,礼仪教育是社会主义精神文明教育体系中最基础的内容,作为人类文明的传播者——教师,更应当首先提高自己的文明素养,成为社会文明形象的化身。在加强社会主义两个文明建设,推行讲文明懂礼貌的风尚的今天,倡行教师礼仪,对于塑造文明的社会形象、学校形象和教师形象均具有重要的推动作用。

(三) 是我们加强爱国主义教育的重要手段

早在1994年8月《中共中央关于印发〈爱国主义教育实施纲要〉的通知》中就明确提出:爱国主义教育是全民教育,重点是广大青少年。其第29条中强调:进行爱国主义教育,需要提倡必要的礼仪,特别要提倡有助于培养对国旗、国歌、国徽崇敬感的必要礼仪,增强人们的爱国主义情感。学校作为一个独特的社会单位,每周一、开学典礼、毕业典礼或重大节日都会举行升旗仪式,升国旗和奏(唱)国歌这些活动,有助于培养人们特别是青少年对国旗、国歌、国徽的崇敬感,增强爱国主义意识。然而,多年来,许多人甚至是我们教师,对于升国旗的礼仪要求仍然模糊。有的甚至在升挂国旗的场合,不知道庄敬肃立,实施注目礼,还在那窃窃私语。所以广大教师一定要以身作则,积极履行教师的光荣职责和神圣使命,努力倡行必要礼仪,成为爱国主义教育的一面旗帜,引导和教育学生提高民族自豪感、强化民族自信心。

思考题

1. 教师的含义是什么？历史上我国教师的称谓有哪些？我国教师的地位如何？

2. 什么是礼仪？中国礼仪是如何起源和发展的？如何理解礼仪是“人际交往的通行证”？

3. 教师礼仪的基本含义是什么？其特点是什么？

4. 如何理解教师礼仪的重要性？

第二编 常规礼仪

第二章

教师的仪容礼仪

仪容，人的容貌。[①] 主要是指个人的容貌，包括发型、面容以及所有未被服饰遮掩、暴露在外的皮肤等。在人际交往中，每个人的仪容都会引起交往对象的特别关注，并将影响到对方对自己的整体评价。有调查指出，在人际交往的过程中，人们各种感觉器官接收信息的比例为：视觉，87%；听觉，7%；嗅觉，3.4%；触角，1.6%；味觉，1%。你是一个什么样的人？人们会凭借第一印象判断你的经济状况、教育程度、可信赖度、社会地位、社会经验、工作态度、交往意向、条理性、道德、性格等。由此可见，仪容美是多么重要。

教学是一项与学生面对面沟通的近距离的工作，虽然俗话说人不可貌相，但现实生活中教师的仪容就是作为“貌相”成为学生的第一印象。一位仪容整洁、衣着得体的教师，就会被人们认为是有教养有学识的人。作为求知中的学生，第一次接触教师时就会注意到教师的仪容仪表、言谈举止，从而在心理上为教师定位，为自己与教师的关系划定距离。是可亲可信，还是讨厌反感？

教师，最根本的含义是为人师表，以身作则，为学生、为社会树立良好榜样。它有明确榜样性、严格自律性等特点，教师是人类文明和科学文化知识的传播者，是学生道德的启蒙者，是学生美好心灵的塑造者，其职业特点是以人格来培养人格，以灵魂来塑造灵魂；教师对学生的影响不仅贯穿于学生受教育过程的始终，而且会影响学生的一生。作为一名合格的教师不仅要有高尚的思想品德、广博的知识，更要有得体的仪容风貌。一名教师若衣衫不整、蓬头垢面或浓妆艳抹，学生就会从心理上引发厌恶，甚至瞧不起这样的老师。这样的教师如何赢得学生的尊重，如何对学生进行潜移默化的礼仪影响？要继续发扬中华民族“礼仪之邦”的优秀传统，就必须加强对青少年的礼仪教育，教师正是担负这一重任的主要角色。如果说教师良好的素养与过硬的专业水平是教师的“硬件”的话，那么教师的仪容

---

① 李行健主编：《现代汉语规范词典》，北京，外语教学与研究出版社、语文出版社，2004年版，第1542页。

礼仪将是教师的"软件"。教师在礼仪方面的师表作用对一个国家公民文明水平的提高关系重大;教师礼仪的修养如何,不仅会直接影响其教育效果,而且会影响到在整个社会中传播人类文明的效果。

第一节 教师的清洁卫生

一、教师的清洁卫生

仪容美的关键是什么?是清洁卫生。清洁卫生是人们受到尊敬的基础。教师要尽可能使自己清爽干净、整整齐齐,绝不能不修边幅、邋邋遢遢。

看看学生所列举的真实的案例:

我读高二时的数学老师,不管是头发还是面部、衣着都给人一种干净整洁的感觉。所以大家都乐意上他的课,即使像我这样不喜欢数学的学生每次都会坐直了认真地听他讲课,虽然有时听不懂,但那代表了我对这位老师从内心深处的尊重。

初中有位男老师,喜欢穿黑色西装,但肩部总有很多头皮屑,我们经常在下面议论他多久才会洗一次头发。

有位老师在吃完午饭后给大家上课,牙缝里还有菜,同学们都注意到了,都没办法集中精力听讲,总在犹豫:要不要告诉老师呢?

数学老师的皮鞋上蒙了厚厚一层灰,都不知道皮鞋是黑色还是咖啡色了。

孔子说"其身正,不令而行;其身不正,虽令不从"。当教师自身干净整洁、清爽端正,做出表率时,课堂上不用怎么强调纪律、刚性管理,学生自己也会振作精神,跟着老师的进度行动起来;相反,如果教师对自己不负责、对学生不负责,忽视学生的感受,自身不端正、整洁,而要求学生认真听讲,态度端正,即使教师运用教师权威,三令五申大声训斥,学生也是听不进去,不会服从的。因此,教师首先应从自身做起,从自己能够避免的细节做起。教师在课堂上应注意避免以下一些仪容细节:

头发凌乱;

眼角有分泌物;

鼻毛外露；

牙齿上有残留物；

肩上或衣服上有头皮屑或粉笔灰；

身上有异味；

皮肤上有文身；

手指甲上有残破的指甲油，等等。

教师不要小看这些仪容细节，认为这些事情不会发生在自己身上，其实，在现实生活中，这样的例子比比皆是。

> 高中的语文老师，比较年轻，但不怎么注意自己的形象，长发经常散乱披着，感觉乱糟糟的，一看到她那样，上课都没心情。最后大家实在看不下去了，几个同学一合计，就让人匿名打印了个纸条留在讲桌上，情况才有所改观。

> 一位年轻的英语女教师，本来就漂亮，还烫着金黄的卷发，粘长长的假睫毛，好多班上的女生都跟着她走时尚路线，而许多想学习的同学都申请转班。有一次老师衣服上的扣子掉了也没缝上，我们都看到老师身上有玫瑰花的文身。

在课堂上，教师一定要注意使自己的头发干净整洁、无头屑。特别是女教师，为了体现干练的风格和良好的精神状态，长发者不宜披头散发。

> 初中一位男老师，是教物理的，上课生动有趣，但就是每次上课时，眼角总有异物堆积。

> 下午上第一节课时，可以看到历史老师睡眼蒙胧地出现在我们班，脸上还有午睡时留下的红印子，我们在下面猜他是趴着睡的，说得不亦乐乎。

教学作为一种近距离的双边活动，师生之间互相看得真切、清楚、明白，教师首先应确保自己的眼角无分泌物；尽量避免熬夜，使眼睛布满血丝。戴眼镜者还应注意，眼镜片应干净、清晰，眼镜片上的多余物要及时揩除。

> 小学时有位老师课堂上随便吐痰，擤鼻涕从没见他用过纸巾，还喷口水，同学们叫他“喷雾器”。

> 老师感冒了，有鼻涕没揩干净，在阳光的照射下，星光点点。

无论男女教师在课堂上切勿当众抠鼻子。在上课或出席正式活动之前，一定要检查一下鼻孔内有无鼻涕，若有要及早清除。有鼻涕要及时用手帕或纸巾擦干净，忌当众用手去擤鼻涕、挖鼻孔、乱弹或乱抹鼻垢，更不要“哧溜、哧溜”地往回吸。用完的纸巾要自觉放到垃圾桶，不要随手乱扔，自觉做到为人师表。

男教师还要注意，勿让鼻毛探头探脑。因为在人际交往中，偶尔有一两根鼻毛或耳毛黑乎乎的“外出”，很容易破坏他人对自己的看法，因此应经常检查，定期修剪。

以前初中时有位数学老师，很严厉，但她好像特别爱吃韭菜，有时就在牙齿上留了下来，上课时我们发现了她牙齿上的异物，可大家都不敢说，就在下面偷偷地笑，后来她自己发现了，就当场用手给弄了下来，真是恶心啊！强烈反感老师的做法。

一位老师中午吃了大蒜，下午上课时，老师很热情地向学生们问好：“同学们下午好。”前排的同学立马捂着鼻子，皱着眉头，窃窃私语。刚开始上课时，老师没发现有什么异常，于是接着讲课，但老师越讲越觉得课堂上有什么不对劲，学生好像不注意听讲，只是在下面窃窃私语。后来老师了解到是他中午吃的大蒜惹的祸。

从那以后，老师特别注意上课前吃的东西，会在口腔内产生异味的东西再也不吃了。

一位老师中午吃完饭后，带着满身的酒气走进了班级。当他走进教室时，学生的第一反应是“老师喝酒了”，大家都用异样的眼神看着老师。可这位老师却若无其事地站在讲台上开始给学生讲课，滔滔不绝说了很多话，但真正和课堂内容相关的东西非常少，学生们有的拿起了微型小说，有的做别的科目的作业，有的学生竟然聊起天来，整节课乱了套，学生做什么的都有。

作为一名教师，课堂讲话不可避免，因此，在课前一定要注意确保口腔清洁、无食品残留物。保持口腔清洁，要养成平日不吃生蒜、生葱和韭菜一类带刺激性气味的食物的习惯。更不能在上课前喝得酒气熏天。必要时应随身携带口香糖以便随时清除口气。

我们高中一位女教师，不知道是特别忙还是其他什么原因，夏天的衣服总是两天换一次，总感觉她身上有异味，衣服总看起来脏脏的，白色的衣服看起来像黄色的。指甲不剪，还有污垢，感觉她完全不打扮自己，就这样跑来给我们上课！还有的老师边上课，边把衣服的角往皮带里塞。裤子上带着钥匙串，走起路来叮当响。

高三时我们新换的一个数学老师接我们班时刚刚研究生毕业，本来大家对他的感觉还挺好，可是到了冬天，他有件羽绒服，穿了两周还没换，班上同学经常议论。给他取了个绰号"那破轮"。一上他的课，总有学生嘀咕，哎，"那破轮"来了，还是那件黑得发亮的衣服。

高一时的历史老师，冬天衣服半个月都不换（我们私底下还数他一件衣服会穿多长时间），头发也很久才洗一次，外套肩膀部位有很多头皮屑。有一次，我去问他题目，还没走近，就闻到一股味道，让人想走开，走近后，突然发现他的手指甲很长，令人不能接受。因为他的仪容有很多方面让很多同学都受不了，所以大家与他关系也不是很好。

高中有个老师特别喜欢抽烟，手指牙齿都变黄了，还满身的烟味。

高中有位物理老师，大家都觉得他上课讲题都不错，却都不愿跟他接近，很少有人主动问他问题，原因是这位老师平日很爱抽烟，嘴里充满浓烈的烟味，这一点让同学们很难受。

课堂上，教室内，师生之间的距离很近的，教师作为课堂的主导者，不可避免地会在教室的很多地方驻足，如果教师不讲卫生，体味十足，可想而知饱受"熏陶"的学生该有多么大的怨言。

初中一位英语教师，是刚毕业的女大学生，比较爱美，指甲上总是涂颜色很艳丽的指甲油，有一次给我讲题目，她用手指着书上的关键位置，我就盯着她的指甲看了半天，她讲的内容我完全没有听进去。夏天发现她脚趾甲上也涂了艳丽的指甲油，当时都觉得老师怎么能这样呢？不知是什么感觉，怪怪的！

作为一名教师，课堂板书必不可少，因此也有人将教师的手称为教师的第二张脸。因此，教师要注意使自己的指甲清洁、干净，养成定期修剪的习惯。不要刻意蓄留长指甲，更不要把指甲涂得大红大紫。在课堂上还要注意不要用牙齿直接去啃咬自己的指甲，也不要当众剪指甲。

这些仪容细节，说起来很简单，好像很容易做到，但凡事贵在坚持，数十年如一日，哪怕您一直都做得很多，做得很好，即使只有一次给学生留下一个非常不好的印象，也会成为他们的谈论话题。因此，为人师表的教师，每次在上课前就应该对镜整理好自己的仪容，确保：

头发：整洁、无头屑。在课堂上，留长发的女士不披头散发。

眼睛：清洁、眼角无分泌物，避免眼睛布满血丝。戴眼镜者还应注意，眼镜片应干净、清晰,眼镜片上的多余物要及时揩除。

鼻子:勿当众抠鼻子、勿让鼻毛探头探脑。在上课或出席正式活动之前,一定要检查一下鼻孔内有无鼻涕,若有要及早清除。有鼻涕要及时用手帕或纸巾擦干净,忌当众用手去擤鼻涕、挖鼻孔、乱弹或乱抹鼻垢,更不要"哧溜、哧溜"地往回吸。用完的纸巾要自觉丢到垃圾桶,不要随手乱扔,自觉做到为人师表。

嘴巴、牙齿:清洁、无食品残留物。保持口腔清洁,还要养成平日不吃生蒜、生葱和韭菜一类带刺激性气味的食物的习惯。必要时需随身备口香糖以便随时清除口气。

指甲:清洁,定期修剪。不要刻意蓄留长指甲。不要把指甲涂得大红大紫。不要用牙齿直接去啃自己的指甲,也不要当众剪指甲。

男士的胡子:每日一理,刮干净。除了具有特殊的宗教信仰与风俗习惯之外,男教师一般不宜留胡须。

配件及饰物:检查有否污损或被碰歪了。

体味、太浓的香水都是令人反感的,"宁淡勿浓"。

此外,教师还应注意不在人前"打扫个人卫生",谈话不要对人口沫四溅,外露皮肤不要有文身花纹,尽量避免体内发出令人尴尬的声响等。

二、教师清洁卫生的基本

教师清洁卫生的基本,主要包括洗脸、洗头、洗澡这三洗。使用的基本清洁用品有洗面奶、洗发水、沐浴露等;使用的基本保养用品有爽肤水、保湿霜和唇膏等。

(一) 洗脸

教师特殊的职业特点决定了教师要养成多洗脸的良好习惯。若脸上常有粉笔灰、灰尘、污垢、泪痕或汤渍,难免会让人觉得又懒又脏。所以除了早上起床后、晚上睡觉前洗脸之外,只要有必要、有可能,随时随地教师都要抽出一点时间洗脸净面。在洗脸时,教师还应注意坚持正确的洗脸方法,注意脖颈、耳朵等地方的清洁。

> 记得初中有一位数学老师,在黑板上板书了很多内容之后,不由自主地往脸上摸了一下,结果手上的粉笔灰全到脸上去了,留下几个手印,而他自己全然不知道,全班同学在下面偷偷地笑。

用手摸脸这个小动作,许多教师是不是偶尔会有,或者有的教师经常会有?因此,一方面教师在每次课前或课后都要去卫生间或办公室查看一下自己的仪容有没有什么不妥,另一方面教师应适当注意自己在课堂上的某些不良行为,争取每次都用最好的状态面对学生。

在这里,简单地跟大家探讨一下该如何洗脸,才能洗干净又不伤害皮肤。也许，有人会问，我们从小就天天洗脸，这还用教吗？针对这个问题，我们对学校许多女教师、女学生进行了简单调查，结果发现有许多女性朋友洗脸方法都很简单，先不说洗脸方法对不对，就是否用洗面奶而言，有许多女教师和女学生都省掉了这一项，更别提男教师了。其实，黑头、青春痘等皮肤问题都与洗脸方法不正确或没洗干净有关。那么，怎样洗脸才正确呢？

（1）用温水洗脸——洗脸用的水温非常重要。有的人图省事，直接用冷水洗脸；还有的人认为自己是油性皮肤，要用很热的水才能把脸上的油垢洗净。其实这些都是错误的观点，正确的方法是用温水。这样既能保证毛孔充分张开，又不会使皮肤的天然保湿油分过分丢失。

洗脸之前先将双手洗干净，用水将脸湿润，有条件的还可先用热毛巾敷脸1～2分钟，使毛孔完全张开，令皮脂与污垢更容易脱落。这与皮肤护理中蒸气敷脸的原理和效果是一样的。

（2）使用洗面奶——无论用什么样的洗面奶，量都不宜过多，硬币大小面积即可。使用洗面奶（特别是膏状的），在向脸上涂抹之前，一定要先把它用水在手心充分打起泡沫，但许多人都不知道这一点，有的知道但又爱忘记这一点，关键是这一步是最重要的一步。因为，如果洗面奶不充分起泡沫，不但达不到清洁效果，还会残留在毛孔内诱发青春痘。

将适量洗面奶挤在手心，稍加点水搓揉成泡沫状，泡沫是越多越好，然后用中指和无名指将泡沫涂向额头、两面面颊、鼻尖和下巴五个部位。

（3）轻轻打圈按摩——把泡沫涂在脸上以后要轻轻打圈按摩，不能太用力，以免产生皱纹。轻柔地按摩皮肤时要注意按摩的顺序：一般遵循经络学说的原理，沿面部肌肉、皮纹走向，由下而上，由内而外进行操作。手法宜稳定，力度柔和，节奏轻快，不能推拉皮肤。具体按摩方法是：额部由额中向两边打圈轻抹；双颊，螺旋形由内向外按摩；眉间及鼻翼皮肤，由下向上弹拨；鼻唇沟和下颌区域，由内向外轻轻擦抹；最后，轻轻拍打双颊部和面部。大概按摩15下左右，让泡沫遍及整个面部。

按摩时借洗面奶泡沫的张力，将皮肤的污垢油脂带走。同时，按摩能起到活血化淤、调理气血、兴奋神经、调节血管舒缩，以及改善皮肤张力，增强皮肤渗透力，促进营养成分吸收，防止皮肤过早老化的作用。尤其是鼻子、鼻翼两侧及额头的T字部位，因油性较大，要特别注意清洗。以上按摩技法看似烦琐，其实简单易学，通过一两次操作很快就能掌握。教师一天洗脸多次，不一定次次都循此法而行，每天早晚一两次就可。

（4）清洗洗面奶泡沫——用洗面奶按摩完后，就可以清洗了。有些女性怕洗不干净，用毛巾在脸上使劲用力地擦洗，这样做其实对娇嫩的皮肤非常不好。应该用湿润的毛巾轻轻在脸上按，或轻轻地由下向上揩，反复几次后就能清除掉洗面奶，又不伤害皮肤。

(5) 检查发际——清洗完毕，你可能认为洗脸的过程已经全部完成了，其实并非如此。还要照照镜子，检查一下发际周围是否有残留的洗面奶，这个步骤也经常被人们忽略。有些女性发际周围总是容易长痘痘，其实就是因为忽略了这一步。

(6) 用冷水擦洗——最后，用双手捧起冷水擦洗面部，同时用浸湿了的冷水毛巾轻敷脸部一会儿。这样做可以使毛孔收紧，同时促进面部血液循环。

这样才算完成了洗脸的全过程。

另外，教师若脸上生了疱疹、疖子，要立即去看医生，不要乱挤、乱抠，弄得脸上伤痕累累，十分难看。

小知识:为什么会长青春痘?

• 青春痘医学上称为痤疮，俗称“粉刺”，是青年男女常患的一种毛囊皮脂慢性炎症性皮肤疾患，在颜面、胸背部等皮脂腺分泌旺盛的部位容易发生，主要发于面部。

• 一般认为是由于青春期皮脂腺分泌旺盛，毛囊壁也因过度角质化而变窄，以致皮脂排出受阻而导致的皮肤炎性反应。所以早期痤疮往往先在面额部出现黑头粉刺，中期除黑头粉刺外，尚有脓包、丘疹出现。

• 此外，遗传因素也影响痤疮的程度、范围和病程。

怎样预防青春痘(痤疮)?

• 经常保持面部的清洁，坚持每天多洗几次脸；

• 早睡早起，不熬夜，皮肤细胞的新陈代谢在晚上10点—凌晨2点最旺盛；

• 少吃脂肪、糖类和辛辣食物；

• 多吃纤维素多的蔬菜和水果，防止便秘；

• 消除紧张情绪；

• 注意睡觉姿势，不要只偏一侧睡；

• 不要使用香脂或油性化妆品，也不要乱涂药物。

(二) 洗头

人们常常讲“一切从头开始”，可见头发的重要性。头发的干净，要做到三勤：勤洗、勤梳、勤理。只有坚持经常洗头，方可确保头发不粘连，不板结，无发屑，无汗馊味。

我的高三班主任是一个三十多岁的男士，不知是带高三还是个人什么原因，冬天很长时间才洗一次头，感觉是不得已洗澡才洗一次头，因此他的头发总是油腻腻的，蓬头垢面，头皮屑随处可见。

像这样的老师，走出去也得不到人们的尊重，更别提天天见面的学生了。完全不注意教师的形象。因此一般情况下，教师要做到两天或三天洗一次头发。倘若自己是油性头发，则应当每天或两天洗一次。遇上刮大风、出汗等特殊情况，则应随时洗头。

参加一些比较正式的活动，尤其是参加自己可能会被关注的活动之前，最好洗发或专门理发一次，保持仪容整洁。

体育教师、爱出汗的教师，每次在上班之前应特意检查一下自己的头发有没有怪味。

爱掉头发的人、头皮屑多的人，每次出门前都应检查一下头顶上、脸上、衣服上、眼镜上，特别是肩背周围从头上散落下来的头发、头皮屑，并将之认真清理干净。

对灰尘、树叶、草梗之类飘落在头发上的东西，也要加以防范。

（三）洗澡

洗澡可以除去身上的尘土、油垢和汗味，使人精神焕发。在条件允许的情况下，教师要坚持常洗澡，夏季每天洗澡，冬天也要坚持至少每三天洗一次。在参加重大礼仪活动之前应洗澡。

炎热的夏天，初三(一)班的物理老师已经三天连续穿同一件T恤了，每次上课时，他身上总有一股酸味，坐在第一排的学生每次上他的课都不知如何是好，如果捂着鼻子吧，对老师不礼貌，不捂鼻子吧，又觉得不舒服。

这样的教师，姑且不去说学生怎么评价，作为教师，你自己换位思考，又该如何评价呢？教师作为教室里的一个“公众人物”，不讲卫生，体味十足，可不再是自己一个人的事情了，而是对不起众多的学生了。

第二节　教师的发型

“一切从头开始”，头发是人体的制高点，不同的发型，体现的精神面貌也各不相同，因此它颇受人们的关注。良好的发型可使人仪表端庄、彬彬有礼。教师无论留什么发型，都不能使自己披头散发，蓬乱不堪。披头散发不只是对自己不尊重，也是对别人不礼貌。

我读高三的时候，数学老师几乎每隔两周都会去理一次发，他的头发从来都不会遮住耳朵，后面的头发也不会留到颈部，发型自然大方，给人一种健康随和的感觉，衣着得体大方，自然，每次上课前他都会调整好心态，上课表情自然随和，从不对学生发脾气，上课时精神饱满。大家都非常喜欢他。

我们高中的地理老师是个女老师，她会梳很多的发型，一天就能换一个，每当她来给我们上课，我们首先看的都是她的发型，都没办法集中精神听课。

从这两个案例，我们可以看到教师发型对学生的影响，直接体现了教师仪容“此时无声胜有声”的效果。

一、教师的发型

教师，无论男女，都不能在头发上搞花样。

具体要求：清洁、自然、光泽适度、美观、长短适中。

男教师的发型：短不光头，前不覆额、侧不遮耳、后不齐领，不留过长、过厚的鬓角。定期理发，最好半个月（一个月）理发一次。

女教师的发型：短不光头，前不过眉，过肩宜扎起，不宜戴太夸张的发饰。同时不提倡女教师剪怪异发型。发型选择：工作场合保守简单，社交场合清秀典雅，休闲场合丰满秀美。最忌讳：脏、乱、怪、彩、假。

下面我们来看看学生列举的教师发型的不妥案例：

有一位体型偏胖的男数学教师，夏天来了，由于十分怕热，剃个光头，穿着短裤，穿着人字拖来上课，同学们上课时看见老师在台上讲得滔滔不绝，但总是觉得哪里不自然。

初中的时候，有个老师额头没多少头发，所以后面的头发就留得比较长，经常在上课的时候，把后面的头发弄到前面来，这样的动作在课堂上要出现很多次，大家都看着想笑。

初二的语文老师，是一名热爱画画的男教师，也许是跟艺术沾了边，他的头发留得很长。

我们初中的一个班主任将头发染成了黄色，还烫了，看起来特别怪异。我们都叫她“金毛狮王”。另外这个老师已三十多岁了，很明显这个发型已经不适合她老师的身份，后来学校查办那些染发的老师，结果我们班主任就排在了第一个，这使我们多少有点尴尬。

作为老师，当你们看到学生这样谈论你时，心中是不是觉得很伤心？是不是认为自己花那么多心思提高教学效果，却换来学生的诸多不理解。那么，从这些小细节中，我们是不是可以得到某些启发：作为教师，发型的得体也是很重要的一个细节。

二、梳理头发

梳理头发是教师每天必做之事，而且应当不止一次。按照常规，教师在出门上班前、换装上岗前、摘下帽子时、下班回家时或是其他必要的时候都应自觉梳理自己的头发。看看下面的这个案例，曾经的你是否也有过类似情景？

> 一次物理课上，物理老师急匆匆地进了教室，一进教室同学们都笑了起来，我抬头一看，才发现老师的头发有一束翘得老高，没有整理，很乱，那一节课同学们基本上是盯着他的头发看的，没怎么听课。

教师在知道自己要上课前，应计划好自己的时间，合理安排，留出一点时间来整理自己的仪容仪表，而不应踩着上课铃声、头发凌乱匆忙地进教室。

那么，教师在梳理自己的头发时，有没有什么需要注意的呢？这里，提醒教师注意三点：

一是梳理头发不宜当众进行。作为私人事务，梳理头发时当然应该避开旁人。

二是梳理头发不宜直接用手。女教师最好随身携带一把发梳，以便必要时梳理头发之用。不到万不得已，千万不要以手指去代替发梳。男教师头发短，也应适当注意。

三是断发、头屑不宜随手乱扔乱拍。梳理头发时，难免会产生少许断发、头屑等，信手乱扔乱拍，是缺乏教养的表现。

三、教师的身材与发型

教师若身材高大威壮，宜选择大方、健康洒脱的发式，以避免给人大而粗、呆板生硬的印象。一般留简单的短发为好，切忌花样复杂。烫发时，不应卷小卷，以免造成与高大身材的不协调。

教师若身材高瘦，则适合留长发，并可适当增加点发饰。如留卷曲的波浪式发型，对于高瘦身材的教师有一定的美化作用。但高瘦身材者不宜盘高发髻，或将头发削剪得太短，以免给人一种更加瘦长的感觉。

教师若身材矮小，适宜留短发或盘发，因露出脖子可以使身材显得高些，并可以根据自己的喜爱，将发式做得精巧、别致些，追求优美、秀丽。矮小身材者不宜留长发或粗犷、蓬松的发型，那样会显得更矮。

教师若身材较胖，则适宜梳淡雅舒展、轻盈俏丽的发式，尤其是应注意整体发势向上，将两侧束紧，使脖子亮出，这样会使人产生视错觉，感觉你瘦些。但若留长波浪，两侧蓬松，则会显得更胖。

另外，教师如果上身比下身长，或上下身等长，发式则尽量选择长发以遮盖其上身；如肩宽臀窄，就应选择披肩发或下部头发蓬松的发式，以发盖肩，分散肩部宽大的视角；若颈部细长，可选择用头发适当遮挡颈部的发式，不适宜采用短发式，以免使脖颈显得更长；若颈部短粗，则适宜选择中长发式或短发式，以削弱颈粗的感觉。

四、教师的脸型与发型

椭圆型脸：任何发式都与它配合，能达到美容效果。但若采用中分头路，左右均衡、顶部略蓬松的发式，会更贴切，以显示脸型之美。

圆脸型：接近于孩童脸，双颊较宽，因此应选择头前部或顶部略半隆的发式，两侧则要略向后梳，将两颊及两耳稍微留出，这样，既可以在视觉上冲淡脸圆的感觉，又显得端庄大方。圆脸型的人尤其适合梳纵向线条的垂直向下的发型或是盘发，使人显得挺拔而秀气。

长脸型：端庄凝重，但给人一种老成感。因此，应选择优雅可爱的发式来冲淡这种感觉，顶发不宜太丰隆，前额部的头发可适当下倾，两颊部位的头发适当蓬松些，可以留长发，也可以齐耳，发尾要松散流畅，以发型的宽度来缩短脸的视觉长度。若将头发做成自然成型的柔曲状，会更理想。

方脸型：前额较宽，两腮突出，显得脸型短阔。适宜选择自然的大波纹状发式，使整个头发柔和地将脸颊包起来，两颊头发略显蓬松遮住脸的宽部，使人的视觉由线条的圆润冲淡脸部方正直线条的印象。

第三节　教师的化妆

简单地说，化妆就是有意识、有步骤地来为自己美容，以期扬长避短，使自己更加美丽、光彩照人。一位哲学家曾说："化妆是使人放弃自卑，与憔悴无缘的一味最好的良药。它可以让人们表现得更加自爱，更加光彩夺目。"今天，素面朝天的老师已不再是学生们崇拜的对象。据一项针对中学生的调查显示，现在的中学生大都不喜欢教师穿得像个老古董，而喜欢老师打扮得时尚而又不失庄重。

某校一位老教师患病两个月，出院后发现学生都留恋代课教师，几乎每个都依依不舍。老教师心想，那位代课教师业务水平目前应该不是很高，为什么学生会那样喜欢她？一打听才知道原来那位代课教师除了上课有感染力外，打扮也很青春得体，化淡妆，甚至戴项链，这让看惯了老先生古板着装的学生大开眼界，上她的语文课也格外有精神。

现在有许多学校制定校规，规定“凡女教师必须先施淡妆才能上讲台，但不得化浓妆”。有客人来家中拜访，我们都会把家里打扫得干干净净；同样的，到学校上班，为什么不把自己也收拾得干干净净，清清爽爽呢？教师着淡妆不仅是对自己的尊重，还是对学生的尊重，并能维护和提升学校形象。

一、教师化妆的时间与场合

教师若化妆，一定要注意时间与场合。一般来说，是化了妆再上班。

外出旅游或参加某项运动时，不要化浓妆，否则在阳光下会显得很不自然。另外，化彩妆的女教师在某些情况下，常会出现妆容残缺的现象，要及时察觉，适时补妆。补妆时，也应注意回避他人，宜选择无人在场的角落或洗手间进行，切勿旁若无人地当众操作。

在工作时间内不要化妆，否则易被他人当做不务正业的人。也不要在男士面前化妆，以免引起误会；不要非议他人的化妆。由于民族、肤色和文化修养的差异，每个人的化妆不可能都是一样的；化妆品不宜太多，否则让人讨厌；不要借用他人的化妆品，这样做既不卫生也不礼貌。男教师若化妆，应恰如其分。

教师化妆时应谨记：不要当众化妆，不要借用他人化妆品，不要非议他人化妆。

看看学生举的案例，教师就知道自己的某些行为对学生的影响了。

> 有名女教师，喜欢时不时拿出包里的镜子或手机照一照。有一次上课时，她正讲着课文，发现有位女生在桌子里翻找着什么，过了一会儿，拿出一块镜子，摆弄着自己的头发。于是她走过去，说道：“上课时间，不能照镜子！”这位学生却回答道：“老师，您不也是总在上课时照镜子么？”这位老师顿时哑口无言。

这就是典型的教师“其身正，不令而行；其身不正，虽令不从”的案例，教师在课堂上碰上学生这样的质问，岂不是很尴尬。所以教师一定要从自身做起，做学生的好榜样。

二、教师化妆的原则

教学活动是近距离的交往活动，互相看得真切，妆容不可重，一定要恰如其分，自然大方。在工作时间、工作场合，只能允许淡妆；浓妆一般只有在晚上才可以使用，但忌过于浓艳。总的来说，教师妆容的原则应是：自然、清新、得体、大方。下面来看看学生列举的正反两方面真实的案例：

> 我高二的生物老师是一位漂亮的女教师，本来就天生丽质，再加上她的淡妆，越发显得整个人清新素雅，尤其是她的微笑，让我们觉得如沐

春风,大家都喜欢上她的课。

我们中学有一位年轻的女教师,头发染成黄色,并十分夸张,脸部也经常化浓妆,还会戴夸张的大耳环、手链。每次上课同学们都会议论她,上课注意力不集中,该老师却依然我行我素。同学们都在议论"怎么教师都这样了,校长也不管管"。

有一位初中的年轻女化学教师,上课经常穿着过于新潮,而且浓妆艳抹,发型也十分夸张,有时同学给她提意见,她却说自己还很年轻,并且有经济能力,她有资本打扮穿着,同学们十分无奈。她每一次上课,整堂课的注意力也被老师的新潮装扮吸引,学习上却毫无收获。许多家长知道后,都要求给自己的孩子转班。

我们初中的一个女政治老师,应该有30岁左右,长得还不错,可是每天都化很浓的妆,脸上的粉没搽均匀,看得都很明显,嘴上的口红也总是很红艳,每次上课我们都有被她熏晕的感觉,大家的注意力都在她的穿着打扮上,根本无心听讲。这位老师有时候还经常喜欢装嫩,带一个粉色的蝴蝶结卡子。头发烫了也不好好打理,天天蓬一头。有时候穿半截的丝袜,热就把它卷下去。同学们都说她是教师版的"Lady Gaga"。相反我们的语文老师从来不化妆或者是化淡妆,衣着也很简单朴素,这就无形中拉近了我们和语文老师之间的距离。

从以上几个例子中我们看到,教师化妆是否得体,对课堂教学效果有着潜在影响,因此,作为一名合格的教师,在自己的妆容上还需多注意。

三、女教师简单易行的化淡妆的步骤

工具:洗面奶、爽肤水、保湿霜、粉底(BB霜)、(腮红)、唇膏。

关键是不要抹太多胭脂、粉底,只宜稍作修饰,淡扫娥眉,轻涂口红便可。

1. 洁面

前面已讨论过洗脸的方法,应注意千万不要用力搓脸,否则会搓出本不该有的皱纹来。用中指和无名指将洗面奶分别点在额头、鼻尖、下巴、左侧脸颊和右侧脸颊上(某些洗面产品需要先沾水搓出丰富泡沫),轻轻按摩打圈后,再用清水洗净面部。

2. 爽肤水——保湿霜——粉底——防晒霜

爽肤水

方法一:将爽肤水倒在手掌上,轻轻均匀拍在脸上。

方法二:用化妆棉沾上爽肤水,轻轻擦拭脸部。

爽肤水是一种液态的护肤品,其成分中有百分之六十以上是水分,能够补充肌肤角质层中的水分,起到滋润皮肤的作用。另外,还使下一步所使用的保养品易于吸收。使用pH值为弱酸性的爽肤水能够把皮肤的pH值也调整为弱酸性,恢复皮肤自然的防御功能。

保湿霜

使用适合自己皮肤的乳液或面霜,使皮肤的油分、水分和新陈代谢都达到理想"均衡"的状态。乳液与面霜的涂抹方法与涂洗面奶的方法相同。

除了基本的护理之外,还需要对眼部进行特殊的护理。方法:将眼霜直接挤在无名指上,在眼睛四周轻轻点按,让眼霜充分吸收。按摩能够促进血液的循环,延缓皱纹的产生,也可以预防眼袋和黑眼圈的产生。

此外影响皮肤好坏的内因主要有:饮食不健康、睡眠不充足等。教师应注意不要经常熬夜。

粉底(或BB霜)

打粉底叫敷底粉或打底。它是以调整面部皮肤颜色为目的的一种基础化妆。在打粉底时,要选择好它的色彩。通常,选用的粉底霜最好与自己的肤色相接近,而不宜使二者反差过大,看起来失真。同时打粉底时一定要借助海绵,而且要做到取用适量、涂抹细致、薄厚均匀。最后是切勿忘记脖颈部位。在那里打上一点儿粉底,才不会使自己面部与颈部"泾渭分明"。

防晒霜

为了皮肤的健康,教师还应注意使用防晒霜。

紫外线对皮肤的影响:UVA又称"长紫外线",它可以渗透表皮层,直达真皮层,破坏皮肤组织;UVB又称"短紫外线",主要集中于表皮层,破坏自我防御系统。如皮肤吸收过多的UVB,会使肌肤的角质层变厚,就会形成晒伤;UVA可刺激黑色素细胞,制造过多的黑色素。UVA会破坏纤维蛋白母细胞及其他的皮肤组织(如弹性纤维、胶原蛋白),使皮肤的支撑力减弱,皮肤表面会出现细纹,紧致度下降。

SPF值被称为防晒系数或防晒倍数,是计算该防晒品能在多长时间里保护皮肤不被紫外线晒伤的一个系数,用于评估防晒产品抵御UVB的效果。SPF值的高低从客观上反映了防晒产品对UVB防护能力的大小。系数越高,防晒功能越强。

SPA是一种分级式的表示方法,用于评估防晒产品抵御UVA的效果。PA后面紧跟+号,+号越多,代表抵御UVA的能力越强。

3. 描画眼眉(修眉、描眉—眼线—睫毛膏—眼影)

确定眉形

一般说来,从眼头垂直往上方画,与眼角的交汇处就是眉头位置;直视前方,从眼球外缘垂直往上，即是眉峰，再连接眉头与眉峰，描出眉形上缘；从鼻翼往眼尾拉一条延伸线，就是眉尾的位置，先连接眉峰至眉尾，再慢慢加粗眉毛的宽度，就确定好了眉毛的形状。

修眉

将眉毛上方、两眉之间及眉毛下方的杂毛用修眉刀刮除，或用眉钳拔除。基本上每个人天生的眉形是搭配好眼睛的，除非真的是太杂乱，否则不要过度改变。注意拔眉时眉钳要夹紧眉毛的根部，朝着眉根生长的方向一根根地拔，以免把眉骨上的皮肤拉松。

需要注意的是，初学者最好在修眉前先画好眉形，再用修眉刀修掉杂毛，避免不小心失手误刮。

描眉形

一个人眉毛的浓淡与形状，对其容貌发挥着重要的烘托作用。

教师所要描出的整个眉形，必须兼顾本人的性别、年龄与脸型。描眉之后应使眉形具有立体感。在描眉时要注意两头淡，中间浓；上边浅，下边深。

画眼线

画眼线的最大好处，是可以让化妆者的一双眼睛生动而精神，并且更富有光泽。

在画眼线时，一般应当把它画得紧贴眼睫毛。

画上眼线时，应当从内眼角朝外眼角方向画；画下眼线时，则应当从外眼角朝内眼角画，并且在距内眼角约 1/3 处收笔。应予重点强调的是，在画外眼线时，特别要重视笔法。最好是先粗后细，由浓而淡，要注意避免眼线画得呆板、锐利、曲里拐弯。画完之后的上下眼线，一般在外眼角处不应当交合。上眼线看上去要稍长一些，这样才会使双眼显得大而充满活力。

施眼影

施眼影的主要目的是强化面部的立体感，以凹眼反衬隆鼻，并且使化妆者的双眼显得更为明亮传神。施眼影时，有两大问题应予注意。一是要选对眼影的具体颜色。过分鲜艳的眼影，一般仅适用于晚妆，而不适用于工作妆。对中国人来说，化工作妆时选用浅咖啡色的眼影，往往收效较好。二是要施出眼影的层次之感。施眼影时，最忌没有厚薄深浅之分。若注意使之由浅而深，层次分明，将有助于强化化妆者眼部的轮廓。

4. 打腮红

打腮红是化妆时在面颊处涂上适量的胭脂。上腮红的好处，是可以使化妆者的面颊更加红润，面部轮廓更加优美，并且显示出其健康与活力。

教师在化工作妆时上腮红，需要注意三点：一是要选择优质的腮红。若其质地不佳，便难有良好的化妆效果。二是要使腮红与唇膏或眼影属于同一色系，以体现妆面的和谐之美。三是要使腮红与面部肤色过渡自然。正确的做法应是，以小刷蘸取腮红，先上在颧骨下方，即高不及眼睛、低不过嘴角、长不到眼长的1/2处，然后才略作延展晕染。

5. 涂唇膏（唇笔描出口形——涂上唇膏）

涂唇膏，不仅可以改变不理想的唇形，又可使嘴唇看上去饱满、有光泽。

涂唇膏时注意事项有三：

一是要先以唇线笔描好唇线，确定好理想的唇形。唇线笔的颜色要略深于唇膏的颜色。描唇形时，嘴应自然放松张开，先描上唇，后描下唇。在描唇形时，应从左右两侧分别沿着唇部的轮廓线向中间画。上唇嘴角要描细，下唇嘴角则要略去。

二是要涂好唇膏。选择唇膏时，既可以选彩色，也可以选无色。但要求其安全无害，并要避免选用鲜艳古怪之色。女性一般宜选棕色、橙色等，男性则宜选无色唇膏。涂唇膏时，应从两侧涂向中间，要使之均匀而又不超出早先以唇线笔画定的唇形。

三是要仔细检查。涂毕唇彩后，要用纸巾吸去多余的唇膏，并细心检查一下牙齿上有无唇膏的痕迹。

6. 喷香水

香水主要是为了掩饰不雅的体味，而不是为了使自己香气袭人。

喷香水时应注意：宜选气味淡雅清新的香水，并应使之与自己同时使用的其他化妆品香型大体上一致，而不是彼此“窜味”。同时不宜过量，不应使之影响本职工作，或是有碍他人。应将其喷在或涂抹于适当之处，如腕部、耳后、颌下、膝后等，而千万不要将它直接喷在衣物上、头发上或身上其他易于出汗之处。

7. 修正补妆

检查一下妆容整体搭配是否协调合适，适当修补。

总之，教师作为课堂的引领者，学生的引路人，一方面要注意自己的仪容是否合适，另一方面也要注意在工作期间不浓妆艳抹，做过多修饰。

思考题

1. 教师良好的仪容有什么作用？
2. 教师的个人卫生应注意哪些方面？
3. 教师的发型有哪些值得注意的地方？
4. 教师职业妆容的特点是什么？

第三章 教师的仪表礼仪

仪表，人的容貌、姿态、风度等。[①] 主要指一个人的外在着装及表现。仪表礼仪主要是指人在不同社会活动中穿着服饰方面的礼节与规范。在人际交往中，仪表不仅能体现人们的文化修养，还可以反映其审美取向。衣着得体，不仅能赢得他人的信赖，给人留下良好的印象，还能够提升与他人交往的魅力。我国著名文学家郭沫若先生曾说过这么一句话“从人们对服装的选择，可以窥测到他的文化水平和道德修养的底蕴”。穿着不当，不仅会降低教师的身份、损害教师的形象，而且将影响学生对自己的整体评价。由此可见，教师的仪表是一门艺术，它既讲究协调、色彩，也要注意场合、身份，同时还是一种文化的体现。

教学是一项近距离的交往活动，互相看得真切。初次与教师见面，从外表上看教师，学生就会在内心评价教师，为自己与教师的关系划定距离：是可亲可信，还是反感讨厌。一位仪容整洁、衣着得体的教师，就会被学生认为是有教养有学识的人，就会被他们尊重、接纳。请看下面学生举的案例：

> 我们高中的一位英语老师，是一位中年女性，她虽然穿着朴素，但搭配十分得体，让学生感觉十分舒服，加之配上淡妆，一位知性女老师的形象在学生心中扎下根来，同学们都很喜欢她，觉得她十分亲切，上她的课也十分认真积极。

这就是教师仪表得体最直接的效果，它于无形中给学生向上进取的力量。

第一节　教师的着装

仪表美的关键是什么？是衣着适宜得体。适宜得体的衣着是人们受到尊敬

---

① 李行健主编：《现代汉语规范词典》，北京，外语教学与研究出版社、语文出版社，2004年版，第1542页。

的基础。教师要尽可能使自己的衣着干净整洁、适宜得体，不要不修边幅、邋邋遢遢、标新立异。

看看学生所列举的真实的案例：

我们初中有个数学老师，很爱穿西装，但皱巴巴的，刚开始跟我们上课的时候，一进教室就惹得我们窃窃私语，后来发现他就是这样，我们也就习以为常了。

我们的英语老师，年轻漂亮，身材也好，所以上课时经常穿一些紧身的衣服，还经常佩戴一些夸张的挂饰。不像一位老师。

在高中时，我印象深刻的是一位数学老师，他经常上午第一节数学课迟到。记得有一次他匆忙走进教室，头发凌乱，估计是睡觉后天然的发型，还有裤子的拉链忘了拉，他一走进教室，同学们哄堂大笑，他还以为同学们笑他上课迟到，就做了一番自我检讨，可是同学们仍在笑。这时有同学提醒他：老师，裤子拉链忘了拉。老师才尴尬地转过身去将拉链拉上。由于尴尬，老师一节课都没有心思讲课，同学们也无心听讲，浪费了一节课。

某小学一名女教师披散着头发，右脸膛的粉底还没有抹开，衬衫纽扣也没有扣上，脚上拖着一双人字拖，俨然是刚刚匆匆忙忙从家里赶到学校的样子。她在讲台上滔滔不绝地讲着课文，台下议论纷纷。有名女生小声对同桌说："老师今天是不是连早餐也没有来得及吃啊。"下午的时候，班里就有学生穿着衬衫，故意不扣纽扣。

像这样的教师，怎么能指望从学生那里得到尊重。因此，教师首先应从自身做起，从细节做起。教师在课堂上应注意避免以下一些仪表细节：

衣衫不整；衣服上有污渍；

穿有很多褶皱的衣服；

衣服上的扣子掉了一个；

穿衣服时，不拉拉链或者不系扣子；

衣服过紧，经常在那拉扯衣服；

衣服脱线了或穿反了；

袜子破了个洞，等等。

教师不要小看这些仪表细节，认为这些事情不会发生在自己身上，其实，在现实生活中，这样的例子比比皆是，教师在课前一定要注意自己的着装是否得体。

穿衣戴帽，学问大矣！教师的着装是否具有美感，并不一定在于服装的新奇漂亮、流行时髦，也不一定在于本人有一副适宜装扮的漂亮身材，关键在于着装要适合自己的身份，要体现教师职业特点规范下的仪表美的深层内涵。据了解，现在有很多学校规定：教师穿着打扮与教师职业不相称，经过批评教育不改的，学校将给予行政纪律处分。

一、教师着装的基本原则

一般服饰礼仪的要求是：色彩少、质地好、款式雅、做工精和搭配准。教师服饰总体要求是：

端庄、大方，不穿过于鲜艳、怪异的服装；

含蓄、稳重，不穿过于暴露、透视的服装；

简单、整洁，不穿过于脏乱、褶皱的服装；

美观、和谐，不穿过于短小、紧身的服装。

1. 注重整洁

教师的着装应整洁得体，落落大方，避免肮脏或邋遢。追求整洁和谐、情趣高雅的美。

2. 关注整体

要注意全身服装的协调，恪守服装本身约定俗成的搭配。如穿西服时，应配皮鞋，而不能穿布鞋、旅游鞋、凉鞋、拖鞋、运动鞋。

3. 注意协调

要与自身条件、年龄相协调。如对于上轻下重的形体，宜选用深色轻软的面料做成裙或裤，以此来削弱下肢的粗壮。身材高大丰满的女性，在选择搭配外衣时，亦适合用深色。这条规律对大多数人适用，除非你身材完美无缺，不需要以此来遮掩什么。

4. 适时应景

教师的着装应结合自己的教学内容，尽量与当时的季节时间、地点和教学对象相适应。最简单的例子，课堂教学的教师和运动会上的教师，在着装上就应该有明显的区别。我们有的同学议论某些教师“要风度不要温度”，也是最好的例证。

二、教师服装色彩的搭配

教师着装如何得体，首先就涉及服装的色彩搭配问题，这里面可大有学问。

鲁迅谈穿着

女作家萧红穿了一件红上衣和咖啡色的裙子去见鲁迅先生。女作家以为是一身不俗的打扮，忍不住问鲁迅：“我的衣裳漂不漂亮？”鲁迅说:“你的裙子配的颜色不对,红上衣要配红裙子,或者黑裙子,咖啡色的就不行了。这两种放在一起很混浊。”鲁迅还说:“人瘦不要穿黑衣裳,人胖不要穿白衣裳。方格子的衣裳胖人不能穿,横格子的更不能穿。”

在鲁迅看来,如果不根据自身的条件正确地搭配色彩,选择款式,就不美。

色彩,可分为无彩色和有彩色两大类。前者如黑白灰,后者如红黄蓝等。红、橙、黄及相近的色彩为暖色,给人以热的感觉;青、蓝色是冷色,给人以寒冷的感觉,绿、紫色是中间色。色彩具有某种社会象征性,它象征着人们的某种性格、情感、追求等。服装色彩是服装感观的第一印象,它有极强的吸引力,教师若想在着装上搭配适宜,首先必须充分了解色彩所蕴涵的意义。

红色:热烈、喜庆、激情、爱情、浪漫、火焰等;

橙色:温暖、热情、友好、富饶、充实、豪爽、积极等;

黄色:炽热、光明、智慧、光荣、喜悦、活泼、高贵等;

绿色:生命、安全、青春、和平、新鲜、自然、理智等;

青色:坚强、希望、古朴、庄重等;

蓝色:永恒、沉静、冷峻、自信、忠诚、冷漠、真理等;

紫色:浪漫、优雅、神秘、高贵、稀有、信仰、孤独等;

黑色:正统、严肃、死亡、沉重、神秘、冷峻、静寂等;

白色:纯洁、神圣、干净、高雅、单调、空虚、冷淡、无望等;

灰色:平凡、随意、中立、宽容、苍老等;

粉红:柔和、温馨、温情等;

褐色:谦和、平静、沉稳、亲切等。

一般而言,教师的着装不宜超过三种颜色,着装时色彩搭配分为两大类,一类是对比色搭配,一类是协调色搭配。对比色搭配包括强烈色搭配和补色搭配。协调色搭配包括同类色搭配和近似色搭配。

1. 对比色搭配

(1) 强烈色搭配。指两个相隔较远的颜色相配,醒目亮眼,如:黄色与紫色,红色与青绿色,这种配色比较强烈。在进行服饰色彩搭配时应先衡量一下,你是为了突出哪个部分的衣饰而修正、掩饰身材哪里的不足。一般而言,黑色与黄色是最抢眼的搭配,红色和黑色搭配,非常隆重,却又不失韵味。

(2) 补色相配。指两个相对的颜色的配合,如:红与绿,青与橙,黑与白等。补色相配能形成鲜明的对比,有时会收到较好的效果。若有意将对比色搭配在一起,就要注意对比色间的比例变化,选择一种颜色为主色而另一种颜色为副色,很有点睛的效果。将你的个性大胆展露,黑白搭配是永远的经典。

2. 协调色搭配

(1) 同类色搭配。指深浅明暗不同的两种同类颜色相配,比如青配天蓝、浅绿配墨绿、米色配咖啡、浅红配大红等,同类色相配的服装显得柔和文雅。粉红色系的搭配,让整个人看上去柔和很多。

(2) 近似色搭配。指两个比较接近的颜色相配,如:红色与橙红或紫红相配,黄色与草绿色或橙黄色相配等。如绿色和嫩黄搭配,给人一种很春天的感觉,整体感觉非常素雅。这类同色系间的变化搭配可穿出同色系色彩的层次感,又不会显得单调乏味,是最简单易行的方法。

(一) 教师服装色彩搭配的原则

纯度是说明色质的名称,也称饱和度或彩度、鲜度。色彩的纯度强弱,是指色相感觉明确或含糊、鲜艳或混浊的程度。一般而言,低彩度、低纯度的颜色更容易与其他颜色相互协调,并可使在有限的空间里工作的人专心致志。人们总希望获得更多的私人空间,穿着低纯度的色彩会增加人与人之间和谐亲切之感,从而有助于形成协同合作的格局。另外,可以利用低纯度色彩易于搭配的特点,将有限的衣物搭配出丰富的组合。同时,低纯度给人以谦逊、宽容、成熟感,借用这种色彩语言,教师更易受到他人的重视和信赖。

1. 白色的搭配原则

白色可与任何颜色搭配,但要搭配得巧妙,也需费一番心思。

白色下装搭配条纹的淡黄色上衣,是柔和色的最佳组合;上身穿淡紫色西装,配以纯白色衬衣,下身着象牙白长裤,不失为一种成功的配色,可充分显示自我个性;象牙白长裤与淡色休闲衫配穿,也是一种成功的组合;白色百褶裙配淡粉红色毛衣,给人以温柔飘逸的感觉。红白搭配是大胆的结合。上身着白色休闲衫,下身穿红色窄裙,显得热情潇洒。在强烈对比下,白色的分量越重,看起来越柔和。

2. 褐色搭配原则

褐色与白色搭配,给人一种清纯的感觉。金褐色及膝短裙与大领衬衫搭配,可体现短裙的魅力,增添优雅气息。选用保守素雅的栗子色面料做外套,配以红色毛衣、红色围巾,鲜明生动,俏丽无比。

褐色毛衣配褐色格子长裤,可体现雅致和成熟。褐色厚毛衣配褐色棉布裙,通过二者的质感差异,表现出教师特有的个性。

3. 蓝色的搭配原则

在所有颜色中,蓝色服装最容易与其他颜色搭配。

最佳组合:近似黑色的蓝色合体外套,配白衬衣,再系上领带,可以使教师出席一些正式场合显得非常精神。

4. 黑色的搭配原则

黑色是个百搭的颜色。

最佳组合：上衣着黑色，下衣着米色的纯棉含莱卡的及膝 A 字裙，脚上穿着白底彩色条纹的平底休闲鞋子，可以使整个人看起来格外舒适，还充满着阳光的气息。

5. 米色的搭配原则

米色是充满都市感的色彩，也是时尚人士常用的色彩。

最佳组合：想用米色穿出严谨的味道，也不难。一件浅米色的高领短袖毛衫，配上一条黑色的精致西裤，穿上闪着光泽的黑色的尖头中跟鞋子，就可将职业女性教师的专业感觉烘托得恰到好处。

6. 教师服装的一般色彩搭配原则

(1) 红色配白色、黑色、蓝灰色、米色、灰色。

(2) 粉红色配紫红、黑色、灰色、墨绿色、白色、米色、褐色、海军蓝。

(3) 橘红色配白色、黑色、蓝色。

(4) 黄色配紫色、蓝色、白色、咖啡色、黑色。

(5) 咖啡色配米色、鹅黄、砖红、蓝绿色、黑色。

(6) 绿色配白色、米色、黑色、暗紫色、灰褐色、灰棕色。

(7) 墨绿色配粉红色、浅紫色、杏黄色、暗紫红色、蓝绿色。

(8) 蓝色配白色、粉蓝色、酱红色、金色、银色、橄榄绿、橙色、黄色。

(9) 浅蓝色配白色、酱红色、浅灰、浅紫、灰蓝色、粉红色。

(10) 紫色配浅粉色、灰蓝色、黄绿色、白色、紫红色、银灰色、黑色。

(11) 紫红色配蓝色、粉红色、白色、黑色、紫色、墨绿色。

客观地说，每个人都有一种与生俱来的对某种色彩的偏爱。如果每个人都能从自己偏爱的颜色中去充分发挥，向邻近的颜色延伸，那就会形成一个完整的、和自己颜色相协调的色彩系列，利用这一系列色彩来搭配自己的服装，再考虑自己的性格、体形，最后必然会取得理想的穿着效果。实际上，这就是最适合自己的色彩风格，也就是个人着装的色彩风格。

(二) 教师服装色彩与体形搭配的原则

色彩在实际应用时，还应注意膨胀与收缩的视觉感受。一般情况下，纯度高的颜色带给人膨胀的感觉，纯度低的颜色带给人收缩的感觉；明度高的颜色带给人膨胀感，明度低的颜色带给人收缩的感觉。

标准型的身材，拥有平均身高，胸围和臀围相等，腰部大约比胸围小 25 厘米。成功的体型弥补方法就是让身材看上去接近标准型的身材。色彩修正是较为容易的方法之一。在适合一个人的色彩群中，有膨胀色，也有收缩色，合理地使用会修正弱点或强调优点，达到完美的效果；如果使用不当的话，本来适合的颜色放大了一个人的弱点，漂亮的颜色在身上的位置不当，整体色彩形象失去平衡，就达不到预期的效果。

1. 梨型身材

身材特征:肩部窄,腰部粗,臀部大。

弥补方法:胸部以上用浅淡或鲜艳的颜色,使视线忽略下半身。

注意事项:上半身和下半身的用色不宜对比强烈。

2. 倒三角型身材

身材特征:肩部宽,腰部细,臀部小。

弥补方法:上半身色彩要简单,腰部周围可以采取对比色。

注意事项:回避上半身用鲜艳的颜色、对比的颜色。

3. 圆润型身材

身材特征:肩部窄,腰部和臀部圆润。

弥补方法:领口部位用亮的、鲜艳的颜色,身上的颜色要偏深,最好是一种颜色或渐变搭配。

注意事项:身上的颜色不宜过多或过鲜艳。

4. 窄型身材

身材特征:整体骨架窄瘦,肩部、腰部、臀部尺寸相似。

弥补方法:适合多使用明亮的或浅淡的颜色,可使用对比色搭配。

注意事项:不宜用深色、暗色。

5. 扁平型身材

身材特征:胸围与腰围相近,臀围正常或偏大。

弥补方法:用鲜艳明亮的丝巾或胸针装饰,将视线向上引导。

注意事项:不宜用深色装饰。

第二节 女教师的着装

女教师的服装一般而言比男教师更有特色,不仅色彩多样,形式也多变,可着裙装,也可着裤装,但一定要注意职业的特点,留心对学生的榜样、导向作用。

一、女教师服装的分类

女教师的服装一般分为职业装和社交装。职业装包括西服套裙、连衣裙和西服套装。社交装包括礼服(旗袍)、便服。职业装中以西服套裙为最宜。

1. 西服套裙

教师要根据自己的年龄、体型、肤色、气质来选择套裙。套裙的面料质地要好。“V”字领应高低适中,胸围和腰身不紧绷,裙长一般至膝上一拳。年长者,冷天可过膝。套装不能与牛仔服、健美裤、裙裤“合作”,并且身上的皮鞋、袜子、皮包，脸部妆容等要与套裙相协调。

2. 女教师的外套

外套是女装的重要类型，女教师的着装首先要注意外套。女式西装外套应是必备之物。一方面，它能体现教师端庄、优雅而不呆板的职业气质；另一方面，又可一物多用，这与教师的着装应简洁明快的风格一致。如它可与短裙搭配，又可与连衣裙搭配，还能与牛仔裤相配，都别具一格，各有风味。

3. 连衣裙的着装礼仪

作为教师，在大多数场合，应选择单色连衣裙，再加上线条简洁、裁剪合身的式样，最能衬托出女教师端庄典雅的气质。那些色彩鲜艳、图案夸张的连衣裙则不宜选择，因为这一方面会分散学生的注意力，另一方面也与教师的职业特点不相符合，最终会影响教学效果。

裙长一般至膝，最短至膝上一拳。

二、女教师校园着装注意事项

爱美之心人皆有之，作为一名新时代的女教师，除了自身对自己形象的关注外，也应考虑到要让学生喜欢，所以应注意自己的衣着打扮。一般说来，教师着装应整齐、朴素、大方。朴素，不是说让教师都去穿旧衣服，还是要讲究质量，适当穿好一点、时髦一点。但决不能穿奇装异服，那样会分散学生的注意力，影响学习。吊带衫、露脐装也许性感动人，但不适合学校和教室；热裤、紧身衣也许活力四射，但不适合课堂上的教师。

什么是性感？

是不是穿得越暴露越性感？其实不然。周恩来总理出席外交活动时，总是穿件中山装，却成为英国女王眼中最性感的男人；人们在评价戴安娜、陈方安生、王光美等名女性时，也会用到性感这个词。这是因为他（她）们穿着得体，端庄典雅，言谈举止间充分流露出男（女）人味，这就是性感。因此，仅仅认为穿暴露的衣服就是性感的观念是片面的。

故女教师校园着装应注意以下事项：

1. 上衣要保证有袖，领口不可太低

夏天的时候，我们有位女老师总是喜欢穿低领的衣服，她的低领衣服总是让男同学不敢抬头看黑板，她有时还问男同学为什么不看黑板，也不找找自身的原因。

我们有个女老师，讲课时喜欢把手肘搁在讲台上，我们都可以看到她穿的内衣了，真是无语得很啊！

所以教师作为课堂里的公众人物，穿衣不能是凭一己之好，穿衣不再是自己一个人的事情了，一定要注意对学生的影响。

2. 不穿吊带裙、露背装、露脐装、超热短裤、低腰裤、过透的服装，内衣不外现

我上高二时，班里换了英语老师，新英语老师有点胖，这个老师是刚刚大学毕业的，有一天穿了一件很短的衬衣和低腰的裤子来上课，当她板书时，腰上的肉都露出来了，班上顿时有学生笑出声来。夏天穿裙子很短，在吊扇下很容易被吹起，老师就时不时拉裙子，最后就待在讲台上不下来。

教师这样穿着，学生还有心思听讲吗？课堂效果可想而知。

3. 若非特殊情况，也不宜穿过于肥大的衣服

我们的高中英语老师是位女教师，总是穿很肥大的衣服，韩版的吧，开始我们还以为老师怀孕了，后来才知道老师就是这个风格。还有我们的物理老师，每次同学们听讲听得聚精会神时，她就突然把手往衣服里一抓，原来她的内衣肩带松了，搞得同学们哭笑不得。

教师的着装，应体现出教师职业干练的一面，让学生觉得精神焕发，有一个好的教学氛围，若教师不注意自己的着装，让学生在课堂上去评论自己的着装，对教师的着装哭笑不得，教师怎么还能吸引学生的兴趣，让学生专心听讲。

4. 裙子一定要及膝或以下

我初中时一位英语老师，长得也挺年轻漂亮，平时穿的衣服也很时髦，但印象比较深刻的一次是夏天的某一天，她穿了一件好像是连衣裙的衣服，为什么说是好像呢，因为我一直认为那只不过是比较长一点的上衣，下面有一点裙摆而已，她下面没穿打底裤之类的，刚好只到臀部。特别是她在黑板上写字，手臂一扬，几乎都看到内裤了，弄得我们上课都不敢看她。

学生上课都不敢看老师？那教师课堂板书、课堂讲授的效果如何来实现？作为女教师，一定要注意自己的穿着，注意自己的裙子长度是否合适。

5. 老师不穿小一号衣服(紧身衣)

我们的英语老师，年轻漂亮，身材也好，所以上课时经常穿一些紧身的衣服，还经常佩戴一些挂饰，漂亮是漂亮，可大伙特别是男生都不敢瞅她。

另外，女教师还要注意不穿黑皮裙(黑色皮裙在国际社会，尤其是在西方国家，被视为一种特殊职业的服装，是站街女郎用来标示身份的)。

6. 丝袜的长度要高于裙子的下摆

我初中的一位物理老师是位女教师，不知是热还是丝袜爱脱落，夏天总是喜欢把长丝袜卷在腿肚子上，怎么看着都别扭。我们都无语了，你要么就穿上去，要么就脱掉，真是碍眼啊！

女教师如穿丝袜，注意袜口永远不要外露。穿半截裙子的时候穿半截袜子，袜子和裙子中间露段腿肚子，俗称"三截腿"，术语叫恶性分割。

7. 不穿残破的袜子

以前初中科学老师有一次板书的时候，脚后跟露出，我坐在前排，发现老师袜子的后跟处破了好大一个洞。这一节课我都没怎么听讲，一直想着这事。

女教师夏天可以不穿袜子，如穿袜子，一定要注意不要穿残破的袜子。但是如在正式场合着裙装，不穿袜子则是不礼貌的。

8. 不穿走路声音很响的皮鞋，不穿拖鞋、凉拖

初中的数学老师，有的时候居然会穿着拖鞋来上课，走路一嗒一嗒地响，感觉老师一点都不注意自己的穿着。

高一的物理课，每当上课铃声响过，课堂上就会出现一阵嘈杂声，因为啊，大家都在议论楼道里传来的咚咚咚咚的高跟鞋声，"报警"显示我们的老师来了。

监考理科综合的老师穿一双走路很响的高跟鞋，还老在那转啊转的，烦死人了。最后，一个敢于直言的学生举手，让老师不要再转了，大家才又安心地去考试。

我要说的是初二的女老师，她喜欢穿高跟鞋，可是每次值班自习时，她就喜欢在教室过道里走来走去，"咚，咚……"的高跟鞋声音严重影响了同学们的学习，同学们都在课后偷偷议论她，她给同学们留下了不好的印象。可见，教师的一点一滴都影响其在学生中的印象。

高中的语文教师经常喜欢在教室里走来走去以辅导学生学习，但是她的皮鞋咚咚有声，而且是不停地响起，令学生们很反感，安静的学习环境被破坏，同学们无法集中精力。

教师的鞋子也许很合脚，买的时候也没注意后跟会发出响声，但如果是在课

堂、自习或监考时，对学生还真是有影响的，从上面的例子我们可以看到学生对发出响声的高跟鞋的反感，所以教师们应对此引起重视。

9. 不引领服装新潮流

在我上初中时有一位语文老师特别喜欢打扮。每次上课她都会在脸上铺上厚厚一层粉，身上的香水味很浓，每次她在教室转悠时，浓浓刺鼻的香水味都让同学们特别反感。还有她喜欢换衣服，上一节课她还穿着这套衣服，下一节课就换了。每次都引得我们说："这里又不是时装秀，换衣服这么频繁干什么呢？"

教师不是时装模特，不能换衣过于频繁，穿衣不能过分新奇古怪，每天都应注意自己为人师表的形象。

第三节　男教师的着装

一般而言，由于男教师服饰相对单调，很多人认为男教师只要衣着整洁就可以了，甚至还有人认为，男教师只要课讲得好，着装如何是没有人在意的。其实不然，男教师的着装还是大有学问的。孔子曾经说过：君子不可以不学，见人不可以不饰；不饰无貌，无貌不敬，不敬无礼，无礼不立。意思是说君子不能不学习，不能不修饰自己，否则就没有仪表，就不能得到别人的尊敬，无法被人以礼相待，无法立身于世。古时的君子是指有一定修养的人，现在的男教师当然可称得上君子，怎能不注意自己的服饰呢？服饰能够传达信息，可以说是教师穿在身上的"名片"。教师穿着讲究、注重仪表，不仅是对学生的尊重，还会影响到师生关系的建立，进而直接影响到教学效果。

男教师的服装一般也分为职业装和社交装。但在我国，多数学校教师并没有统一的职业装，因此，对多数男教师而言，其职业装和社交装并没有太大差别。社交服装有正装和便装之分，正装主要是西装和中山装，便装则多种多样，不可一一概述。

(一) 男教师的西装

男教师一般应着西装、衬衫，西装以深色为主，避免非常艳丽的西服。

1. 西装的款式

(1) 按西装的件数来划分，可分为套装西装和单件西装。

(2) 按西装的纽扣来划分，可分为单排扣西装和双排扣西装。

(3) 按适用场合不同来划分，可分为正装西装和休闲西装。

2. 西装的口袋

上衣口袋：只作装饰，不可以用来装任何东西，但必要时可装折好花式的手帕。

西装左胸内侧衣袋：可以装票夹（钱夹）、小日记本或笔。

西装右胸内侧衣袋：可以装名片、香烟、打火机等。

裤兜：也与上衣袋一样，最好不装东西，以求裤型美观。

3. 西装的扣子

(1) 双排扣西装。

应把扣子都扣好。个头偏矮的教师建议不穿。

(2) 单排扣西装。

①一粒扣的，随意。系上端庄，敞开潇洒。

②两粒扣的，只系上面一粒扣，是洋气、正统；

只系下面一粒，是牛气、流气；

全扣上，是土气；

都不系敞开，是潇洒、帅气。

③三粒扣的，系上面两粒，或只系中间一粒。

(3) 西装背心的扣子。

西装背心有 6 粒扣与 5 粒扣之分。6 粒扣的最底下的那粒可以不扣，而 5 粒扣的则要全部都扣上。

4. 衬衫

穿西装时必须内配衬衫。衬衫、西装的颜色不能是同一色，白色衬衣最好；衬衫的里面不要套深色的内衣；衬衫的袖口应长出西服袖口 1.5 厘米，领口亦应高出西服领口 1.5 厘米左右。

5. 领带

在正式场合，着西装必须系领带。领带的长度要刚好抵达腰带，或者有一两厘米的距离。打领带时衬衣领口扣子必须系好，不系领带时不要扣衬衫的领口。领带夹一般在衬衣第三、第四粒纽扣之间。不要穿夹克打领带。

(二) 男教师穿西装的注意事项

1. 西装袖子上的商标必须拆除

商标是西装的封条，拆除商标就意味着启封，否则就会贻笑大方。

2. 因西装讲究线条美，所以着西装前应熨烫出线条，西裤必须有中折线

我们高中的数学老师喜欢穿西装，但皱巴巴的，刚开始跟我们上课的时候，老师一进教室，我们就因他的着装窃窃私语，后来发现他就是这样，我们也就习以为常了。

教师着西装时一定要配衬衫、皮鞋，不能随意将西裤裤腿挽起来。

西裤长度以前面能盖住脚背，后边能遮住 1 厘米以上的鞋帮为宜。

初中的历史老师，总是穿着西装裤，但搭配一双旅游鞋，有时还卷起裤脚来，经常看得到里面的秋裤和袜子，感觉怪怪的。

教师认为自己是轻松随意，其实是不伦不类。学生们盯着老师暗自摇头、窃笑不止，哪还有心思上课？男教师在穿西装、打领带的情况下，一定要配皮鞋，绝不要穿运动鞋、凉鞋或布鞋。皮鞋要每天保持光亮整洁，最好不要一双皮鞋连续穿着3天以上。在正式场合，一般穿黑色或咖啡色皮鞋比较正式。

同时注意穿套装西装一定要穿与西裤、皮鞋颜色相同或颜色较深的袜子，黑色、深蓝或藏青为最佳。最好不要穿尼龙丝袜和白袜子。尼龙丝袜不吸汗、不透气，易产生异味，妨碍办公和教学；白袜子如果不是白皮鞋，在与深色衣服、黑皮鞋相配时，会产生极大的反差，西方俗称“驴蹄子”。

3. 穿西装通常不提倡穿毛衣

穿西装通常不提倡穿毛衣。天冷可内穿保暖内衣或穿带绒衬衫，如要穿毛衣，建议最多穿一件V领毛衣，若穿在衬衫外，领带应放在毛衣内；若毛衣或保暖内衣穿在衬衫内，衬衫外不应露出任何衣服领子。或者里面少穿点，在西装的外面穿一件大衣。通常与西装配套的大衣不宜过长，一般以在膝盖下3厘米左右为宜，这样看起来轻便、精神。

4. 西装颜色的选择

就西装及衬衫来讲，深色加强权威感，而浅色可增加着装者的文雅之气。男性线条比女性刚健，棱角分明，较浅的颜色会使人儒雅。而身材较胖、线条较柔和的男士则适宜略深一些的颜色。较浅的灰、褐、棕、蓝、米色等可使男教师显得文质彬彬。浅色对肤色较深的男教师也会起到很好的衬托作用，能显得人面部轮廓清晰，身材挺拔。

（三）中山装的穿着

中山装的领口为关闭式八字形，身前有四个贴袋，前门襟正中有五粒明纽扣，后背则整块无缝。在穿着中山装时应注意上下应穿同色同质的衣服，配黑皮鞋。同时要扣好领扣、领钩、裤扣，穿长袖衬衫要把前后摆放入裤内，袖口不可卷起，衣袋内不要放很多东西。既可以在出席正式场合时穿中山装，也可以平时穿。

（四）男教师校园着装注意事项

(1) 服装色彩不超过三种。由于男性服装色彩比较单一，或者是传统意识的局限，许多男教师除了夏季偶尔穿着较浅的衣服外，其他季节总是穿很深暗的服装。其实现代社会对男性的服装色彩并没有多少限制，在校园，男教师全身衣着的色彩，不超过三种就行。多于三种，令人眼花缭乱，则失去庄重之感。但在春游、秋游、开运动会、搞游艺活动时，男教师尽可以穿得休闲一些。色彩上，红、黄、蓝、绿可以任意选择；款式上，T恤、夹克、运动装也是不错的选择。课堂上，则以较为正规的西服便装或衬衫为好，色彩也可保守一些。

(2) 衣服应保证有袖，不穿紧身衣、短裤、拖鞋、残破的袜子。

初中时，一位数学老师穿运动短裤和一件花衬衣进教室，引起全班哄堂大笑。

夏天来临了，天气也变得更炎热了，在一所中学的课堂上，一位男教师穿着短裤、拖鞋来上课，同学们都时不时地看看他，影响了同学们的听课效率。

有一位体型偏胖的男数学教师，夏天来了，由于十分怕热，剃个光头，穿着短裤，拖着人字拖来上课，同学们上课时看见老师在台上讲得滔滔不绝，但总是觉得哪里不自然。

高中时学校规定学生不得穿拖鞋进教室，但班上一个调皮的学生违反了规定，班主任批评他，学生却顶撞道："你不是也穿着拖鞋吗？"班主任顿时无言。

老师匆忙来教室，衣服破了个洞自己不知道。监考脱鞋子，有异味，看见学生捂鼻子，老师才尴尬穿上。还有个教师穿着拖鞋，边走边抽烟，旁边家长议论：学校的保卫在干什么，怎么能让这样的人进来。原来家长把这位老师当做社会青年了。由此可见，教师首先应尊重自己，讲究穿着，他人才会尊重你。

(3) 体育老师上课应穿运动装、运动鞋，不穿皮鞋。其他教师上课时(特别是家长会等集会场合)一般不穿运动装。

我们初一时，英语老师是学校篮球队的，经常打完球后，直接穿着球衣，满头大汗地跑来上课，上气不接下气的，也没见备课，一堂课就这样一边用书当扇子一边讲课地把时间混过去了。

从上面的例子我们可以看到，男教师也应讲究穿着，注重仪表，这一方面是对学生的尊重，另一方面还会直接影响到教学效果。难怪歌星刘欢上课时必西装革履，北京师范大学名教授童庆炳把上课视为节日，正容整装，一丝不苟。

第四节 教师饰物佩戴礼仪

饰物，是指能够起到装饰点缀作用的物件，主要包括服装配件(如帽子、领带、手套、围巾等)和首饰(如戒指、胸花、项链、耳环、眼镜等)两类。饰物佩戴的目的是提升人的气质,增加美感,达到"锦上添花"的效果。但是饰物的佩戴并非是随意性的,它往往是有约定俗成的意义。因此,只有对其了解,才能在达到高雅美丽的同时,又合乎于礼仪规范。

请看学生举的一个例子:

> 初三时,我们换了一位英语老师。第一次新英语老师来上课,看见她是一位亭亭玉立、年轻漂亮的女老师,我的积极性一下子被调动起来,但过一会儿,我便有一种说不出的感觉,觉得很抵触。不为别的,只因发现这位美女教师的左手上戴着两枚戒指,一枚戴在中指上,另一枚戴在食指上。顿时,她给我的第一印象马上被她那俗气的左手所占领,感到乏味,感到倒胃口,感到没有品位的美丽是多么苍白无力。

这个例子告诉我们,教师如何打扮恰当、穿戴得体,而又不超出教师这一职业道德的范围,确实是需要学习的。

一、教师饰物佩戴的原则

饰物佩戴的基本原则是"符合身份,以少为佳"。一般数量上不超过三件,力求同质同色,适时应景,并懂得其寓意,以免产生不必要的误会。

二、教师饰物佩戴的方法

1. 戴手套的礼仪

手套不仅御寒,而且还是衣服的重要饰件。一般来讲,手套颜色应与衣服的颜色一致。进入教室内,教师一般应脱去手套。在一般场合,进入室内,男教师应脱下手套,而女教师则不必,但当喝茶、吃东西时,应提前脱下手套。无论在哪,握手时男教师必须除下手套。女教师如在舞会上戴长手套,不要把戒指、手表等戴在手套外面,穿短袖或无袖上衣参加舞会,一定不要戴短手套。

2. 戴围巾丝巾的礼仪

围巾、丝巾可围在脖子上保暖、保护衣领或用作装饰,现在其装饰作用越来越突出。

奥黛莉·赫本曾说:"当我戴上丝巾的时候,我从没有那样明确地感受到我是一个女人,美丽的女人。"丝巾有长巾、方巾、三角巾和领围之分。教师可根据自己的肤色、服装、体形及场合来选配丝巾的颜色和款式。

一般而言,身高者,选择的丝巾要宽大些,花形要小一些,色彩柔和一些;体形纤弱者,丝巾应短一些,花色可繁杂些,颜色可艳丽些。单色服装,搭配花色丝巾会比较"出彩"。最关键的技巧是:花色丝巾的数种颜色当中,有一种颜色与服装颜色一致或极为相似。如果满足这一点,通常丝巾与服装之间很容易"相安无事”，不会有突兀之感觉。

花色服装，搭配单色丝巾，会比较耐看。最关键的技巧：花色服装的数种颜色当中，有一种颜色与丝巾颜色一致或极为相似。道理同上。

单色丝巾配单色服装，只要不违反色彩搭配原理即可。注意：花色服装搭配花色丝巾，要格外小心。

以上讲的是丝巾和服装的一般搭配技巧，在实际操作中还可以根据自己的喜好自由发挥，比如用花色中的基础色的“对比色”来强调个性，等等。

另外丝巾的系法也多种多样，有蝴蝶结、单耳结、披肩式等。

三、携带皮包的礼仪

教师携带的皮包颜色要与自身服装、季节、场合、气氛相协调。女教师若穿银灰、奶白色的套装，皮包的色彩以白、黄、棕色为宜；穿黑、咖啡色等套装，以棕色、灰色提包为宜；日常上下班可选用草编、草制或绒布提包。在严肃的社交场合，可使用颜色较暗、形状较方正的提包；参加舞会或宴会，可使用颜色鲜艳的羊皮小包或缎面小包。

四、首饰佩戴礼仪

首饰泛指耳环、项链、戒指、手镯、手链、胸针等，它是女性最典型、最重要的饰物，关于它的礼仪规范也较多。教师佩戴首饰时，首先要考虑的就是应与自身服装相协调。从款式上看，艳丽的服装与色彩淡雅的首饰相配，深沉单色的服装可配一些色彩明亮、款式精巧的首饰。编织毛衣可选配玛瑙、紫晶、虎石等制成的项链；穿真丝衬衫或裙装时，一条金、铂金项链已足够。选择的首饰还应与自身年龄、体形、发式等相协调，否则会不伦不类，甚至显得多余。比如，脖子粗短者不宜戴多串式项链，而应戴长项链，使脖子显得稍长。圆脸或戴眼镜的女士，要少戴大耳环和圆形的耳环。年纪大的女士要戴一些贵重的、精致的首饰，年轻女士应选择质好、色好、款式新潮的时装首饰。与环境相协调。教师作为一个特殊的职业，应注意佩戴首饰对学生的影响，不要佩带转移学生注意力的饰物。女教师不佩戴长而粗的项链，不佩戴手镯、手链，双手戒指不超过一只；穿西装套裙时，不要戴两只以上的耳环，也不要只在一只耳朵上戴耳环；胸花、胸针一般戴在左胸部位，一般是从上往下数的第一、第二粒纽扣之间。男教师着西装时不戴木、石、皮、骨、绳、塑料等艺术性手镯。请看下面的例子：

赵英发现刚上初中的女儿手上多了许多叮叮当当的饰品，走到哪，都叮当有声，特别在孩子写字的时候，这个声音就非常明显。赵英认为这些铃铛会影响女儿的学习，晚上她走到床边问女儿：“贝贝，妈妈看到你手上的铃铛非常漂亮，你怎么想起买铃铛来了呢？”贝贝听到妈妈的夸奖后，高兴地说："这就是流行的魅力啊！"赵英迷惑不解地问："流行的魅力？"贝贝很认真地答道："对呀，我们班的语文老师、历史老师都戴这个，很流行的。"赵英瞪大双眼，都不知该说啥了。

从这里，我们就可以发现教师佩戴首饰对学生着装的影响了。另外，无论男女教师，在室内不宜戴帽；在室内与人交谈、室外参加重要活动时，不戴墨镜；在进行外事活动时，不佩戴动物、十字架等挂件。女教师选择腰带时应避免过分夸张或时尚的款式。男教师皮带上最好不要挂物品。一般来说，黑色皮带可以配任何服装。如若教室没有时钟，在课堂上，教师最好佩戴手表看时间，不要经常拿出手机看时间。

我初中的一位数学老师，皮带上经常挂着一大串钥匙，走起路来叮当响。平时上课还没怎么注意，晚自习和考试时，听着都觉得耳朵难受，感觉它晃来晃去的挺心烦的。

人们通常说"女人看头，男人看腰"，甚至有人说，男人的地位与他腰上的钥匙串成反比，这虽然有些夸大，但仍然可以看出，人们对男性腰上挂钥匙、别手机的反感。

五、首饰不同佩戴方式的含义

1. 戒指的戴法

戒指的戴法最为讲究。戒指一般戴在左手上，但若戴在右手上也可以。每只手最多不要超过两个，戴戒指还要注意的是它所蕴涵的意义：食指——目前独身且正觅偶；中指——正在热恋；无名指——已婚；小指——表示持独身态度。

应选配与手指形状、肤色相配的戒指。手指多肉者，适合佩戴一些镶有大蝴蝶或宝石之类没有花纹的戒指。手指短小者，佩戴不粗不大的指环最为合适。手指过长者，可戴镶有花朵或两枚重叠形戒指。如果手背的皮肤呈褐色，戴上金戒指有高雅感，显得比较协调；如果手背肤色偏黑，可选暗褐色或黑色宝石戒指。

2. 项链的佩戴

项链是戴于颈部的环形首饰，男女均可佩戴，是佩戴时间长、适合场合广泛的重要首饰，种类十分繁多。所选择的项链要与服装、颈部形状和肤色相协调。项链的粗细，应与脖子的粗细成反比。脖子较粗的人应选择较细的项链，脖子较细的人则应选粗一些的。

从长度上区分，项链可分为四种。一是短项链，适合搭配低领上装。二是中长项链，可广泛使用。三是长项链，适合女教师用于社交场合。四是特长项链，适合女教师在隆重的社交场合佩戴。夏天衣着单薄，佩戴金、银、珠宝项链都很美。浅色的毛衫要佩戴深色或艳一些的宝石类项链；深色的毛衫可配紫晶或红玛瑙项链。但男教师所戴的项链一般不应外露且不多于一条。

3. 手镯、手链的戴法

手镯是女性的装饰物，因纤丽精巧，很受现代女性青睐。戴手镯和手链很有讲究。在普通情况下，手链应仅戴一条，并应戴在左手上。在一只手上戴多条手链、双手同时戴手链或手链与手镯同时佩戴，一般是不得体的。

在一些地方，所戴手镯、手链的数量、位置，可用以表示婚否。手镯、手链戴在右臂，表示“我是自由的”；戴在左右两臂或仅是左腕，说明已婚。

一般来讲，手链与手镯均不应与手表同戴在一只手上。如果戴手镯、手链和耳环等首饰，一般可以省去项链，或只戴短项链为宜，以免三者在视觉上重复，影响美感。

4. 耳环的佩戴

耳环也叫耳坠，是女性耳垂的特殊饰物，种类繁多。主要有有穗式和无穗式两大类。有穗式分单穗和双穗，无穗式又有大圆、小圆、椭圆、葡萄等花样。

大致说来，耳环的设计可分为穿耳洞、夹式的和扭转式的，穿耳洞的耳环佩戴较麻烦，但是样式精巧，选择也多。

①圆型丰满脸型者，可以配上尖形的耳环，使脸看起来较细长。

②长脸型者，配上纽扣形的耳环，可使脸部显得较宽。

③椭圆型者，各式耳环皆可佩戴。

④身材纤细瘦小的人，应戴小巧秀气的耳环，如果是大耳环，会使你看起来头重脚轻。

⑤身材高大的、脸形宽大的女性，则应戴大型的耳环，才能衬出大方的气质。

⑥方型脸者，可戴椭圆或圆形的耳环，以减少棱角感。

⑦另外，如果你已戴有镶着碎钻的眼镜，或是打算佩戴好几串项链时，最好不要再戴耳环。以免显得俗气。

5. 胸针与胸花的佩戴

胸针可别在胸前，也可别在领口、襟头等位置。胸针式样要注意与脸型协调。长脸型宜佩戴圆形的胸针；圆脸型应配以长方形胸针；如果是方脸型，适宜用圆形胸针。

胸花的佩戴有一定的讲究，应根据服装的色彩、面料、款式来选用。白色衣裙配天蓝色或翠绿色胸花，形成冷调的协调美；红色衣裙配以黄色、本色胸花，形成暖调的和谐美。

婚礼中佩戴胸花的礼仪。基本上，重要正式场合中的司仪、特别来宾、颁奖人，都有资格戴胸花。在婚礼中，新郎、伴郎、招待、司仪及新娘的父亲都需要佩戴胸花。新郎的胸花，通常是新娘捧花中的主花，这是在选择新娘捧花时，也需要列入考虑的要件之一。传统上，新郎将捧花送给新娘，然后新娘自捧花中摘下一朵，别在新郎的胸前。其他来宾的胸花，以简单、小巧为原则。一般一朵花再加上一些搭配的满天星类的小花就够了，不要让胸花变成一束花，胸花的花梗也不可太长。胸花一般都是别在西装外套的左领，不过现在胸花别在右领也不算失礼。如果没有现成的扣眼可放，胸花置于西装领上，花梗垂直向下，对准鞋子的位置别好即可。

思考题

1. 教师良好的仪表有什么作用？
2. 女教师的着装应注意哪些方面？
3. 男教师着西装时有哪些注意事项？
4. 教师佩戴饰物的基本原则是什么？

第四章

教师的仪态礼仪

仪态，人的容貌和姿态。主要是指一个人的举止风度，包括表情（目光和微笑）和身势（站姿、坐姿、行姿、蹲姿和手势等）。

在人际交往的过程中，人们可接受的信息效果，只有45%来自有声语言，而其他的55%来自无声的体态语言；体态语的主要信息来自面部表情和身势语。而在体态语中，又有70%来自面部表情。有经验的教师都清楚，班里的学生，哪怕是低年级的学生都知道自己在教师心目中的地位。教师的期望是怎样传达给学生并被学生“领会”的呢？除了语言渠道外，还有一条很重要的渠道就是潜意识。那就是教师的心理往往会不自觉地通过表情、手势、姿态等传递给学生。比如，同样是注视学生，教师看优秀生的目光中可能流露出的就是欣赏和鼓励，对后进生则可能包含着警告、批评和失望。

一次公开课过后，一位教师把课堂上用过的精美卡片作为奖励发给同学们，然后对他们课堂上踊跃的表现给予表扬。从这以后，这位教师发现班上平时上课爱走神的张晓鹏同学在课堂上的听课状态有了明显的改变。抽了个时间，这位教师跟他母亲说起了这事。他母亲高兴地说：“多亏老师你给了他那个‘特殊的奖励’，他对自己要求严格了。”一询问，这位教师才知道，他奖励给同学们的卡片中仅有一张比其他的都大，在发卡片的时候，恰好这张被张晓鹏得到了，他回家后对母亲说：“老师可能觉得我这节课表现最好，所以把最大的一张送给我。”现在这张卡片还贴在他的床头，谁都不准碰。他说那是“特殊的礼物”。这位老师一次无意的举动，却造成了一个美丽的“误会”。

一次美丽的“误会”，改变了一个孩子的学习态度，这份“特殊的礼物”在孩子的美好心灵里是一份至高的荣誉，这份荣誉也将一直激励着他，成为他前进的动力。

某校有位女生在周记中写道：“老师，这一周你好像没看过我，不理我。是不是因为我这次测验没考好？老师，相信我一定会好好努力的。”

其实，这位老师根本没注意到这位学生的成绩，也不是故意不理她。

因此，教师要提高课堂的教学效果，除了更新教育理念，探索教育教学方法外，还应重视体态这些非语言符号在传达信息、情感和意向中的作用，并认真地使用这些手段。

第一节 教师的表情

表情能表达丰富而复杂微妙的情感，具有超凡的魅力。法国作家罗曼·罗兰曾经说过：“面部表情是多少世纪才培养成功的语言，是比嘴里讲的更复杂千百倍的语言。”马卡连柯也曾说：“做教师的一定不能没有表情，不善于表情的人不能做老师。”要知道，学生往往比我们想象的更会“察言观色”，并且常根据老师的表情来猜测老师对自己的感觉。他们对此极为敏感，不仅是对老师的一言一行很能领会，甚至还能揣摩老师自己有时也未曾注意的一些非语言行为。教师的一个肯定的目光、一次赞美的微笑，都会对他们有特殊的意义，都会为孩子的生命注人无穷的动力，甚至为他的一生奠基。因此，教师对后进生仅仅只做到不苛求、不训斥是不够的，还应重视表情在课堂中的无声作用。

我读高二时的数学老师，总是很傲慢，一副不可一世的样子，每次当我们对他的讲解提出质疑时，他就很不耐烦，还经常发火。有一次，他给一个学习很好的女生讲题，讲到后来讲不通了，成了那个女生给他讲了，他面子可能拉不下来，就吼那女生说：“你说的对，你去讲课呀。”然后全班同学再也不敢提出质疑了。

平心而论，与人相处，我们希望看到他人什么样的表情呢？学生虽然是成长中的个体，还没有成人，但他们是活生生的有思想有情感的个体，教师应如常人一般公平公正地对待他们，不应该认为自己高人一等，把学生当做出气筒、受气包，无视他们的感受。

一、教师的情绪

情绪，是指人们伴随着认知和意识过程产生的对外界事物的态度，是人们对客观事物和主体需求之间关系的反应。它与个体自身的需要和主观态度紧密相连，是一种内在的状态、体验，或外显表情，是一种非语言的因素。

（一）教师情绪的特点

教师的情绪作为一种无声的语言，其最重要的特点是具有感染性，教师的情绪会引起学生相应的情绪反应。如果教师带着自己的不愉快走进教室，学生会误认为老师不喜欢自己。在教学中，教师如果精神焕发、情绪饱满，学生便会以高涨的情绪投入学习；教师如果无精打采、有气无力，学生便会情绪低落；教师如果蛮横凶狠，学生就会胆怯害怕；教师如果情绪波动失控，喜怒无常，学生就会不知所措。因此，教师一旦进入课堂就要像演员登上舞台一样，迅速进行角色转换，调整好自己的心态，把自己一切的不良情绪排除在课堂之外。

初中的语文老师是个刚毕业的小姑娘，她比较情绪化，会将生活中或感情上的不良情绪带到教室。有一阵子好像因为她感情上有点问题，上课时不仅双眼水肿(好像哭过)，也无精打采的，当同学们回答问题时，她好像似听非听，结果班上同学对她的课兴趣骤减。

(二) 教师情绪的作用

教师的情绪对学生的影响是巨大的。美国心理学家科勒斯·列克把教师在教学中传递给学生的情感信号称为“看不见的课程”。教学是一种双边的教育活动，它不仅是师生之间智慧的碰撞，更是师生之间情感的交融。课堂上，教师的情绪总是感染着学生，不同的情绪就会出现不同的效果。教师的情绪愉快，就能营造一个良好的课堂氛围，促使学生积极思考，记忆活跃，有利于课堂教学高效的进行；而教师的情绪不佳，学生则会思维迟钝，记忆困难，不利于教学。

曾记得高一时的化学老师，在高一上学期时，同学们对她印象还可以，因为她经常面带微笑，同学们都觉得她平易近人，虽然她的教学水平不是很好。可是自从她怀孕后，她对同学们的态度来了个一百八十度的大转弯，经常发脾气，动不动就在课上说：你们自习吧，自己看书！然后就走了，这使得同学们都很气愤，开始讨厌她，后来我们班的化学成绩排在全年级倒数第一。

教师一定要切记：您——教师，就是课堂中最重要的因素！对这一点怎么强调都不过分。这始于您的目光、微笑、举止和您的总体情绪状态。在实际的教学生活中，可以明显地看到，由于教师的日常情绪从而形成了班级的某种“气候”等现象。

以前高中的班主任，是个女教师，也许是想树立威信吧，平时总是一脸严肃，不爱笑，生气的时候大吼大叫，有时课堂有点闹就拍桌子、摔书或者不上课，同学们都很怕她，但私下都叫她“老巫婆”。

高中的化学老师每当有学生问他比较简单的概念性问题时，他总是显得不屑一顾，有时还叫同学自己下去思考。后来大家都不怎么问他问题了。

教师，拥有一股能使学生的生活变得快乐或不快乐的奇妙力量。教师可以羞辱人、伤害人、鼓励人或治愈人。因此，每一位教师都应注意自己在课堂中的情绪表露，努力用良好的情绪去感染学生，激发学生学习的兴趣和主动性。要始终带着满意的情绪去对待学生取得的一点微小进步；要始终带着愉悦的情绪向学生传授知识；要始终带着宽容的情绪鼓励学生独立思考，勇于探索；要始终带着兴奋的情绪投入到教学活动中去。正如特级教师于漪所说："作为一个教师，教学时不能总板着面孔进课堂。板着面孔进课堂，一进去就跟学生拉开一个很大的距离，学生一看到你就望而生畏，情感上就有了距离。教师上课应当和颜悦色，使学生感到可亲可敬。"

（三）教师课堂上应注意的情绪

1. 暴躁、易怒

某小学一名男教师喜欢带着情绪上课。一次，因与家人发生了一些争执，他带着一脸的愤怒走进教室，同学们都怯怯地看着他。刚上课不久，他叫一名学生回答问题，由于学生反应不够迅速，这位老师便对这位学生咆哮道："你干什么去了，心长哪去了？"由于嗓门过大，这位学生吓得哭了起来。

初二的时候，在一次数学课的课堂上，因为上一次的学校月考中，我们班的数学成绩考得不是很好，数学老师进来上课的时候，绷着一张脸，心情好像很差，在讲课的过程中，我们不懂的地方，老师就把声音提得很高，好像吼我们一样，弄得我们对她的印象都变差了。

曾经有位女教师说："作为教师，我曾经取得过辉煌的成绩，那时的课堂总是充满了温馨，站在三尺讲台上，我的心情非常的愉快。在课堂上，我总是能够和学生达成很好的默契，一节课下来无论是从课堂互动还是学生听课，大家状态都很好。但是，在我的婚姻发生变故后，这一切都变了。在30岁那年，我的丈夫背叛了我，最终离开了我，从那以后我每天都会闷闷不乐，并将这种情绪带进了课堂，我不能控制自己的情绪，暴躁、易怒、乱发脾气，使我在课堂上成为学生眼里更年期的典型，我成了最不受学生喜欢的老师。当时我并不知道是自己的不良情绪导致了这严重的后果，后来我慢慢发现课堂上我的情绪能够影响整堂课。"

2. 冲动、小题大做、喜怒无常

高一的地理老师是一位年轻的男老师，时常露出不耐烦的表情，同学们都怕他。

某校四年级一个班的数学课上，教师提问后，不少学生举起手来要回答问题。一位男生更是急不可耐地把手举得高高的，人也站了起来，抢着要回答。教师发现后，突然板起脸，狠狠批评他不遵守举手的规范，让他坐下后重新举手，再叫他起来回答问题。结果这位学生一句话也答不出来，于是又受到了教师的指责：“乱举手，不懂装懂！”其实，这位学生原本是能回答出问题的，只不过教师突如其来的严厉批评，使他不知所措，产生了瞬间遗忘。教师的这种冲动情绪在其他学生身上也产生了连锁反应，在随后的教学过程中，大部分同学不再踊跃举手发言了，因为他们害怕受到教师的训斥。

2008年年底，学校对教师的年终考核进行改革，在考核时加上了“学生评估教师”这一栏。成绩一出来，我竟是全校最低分，当时我非常愤怒地对学生一顿痛骂。学生都低着头，满脸的恐惧。第三天，我在改作业时，忽然看到一张小纸条，纸条上写着：“老师，请你别再生我们的气了，我们不是说你课上得不好，而是因为你动不动就对我们发脾气、骂人，有时为一点小事大发雷霆甚至不上课。说真的，听你的课我们总有一种压抑感，生怕一不小心被你骂。老师，真没想到给你造成这么大的伤害。请原谅我们吧！”下面是10个学生的署名。

3. 面无表情、漠不关心

还有的教师一节课下来，脸上的表情没什么变化，呆板无趣，讲课就是照本宣科，就像自己置身于课堂之外，整个课堂真的是如一潭死水，死气沉沉。

某高中一物理老师上课很严厉，不苟言笑，同学们上他的课都很担心因回答不了问题而被批评，因此上物理课很安静，下课后同学们也不敢问老师问题。

高三的语文老师上课时，总是一脸严肃，面无表情，从来都没看她笑过，上她的课大家觉得压力好大，总是正襟危坐，不敢大声讨论，总觉得与老师有距离。

我们高二换了个数学老师，四十岁左右吧，着装整洁干净，端庄得体，而且总是面带微笑，表情也很丰富。渐渐的班上的同学都喜欢上数学课，听课效率也很高，班级整体成绩也上来了。

总之，良好的教学氛围应是师生双方知识与情感相互交融、碰撞，教师应带着积极的情绪，结合课程的内容，合理调配、运用自己的情绪去感染学生，使学生在积极、愉悦的情境中快乐学习、获得知识、发展思维、提高能力。

二、教师的目光

眼神是面部表情的核心，是一种带有感情的、含蓄的无声语言。达·芬奇认为："眼睛是心灵的窗户。"眼睛是内心情感的灵敏指示器。个体情绪的变化，首先反映在瞳孔的变化上。人的情绪由中性向愉悦改变，瞳孔会不由自主地变大；看到让人厌恶的刺激物，人的瞳孔会明显缩小。

人很难做到随意控制眼神，人的态度、情绪和情感变化都可以从眼睛中反映出来。人的眼神变化，能够最直接、最完整、最深刻、最丰富地表现人的精神状态和内心活动，可以反映一个人的内心世界。观察力敏锐的人，能从目光中看到一个人真实的心态。

在教学交往中，教师用目光注视学生是一种起码的礼仪要求。同时，眼神还是教师最重要的教学"工具"之一。它不仅可以透视学生的心灵，让学生感到教师对他的尊重，还能让学生与教师进行心灵的沟通。优秀的教师，都善于运用眼神与学生进行交流，维持课堂秩序，组织课堂教学。如果教师在课堂上或与学生谈话时东张西望、心不在焉，那么，学生对他所讲的必然难以接受和信任；如果教师由于紧张、羞怯不敢正视学生，或是望着天花板，或是低头望着地面，也会使学生感到无趣，不利于学生注意力的集中。优秀的教师，都善于运用眼神与学生进行交流，维持课堂秩序，组织课堂教学。

（一）教师目光的作用

你们是否曾有过这样的感觉：教师在上课时对某个学生注视较多，这个学生就会感到亲切而专心听讲；而教师对一个学生看也不看一眼，他（她）会认为教师对他（她）很轻视。

我高中时的数学老师，她每次上课来教室都面带笑容，每次找人去谈话时总是温柔地平视我们，大家都觉得老师很尊重我们学生，而且很有气质，所以特别喜欢她，上她的课也很有精神。

某小学生在上完第一天的课回来对妈妈说：我再也不去上学了。妈妈很不解，问小女孩原因她也不回答，第二天妈妈带小女孩去学校问老师，老师也不清楚，最后小女孩带着哭腔说："老师，您昨天狠狠瞪了我一眼。"

教师的目光，可以透视学生的心灵，让学生感到教师对他的尊重，让学生能与教师进行心的沟通。教师在上课前，可先用目光照顾到班上每个学生，使学生知道老师正看着他，而提醒自己也必须看着老师，从而集中学生的注意力。

开始上课后，教师的眼睛若散发出自信、活力、愉快的光芒，学生就会振奋精神与老师一起学习；在讲授课程中，教师的眼神应配合教学情形而改变。当学生有好的表现时，不妨传递出赞赏、嘉勉、期望的眼神，这样会使学生愿意更加努力，也就是所谓的“皮格马利翁效应”。当学生双眉紧锁时，教师可用鼓励的眼神，讲慢一点儿或重复一遍；当学生双眉舒展，并对教师投以自信的目光时，教师可用赞许、肯定的眼神保持或加快讲课的节奏，增大知识的传授量。

以前我很不喜欢英语，可以说是相当讨厌。但初二时，方老师教我英语，虽然我的英语不好，但她主动鼓励我，说贵在坚持，课堂上经常用目光鼓励我回答问题，课下微笑着问我有哪里不懂的，还向我介绍了她的学习方法，一个学期结束，我的英语就上了一个台阶，从此我喜欢上了方老师，也喜欢上了英语，大学我选了英语专业。

记得我上小学时，很胆小害羞，但是六年级的语文老师帮我改掉了这个缺点。有一次，学校举行讲故事比赛，语文老师觉得我的声音很好听，很适合比赛，便提出让我参加。第一次在班上讲时，我满脸通红，脚在颤抖，紧张得说不出话来。我准备跟老师说我讲不了时，发现老师正用鼓励期待的目光看着我，并对我善解人意地笑了笑。我心下一宽，不由自主就有了自信，慢慢讲了起来。

有个女生，性格内向，学习很努力但成绩排名总靠后。于是她总觉得老师会放弃自己，从不敢主动请教老师。每次老师点到她回答问题时，也不敢抬头看老师。当老师把她请到办公室想与她单独沟通时，她紧张得说不出话来。于是老师只能尽量抓住她上课抬头的机会，尝试用眼神与她交流。

刚开始，她对老师的目光避而不看，几次下来收效甚微。但不管她是否能听懂，每次上课老师都不忘多次向她投以“你肯定可以”的目光。慢慢的，她的眼神也会流露出一种听懂的喜悦。老师马上不失时机地点到她回答问题，在她鼓足勇气回答前，老师会用盼望的眼神，呼之欲出的口形期待她给出一个不计对错的答案。终于，她第一次与老师有了语言的交流。之后很长一段时间，老师与她都维持着这种“眼神与微笑”式的默契交流，成为无语的朋友。

反之，当学生有不良行为时，也可用眼神提醒、警告、制止他，传达出老师已经在注意他的信息，这样一来，既可保护学生的自尊心，又可调整学生的注意力。

我一直到现在都很感激初二的一位女数学老师。那天数学课上，我在看一本小说，老师发现了但没有点名批评我，只是向我传递了一个警告的眼神，我至今还记得那温暖而又严肃的眼神，我很感激她，以后每堂数学课我都很认真，数学成绩也逐步提高。

中学时期，李玲遇到了一位好老师——孙老师，孙老师上课的时候不需要课本，基本上一边讲课一边板书，这种本事让如今已经是外企高管的李玲记忆犹新。记得有一次考试李玲没有充分准备，考试时便在桌子底下翻起了课本，谁知正好被孙老师看到了。李玲紧张极了，孙老师看了李玲一眼，欲言又止。她把自己的失望、责备、宽容、希望都在这一眼中表达了，然后什么都没说、什么都没做就轻轻走开了。正是她的这一眼让李玲从此努力拼搏，以优异的成绩读完中学和大学，成为今天社会的精英。

总的来说，教师应心系全体学生，配合教学内容，学会用眼睛说话。要用自己平等、友善的目光，使每一个学生都能感受到老师对他的信任、尊重、关爱、鼓励，体会到教师的博大和宽容。捷克教育家夸美纽斯曾说过："孩子们求学的欲望是由教师激发出来的，假如他们是温和的，循循善诱的……学生就宁愿进学校而不愿待在家里了。"

(二) 教师目光的注意事项

教师作为课堂的"公众人物"，时刻都会受到众多学生的关注。想做一名优秀的教师，就要学会运用眼神与学生进行交流。

当然，教师在课堂上运用眼神的过程中，还有几个特别需要注意的地方：一是目光分配要合理，不能对学生或他人长时间凝视；二是眼睛转动的幅度不能太快或太慢；三是不要瞪眼、盯、眯眼、斜视学生；四是忌用责怪、漠视的眼光。

我初中有位老师上课喜欢眼睛突然一瞪，有时把同学吓一跳。

我初中有一位老师，眼睛特别大，上课时有些同学过于活跃，她就瞪大眼睛盯着，特别恐怖，同学们经常在下面说老师不和善。

高三时的一位老师，到现在我都记得他那对牛眼睛。曾经有次调考没考好，这位老师用他那可怕的牛眼睛瞪了我好久，我伤心又害怕，眼泪簌簌直往下掉。这位老师在学生没考好时不仅不鼓励，还施以压力，全班同学对他是敬而远之。

初中的语文老师，眼神总是那么犀利，如果碰到有学生有事需出课堂一下，她总是不情愿的样子，眼神好像很鄙视。若同学做题马虎，把很简单的题目做错了，她也会显出不屑的目光，让人看了就觉得害怕。

每个学生都想得到老师的关心、爱护。上课时，下课后，活动中，老师都应该毫不吝啬地给学生关爱、鼓励、欣赏……的眼神。一个小小的眼神也许会使学生满心感激、兴致高涨。

三、教师的微笑

微笑是含义深广的体态语，是世上最美的语言。微笑是教师在教育教学中重要的体态语。教育的艺术是爱的艺术，教育的魅力来自于爱的魅力，爱是连接师生关系的纽带。如果您希望做一个受学生欢迎的老师，第一要旨就是学会微笑。

我高二的生物老师是位漂亮的女老师，本来就天生丽质，再加上她的淡妆，越发显得整个人清新素雅，尤其是她的微笑，让同学们觉得像是如沐春风，我们都喜欢上她的课，听的也认真，津津有味。

高一的语文老师，是一名男老师，50 岁左右，他非常注重在学生心目中的形象，每次上课都会穿一套西装，很绅士，而且总是面带微笑，给人一种亲切温暖的感觉。

教师的微笑表明教师心境良好、真诚友善、乐业敬业，是心理健康的标志，是教师自信的标志，是教师修养的充分体现。当教师带着微笑走进课堂时，不仅是自信的反映，同时还能给人带来温馨、平易近人的好感觉。

我初中的英语老师，和蔼可亲，同学们都喜欢上她的课，她在课堂上经常面带笑容，微笑着点头，表扬和鼓励同学们，当同学们犯错误的时候，她也是和颜悦色地提醒与劝告。

在贫困山区教学的老师来自大城市，却很有爱心，一次上课时，甲同学把乙同学的作业本撕破了，老师并没有责怪甲同学，而是微微一笑说："没事，老师买一个送乙同学！"甲同学很感动，用发奋读书来报答老师。

一次课堂上，一位从来没有回答过问题的学生鼓起勇气回答了问题，可是回答错了，以为老师会批评他，可老师用眼神告诉他，你很勇敢，并微笑地说："你回答得真好，但是要继续努力。"老师用微笑化解了学生的紧张。

小时候自己比较胆小，上课从来不敢主动举手发言，有一次老师点我回答问题，我站起来却不敢说话，老师微笑着说："别急，慢慢想一下，你行的！"我抬头看了老师一眼，看她正面带微笑用鼓励的眼神看着我，此时我觉得心里很温暖，于是鼓起勇气，大胆地说出了自己的见解，老师不住地夸奖我回答得好，从此我就慢慢的不再胆小，老师那微笑的面容、鼓励的眼神一直停留在我的脑海中，给我自信，催我上进。

许女士反映，转学还不到一学期的 10 岁儿子小刚跟过去比好像换了个人。以往由于喜欢做小动作，小刚没少挨老师的骂，结果看到老师就害怕，不得不转学。到新学校后不久，小刚在上课时又忍不住做起小动作，被老师发现了。可是新老师什么也没说，只是微笑着轻轻拍了一下他的背，便继续上课了。以后，每次新老师走过小刚身边，如果小刚没做小动作，老师就会对他微笑并点头表示赞许。很快，小刚改掉了坏习惯，还爱上了学习，自信心大增。

教师的微笑可以让学生得到鼓励，打开学生的心扉，让教师和学生之间变得更加融洽，从而可以创造出良好的授课氛围，有利于教师发挥出最佳教学水平；同时可以为学生创造出良好的接受心境，提高学习兴趣和效率。它使师生间的距离一下子缩短，使师生间容易沟通、交流，情感易于融洽、共鸣。在学生取得成绩时，试着用微笑送去欣赏；在学生感到失落时，试着用微笑送去鼓励；在学生犯错时，试着用微笑送去宽容。久而久之，教师就会用微笑赢得学生的尊重与爱戴。请用微笑面对学生。不用担心它是否美丽动人，或是如何有吸引力，因为学生根本就不会在意，他们在意的是从教师那真诚的微笑中得到的鼓励与肯定。

真正甜美而非职业化的微笑是发自内心的、自然大方的、真实亲切的。教师在运用微笑的过程中要注意：心中有爱，与学生保持正视的微笑；高于学生视线的微笑会让学生感到被轻视；低于学生视线的微笑会让学生感到教师对他有戒心。

第二节 教师的身势礼仪

身势礼仪，也可称为动作礼仪。在人际交往的过程中，最常用且较为典型的身势礼仪包括姿态礼仪和手势礼仪。教学作为一种双边的教育活动，为了提高教师课堂教学的效果，教师应注意身势礼仪的运用。

姿态语，是指通过站、坐、行、蹲等姿势的变化表达语言信息的"体语"，是人的思想感情和文化教养的外在体现。它可表达自信、庄重、尊敬、感兴趣、积极向上等或与之相反的情感。

(一) 教师的站姿

站姿,它尽管是一个静态的动作,但也应给人以精力充沛、积极向上的气质美感。教师站着讲课,一方面对学生的尊重,另一方面更有利于强化教学效果。教师要站得挺拔、端庄、亲切、自然,要领是抬头、挺胸、收腹,重心稍向前移。

1. 教师站姿的作用

教师站着讲课,一方面是对学生的尊重,另一方面也是教师精神风貌的展现,教师站姿得当,有利于增强教学效果。

初中的语文老师,虽然快六十了,可是穿着十分正式与整洁,站得气宇轩昂,说话铿锵有力,一上讲台就有一股气势,相当的有威信。上课从不坐着讲课,也从不在课堂上喝水,哪怕是感冒了也不区别对待。而且写得一手好字,大家都很喜欢他。

我初中的化学老师,走起路来头总是低着,感觉就像驼背。他很年轻,给人的感觉却是没有活力、没有自信。因此我们班的化学课堂气氛一点也不活跃。

李华是刚从师范院校毕业的学生,毕业后应聘到一所学校任教。她来上班后就听说她所教的两个班中,有一个班的学生调皮是出了名的,有好几位新来的老师都被气哭了、气走了。李华在心理上和措施上做足了准备,但是当她第一天走进教室时,还是被调皮的学生来了个下马威,教室门口的水差点让她滑倒。但李华走过水后,气宇轩昂地站到了讲台前,同学们被李华的冷静和泰然处之的站姿镇住了,整节课下来再没出现任何差错。之后,每天李华在课上都用最标准而严格的站姿面对学生,这让调皮的学生对李华形成了畏惧心理,李华成功地将自己的教学进行了下去。

反之,教师若站得不端庄、挺拔,就会让学生反感甚至是厌烦,课堂教学就不会有教师所预期的效果。

高中一位数学老师,上课总是在不断地抖腿,给大家的感觉就是没有认真给我们上课,大家真是反感和厌恶。

以前我们有位老师,总是一副吊儿郎当的样子,上课穿拖鞋,总是喜欢靠在椅子上或门边上,感觉从来都没站直过。有一次班上一个同学跟他吵架,班主任跑过来问怎么回事,那学生可能在气头上就随口说了句:"你有什么资格教育我,自己就像个小混混样。"结果学生和老师打了起来。

2. 教师的几种基本站姿

一般而言，教师的站姿有以下几种：

(1) 并步站姿。

两脚并拢，挺胸抬头，吸腹收臀，下颌微收，双目平视，双手自然下垂，叠放或相握于腹前，双腿基本并拢。

此种站姿男女教师均适用。

(2) 开位站姿。

双脚后跟并拢，前部分开成"V"字型。

此种站姿男女教师均适用。不过，女教师脚尖一般不宜超过 40 度，两手可在腹前、腹侧交叉。男教师脚尖不宜超过 60 度，两手身前交叉，挺胸立腰。

(3) 跨步站姿。

左(右)脚向左(右)平行横跨一小步，20 厘米左右，不超过肩宽，两手在腹前或背后交叉，身体重心在两脚中间，直立、收腹、挺胸、立腰。

此姿势一般男教师应用较多，女教师不宜用此站姿。

(4) 丁字步站姿。

一只脚跟靠于另一只脚中内侧成"丁"字型等几种姿势。左丁字步，两脚尖展开 90 度，左脚前，脚跟靠于右脚中内侧，成"丁"字型，左手背后，右手下垂，身体重心于后脚上或左手臂自然下垂，右手臂前屈，抬至小腹上部，手心向里，手指自然弯曲。右丁字步，其站姿和手势与上相反。

此姿势一般女教师应用较多，男教师不宜用此站姿。

3. 教师站姿的运用

一般而言，教师应结合教学情形，选择适宜的站姿。

(1) 课前站姿。

教师可把备课夹放在左或右腋下走向教室，到达教室门口，要在门旁立正站立，等候上课。

> 一男教师体型较胖，喜欢把手插在裤兜里，偶尔还哼着小曲走进教室，每次都引来同学们笑声一片，由于肥胖的原因，上课站久了会很累，所以有时干脆就坐着讲课。

> 我们的英语老师，是位女性，每次上课到教室来前，都看到她在咬一个苹果，上课铃声响了，还在那里抓紧时间咀嚼，真是受不了，为什么不吃完了再来教室？

(2) 课堂站姿。

一般来讲，在课堂上，教师站在教室的前中央为最佳位置，即讲桌与黑板之间，这样做可以提高教学效率。不能趴在讲桌上授课，同时注意抬头、双目向前平视，面带微笑；躯干挺直，身体重心在两腿中间；没有特殊情况（有特殊情况要与教务主任打招呼），不得坐着上课。

高中时有位女老师，上课时喜欢坐着讲课，一开始我们都还体谅她，但是一连几个学期，几乎每次上课都坐着，有时连板书也不站起来，直接转身写，显得比较懒散；还有一次准备病句复习时，抄了很多题目在黑板上，黑板有点高，她一般能写到三分之二处，这次题目有点多，她做了一件让我们瞠目结舌的事情，她居然脱掉鞋子，站在板凳上写，实在是有点夸张。

我们的自然老师很喜欢坐在讲桌上讲课，讲到兴奋时还跷起腿来。高中的化学老师，上课时总爱把脚不自觉地放到讲桌中间的一层甲板上，而且把裤腿卷起老高，胳膊就放在那跷起的腿上，有时讲得高兴了，就会把脚放下来，然后又跷上去，如此循环……

人的站立姿态本身并没有特殊的含义，但不同的站姿会使人产生不同的感觉体验。教师站立时收腹挺胸，双目平视，可以给人自信、气宇轩昂等印象；站立时弯腰曲背、体态不正（身子完全靠在讲台上、脚踩在椅子上或讲台横档上），会给人"有气无力、萎靡不振"甚至"流里流气"的感觉。

读高中的时候，我们班的英语老师，有一次讲试卷时，趴在讲台上，双手撑开在讲桌上，身子抵着前倾，用脚抵着后面的墙，我们坐在下面都能看到老师的内衣了。

老师长得很高很瘦，但总是驼着背，给人一种疲惫的感觉，而且步子迈得又大又快，就像鸵鸟一样，班上调皮的学生经常学他走路。这位老师上课时还喜欢双手叉腰，不知情的人还以为他在跟我们吵架。

高中的一个数学老师讲习题时，就搬个凳子到讲台前坐着，手撑着下巴一题一题有气无力地报答案，我们都没心思听。

教师这些不合时宜的站姿，留给学生的不好印象是非常深刻的，为人师表，怎能不注意自己的行为。

另外，在讲课时，教师要注意：不要一节课固定在一点上，要适当移动位置；但也应注意不要移动太快，以免显得情绪紧张，更不能随意靠在学生课桌上讲课；在擦黑板时，教师站立要稳，不能全身猛烈抖动，左右摇晃；教师板书时，不应背对学生，而应侧身而站。

我们老师上课期间喜欢在讲台下面走动，记得有一次夏天，刚好我坐在电扇下面的一个位子，我们的语文老师讲课讲着讲着就靠在了我的桌子上，本来我们老师就胖，而我的桌子又不稳，被她一靠老是动，弄得我字都不好写。

我高中的班主任喜欢占用体育课、音乐课。班主任在学生起立喊老师好时，总是边翻书边随意地点两下头，讲课时还经常捋袖子，双手扶着讲台，把身体重心放在讲桌上。板书时另一只手还放在口袋里。

在学生回答问题时，教师应注视学生，身体应微微前倾，表明对学生说的话感兴趣，也说明教师的注意力都集中在学生身上，没有走神，增加了亲切感，而不应面无表情，将双手交叉抱在胸前或背在背后或去做其他的事。

有一次，老师点了位同学起来回答问题后，什么话也没说，也没什么表情，就让他坐下了，接着讲课。这位同学很郁闷，心里七上八下，都不知道老师为什么点自己起来回答问题，也不知道自己答的是对是错，甚至还在想是不是老师不喜欢他，对他有偏见。

在学生自习时，教师可用手撑住桌沿，把重心移到某只脚上，但不能长时间手撑桌面，免得学生认为教师疲惫不堪。如果站立过久，可以将左脚或右脚交替后撤一步，但上身仍需挺直，脚不可伸得太远，双腿不可叉开过大，变换也不能过于频繁；忌双脚随意乱动、无精打采、自由散漫的姿势。

（二）教师的坐姿

坐，也是一种静态造型。端庄优美的坐姿，能给人以文雅、稳重、自然大方的美感。其基本要领是头要端正，腰背挺直，肩放松。

一般来说，坐姿有正襟危坐式、双腿斜放式、双腿叠放式、垂腿开膝式、双脚交叉式等姿势。

1. 教师正确坐姿的作用

教师优雅的坐姿，向学生传递着自信、友好、热情的信息，同时也显示出教师高雅、庄重的良好风范。教师坐姿如果不正确，除了看起来没精神，让学生感觉不舒服外，也容易腰酸背痛，甚至影响脊椎、压迫神经，危害自身健康。

我高中时的一个数学老师上晚自习，安排完任务后就坐了下来，将两只脚放在讲台上，看上去十分粗鲁、不雅，给我们留下了不好的印象。后来在数学课上，也许是因为心理原因，同学们的热情都不高，效率十分低下。

有位女教师监考时就坐在课桌上，我们真有点受不了。

自习时，老师喜欢一边改作业一边踢着讲台，踢得我们都没心思做作业了。

2. 教师常用坐姿

(1) 正襟危坐式。

上身挺直，双肩平正，两臂自然弯曲，两手平放在两腿上或交叉叠放在两腿中部并靠近小腹，上身和大腿、大腿和小腿都应当成直角，小腿垂直于地面。双膝包括双脚的跟部，都要完全并拢。在比较严肃庄重的场合，适合正襟危坐。

此坐姿男女教师均适用。

(2) 标准式。

上身挺直，双肩平正，两臂自然弯曲，两手交叉叠放在两腿中部并靠近小腹或两手自然放于扶手上，男士两脚自然分开成 45 度；女士两膝并拢，小腿垂直于地面，两脚保持小丁字步。两手平放在两腿上或交叉叠放在两腿中部并靠近小腹。

此坐姿男女教师均适用。

(3) 前伸式。

在标准坐姿的基础上，两小腿向前伸出，两脚并拢，脚尖不向上翘。两手平放在两腿上或交叉叠放在两腿中部并靠近小腹。

此坐姿男女教师均适用。

(4) 双脚交叉式。

双膝并拢，然后双脚在踝部交叉，两脚尖着地。两手平放在两腿上或交叉叠放在两腿中部并靠近小腹。

此坐姿男女教师均适用。

(5) 双腿叠放式。

将双腿一上一下交叠在一起，要注意上边的腿向里收，贴住另一腿，脚尖向下。女教师穿短裙时应注意交叠后的双腿间没有任何缝隙，双脚斜放在左或右一侧，斜放后的腿部与地面呈 45 度。双手叠放于上面一条腿的中前部。

此坐姿男女教师均适用。

(6) 垂腿开膝式。

双膝分开，但幅度不超过肩宽。上身和大腿、大腿和小腿都成直角，小腿垂直于地面。两手平放在两腿上。

此坐姿男教师适用。

(7) 后点式。

双膝并拢，两小腿后屈，脚尖着地。

此坐姿女教师适用。

(8) 双腿斜放式。

双腿并拢，双脚向左或向右斜放，力求使斜放后的腿部与地面呈 45 度。

此坐姿穿短裙的女教师适用。

3. 教师坐姿的运用

一般来说，教师在讲课时是不提倡用坐姿的，但有特殊情况可考虑坐姿。再就是在学生做题、自习、考试等情况下，教师可适当考虑坐姿。

在课堂上，教师如需坐时，应注意头要端正，腰背挺直，肩放松，手可放在双腿上或身前的桌子上。应注意不要仰靠椅背、翘起并摇动二郎腿；双腿不要叉开过大；或把一条小腿架在另一条大腿上，两腿之间留出太大的空隙，即所谓的"4"字型架腿；也不要双手抱在腿上，甚或是用脚自脱鞋袜。身前如有桌子，双腿尽量不要伸到外面来，也不要将腿放在桌子上，更不允许盘坐在椅子上。

初中二年级的数学老师，在上晚自习时总喜欢把一只脚放到椅子上，另一只脚放在地上。还在那用手指擤鼻涕，并把鼻涕擦在皮鞋上，看着真恶心。夏天时，有的老师穿着拖鞋，在教室有时会把鞋子脱了透气，手上还夹一支烟。

自习时，老师坐在讲台上，一边跷起二郎腿，一边扫视全班，看到讲小话的同学，直接斜视，给予警告。

高中时期的一位数学老师在课堂上经常喜欢跷二郎腿，在办公室甚至把双腿伸到桌子上，一次数学课代表去办公室交作业，正看到他把双腿伸得很高，老师发现课代表来办公室后，急忙把腿放下，那场面真是尴尬啊！

高中的一位班主任因举止不当给人留下深刻印象，至今成为同学们聚会必谈的笑料。那天晚自习大家埋头做作业，忽然听到"咚"的一声，只见班主任仰躺在讲台上。原来他坐在椅子上，把腿搁在讲桌上打盹，一不留神仰到后面，就与讲台亲密接触了，同学们都偷笑起来，有的皱眉，十分厌恶。作为一个教师居然做出那样懒散的举止，如何让学生信服。

教师在入座时，还应注意入座和起座姿势。总的来说，在正式场合，教师入座时要轻柔和缓，起座要端庄稳重，不可猛起猛坐，弄得桌椅乱响，造成尴尬气氛。

在一节英语听力课上，听力进行到 1/3 的时候，学校突然停电了。英语老师无可奈何地对学生说："停电了，我们就预习下节课的内容吧！"在她领读完新单词后，叫大家预习新课文，而她则顺势坐到了椅子上，背依靠在椅背上，跷着二郎腿不停地抖动着。她仰着头、搭着肩，看上去很悠闲。有几个调皮的学生,竟然学老师的样子在课桌下面,也摆出相似的造型,还不时朝其他同学使眼色。过了一段时间,英语老师从椅子上站了起来,由于站得匆忙,动作幅度过大,竟然使椅子向后退,椅子发出刺耳的响声,学生们见状哈哈大笑起来。

男教师落座时,膝部可以分开一点,但不要超过肩宽,也不能两腿叉开,半躺在椅子里。双手自然放在膝盖上或椅子扶手上。离座时,要自然稳当,右脚向后收半步,而后站起。

女教师在落座前应回视座椅,右腿退后半步,待右小腿后部触到椅子后,方可轻轻坐下(如着裙装,要用手顺着入座的姿势从臀部护着裙子坐下)。坐定后,膝盖并拢,腿可以放在身体正中或一侧。如果想跷腿,两腿需并紧。坐稳后身子一般只占座位的三分之二。起坐时,撤右腿作为支撑点,上身保持正直,起立。

另外,在讲台上落座的女教师,不适合穿短裙,如穿短裙,一定要小心盖住膝盖。

(三)教师的行姿

人人会走路,人人要走路,行走是人生活中的主要动作。可是,是不是每一个人都知道如何走路,知道走路需要注意什么呢?

1. 教师课堂行走礼仪

行走是一种动态的美。教师应走得稳重、从容、落落大方,给学生展示一个良好的精神面貌。一般而言,教师在行走时上身略前倾,身体重心在前脚掌上,身体直立,收腹直腰,两眼平视前方,双臂放松,在身体两侧自然摆动,脚尖微向外或向正前方伸出,跨步均匀,步伐稳健,步履自然。步幅的大小可根据自己身高、着装与场合的不同而有所调整。如女教师在穿裙装、旗袍或高跟鞋时,步幅可小一些;相反,穿休闲长裤时步伐就可以大些。

高三时我们换了一个新英语教师,一次英语早自习,英语老师第一次进我们教室,当她双手抱书、腰背挺直、不急不慢、自然稳健从后门进来时,同学们都被她那优雅的走姿吸引了,后来班上不少女生刻意去向老师请教走路要领,新英语教师深受同学们喜欢。

我读高二时一位数学老师,他平时走路总是不急不慢,迈走自然,稳健,进教室的时候总是把书夹在右腋下,然后左手平拿着杯子,气质儒雅,上课的时候总是腰杆挺直,从来不坐着上课,每次上课的时候板书很整洁,不管是头发还是面部,衣着都给人一种干净整洁的感觉。所以大家都乐意上他的课,即使像我这样不喜欢数学的学生每次都会坐直了认真地听他讲课,虽然有时听不懂,但那代表了我对这位老师从内心深处的敬畏和尊重。

上面就是教师正确的行姿给学生以正面感染的例子，它凸显了教师的精神与状态，给学生以积极向上的影响。反之则不然。

高中的数学老师，每天都像没有精神似的，走路时也边走边晃，在学校从没有看到他走很快，总是慢悠悠的，总是在上课铃响前一分钟走进教室，而且跨进教室的时候，嘴里还经常嚼着口香糖或叼着香烟，上课的时候有时还呵欠连天的，还喜欢把手放在口袋里。实在让大家无奈得很。

在李老师的一次全校公开课上，有十几位老师来听课。李老师认为自己准备得非常充分，课堂上学生的表现也很积极，他还别出心裁地穿插了一个小游戏，使课堂的气氛非常活跃。他认为，自己这次准备得这么充分，一定能拿到年终课堂优秀教师奖。但是在听课结束后，最终评定的课堂优秀教师竟然不是他，而是一位他认为在课堂上表现一般的老师。他很不理解，于是向校长询问原因，校长对他说："你的课的确很生动，能够调动学生的积极性，但是你忽略了一个细节，你上课时一路小跑冲进教室，在讲课时更是风风火火地从讲桌这边走到讲桌的那边。这些都说明你是一个不够细心的老师，而真正优秀的老师首先就要是一位细心的教师。"

所以一般课堂行走，教师应注意不要弯腰屈背、面无表情、步履蹒跚或拖着鞋走路。走路速度要与课堂气氛相协调，既不要走动不止，一节课一直从台上走到台下，从教室前走到教室后，也不能不走动；要与教学内容相协调，在学生做习题、试卷或自习时，教师不要随意在学生旁边走动、突然停下，或停下来看学生答题，这往往会影响学生的思维活动，甚至造成情绪紧张。开学典礼、运动会等欢快、热烈的场合可走得稍快，步幅可较大；在校园行走时，最好不要敞开衣襟、勾肩挎背而行，也不宜边走边吸烟、吃东西。女教师在穿高跟鞋(应穿不发出响声的)时还要注意膝关节的挺直，否则会给人"登山步"的感觉，有失美观。

2. 教师其他公共场合行走礼仪

教师是承担教书育人使命的专业人员，教师职业的特点决定了教师必须具有严格的自律性，时时处处为人师表。在公共场所行走时自觉遵守交通法规，遵守社会公德，体谅他人。

1）在街上路上行走礼仪

(1) 自觉遵守交通规则和社会公德。

在公共场所行走时要注意文明礼貌，女教师要使自己仪态端庄大方，不左顾右盼，摇头晃脑。男教师要彬彬有礼，注意风度，不要摇来晃去、上蹿下跳。在路上行走时，自觉走人行道右侧，并让出专用盲道，不违反交通法规。横穿马路时，应注意交通信号，等绿灯亮时，从人行横道的斑马线上穿过，主动礼让他人。不闯红灯，更不翻越马路上的隔离栏。行路时爱惜环境，不吃零食、不吸烟、不乱扔杂物、不随地吐痰等，养成把果皮、果核、烟蒂以及其他垃圾扔进垃圾箱的习惯，需要处理痰、涕的时候，应该用纸先包起来，再扔进垃圾箱。爱护公物，不毁坏公物，不在公物上乱刻乱画。尊重他人隐私，不尾随围观，不窥视他人住宅。注意自身形象，在公共场合不和友人勾肩搭背，更不和爱人、恋人表现得过分亲密。

(2) 主动体谅他人。

走路的时候，如果道路比较窄，应该“眼观四路，耳听八方”，及时给各种车辆让路。不要不自觉地走在路中间，给其他想超越的行人和车辆造成不便。在人多的地方，不可以横冲直撞。通过狭窄路段时，应请他人先行，不争先恐后。如果不小心碰了别人、踩了别人的脚，应该诚恳道歉。同样，如果别人不小心碰了你或踩了脚也应该谅解别人。几个人一起走的时候，千万不要为了“保持团结”而并排走，造成堵路或迫使后面的人只能乖乖地跟在后面慢慢走。

路上无意中碰到熟人，应主动打招呼，简短问候一下对方。如果久未谋面的朋友碰到，需交谈一会，应站在不碍事的路边，注意不要妨碍交通。如果两个人相距较远，又需要打招呼，可以挥手示意，或者紧走几步到他附近再喊，不要隔着很远就大喊大叫。

如果碰到有人向教师问路，教师应尽力相助。若教师自己向他人问路，则要用礼貌语，“大哥，您好，请问……”“这位阿姨，您好，不好意思，打扰一下，请问……”等等。事后记得道谢。遇到需要帮助的老弱病残者，应主动上前加以关心。遇到打架、斗殴、偷窃、抢劫或其他破坏公物的行为，应挺身而出，机智应对，见义勇为。

(3) 注意行进中的位次排列。

一般路上行走，其实也有微妙的位次排列礼仪。若二人横向并行，则内侧高于外侧；若多人横向并行，则中央高于两侧；若纵向行进，则前方高于后方，前排高于后排。若是为客人引路，则应站在客人的左前方，距客人 1～1.5 米处。

中央高于两侧、内侧高于外侧、前排高于后排。

2) 通过走廊礼仪

教师通过走廊的礼仪与行路礼仪基本相近。一是应当单排靠右行进，如碰到他人，走廊相对狭窄，应面向墙壁，侧身相让。二是应当步伐和缓，悄然无声，遵序而行。如果在走廊上快步奔走，大声喧哗，极易干扰别人。

3) 乘坐电梯的礼仪

(1) 讲究秩序，注意安全。

教师在等候电梯时，不应挡在电梯门口，以免妨碍电梯内的人出来。电梯到达后，应先出后进，不要争先恐后抢着进入。当电梯内有管理人员时，教师要遵循“尊者为先”的原则，年轻者礼让年长者，男士礼让女士，职位低者礼让职位高者。当电梯内没有管理人员时，要先进后出，帮忙按下他人要去的楼层，帮助他人做好开关服务工作。电梯关门时，不要扒门，不要强行挤入。在电梯人数超载时，不要强行进入。在电梯进行中，如发现突然偏梯或其他事故，不要惊慌失措，应立即通知检修人员检修。

(2) 体谅他人，合理站位。

进入电梯后，应侧身面朝电梯口站立，以免造成面对面的尴尬。在电梯里，尽量站成“凹”字形，挪出空间，以便让后进入者有地方站。如果与尊长、女士、客人同乘电梯，要视电梯类别，尽量把无控制按钮的一侧让给尊长者和女士。

在商场、机场或娱乐场所乘自动手扶梯，一般站在原地顺其行进方向上下，并自觉靠向右侧，给有急事的人留出一条通道。

(3) 讲究文明，注意卫生。

在电梯中，不高声谈笑，不吸烟，不乱丢垃圾。是否整理仪容或是否寒暄，要视电梯内的人员情况而定。如果只有自己一人，可适当整理仪容，如果有他人，则不宜整理仪容。至于寒暄，则要看是否有外人或不太熟的同事在，没有其他人员时可略作寒暄，有外人或不太熟的同事在时，可斟酌是否必要寒暄。

4) 上下楼梯的礼仪

上下楼梯均应靠右单行行走，不应多人并排行走，以方便他人从左侧超过。同时注意和身前、身后的人保持一定距离，以防碰撞。在楼梯上行走时，无论上下，尽量不要停留谈话。为他人带路上下楼梯时，或自己作为主人，应走在前面。不管自己有多么急的事情，在楼梯上都不能推挤他人，也不要快速奔跑。

男女同事在使用楼梯时，按先来后到的顺序。如果同时抵达楼梯口，一般女士优先走在前方。但如遇到着裙装(特别是短裙)的女士，上下楼时宜令女士居后。男教师与长者、异性一起上下楼梯时，如果楼梯过陡，应主动走在前面，以防对方有闪失，下楼梯时也应走在前面。

5) 出入房间的礼仪

出入他人房间，一是要注意房门的开关。敲门进入，以手轻推、轻拉、轻关。二是要注意面向。有人在房内，应面向对方，且勿反身关门，背向对方。出门时，房内依旧有人，行至房门、关门这一系列过程中，尽量面向房内之人，不要以背示之。三是要注意顺序。应请尊长、女士、来宾率先进入房间、率先走出房间，表示对他们的尊重，必要时应主动为对方开门或关门。若出入房间时恰逢他人与自己方向相反，也要出入房间，则应对其礼让。一般的讲究是房内之人先出，房外之人后入。

如有特殊情况时，如双方均为首次到一个陌生房间，陪同人员宜先入房门。

(四) 教师的蹲姿

在教学过程中，教师难免会跌落黑板擦、粉笔或书本等，要想做一名优秀得体的教师，如何拾起掉在地上的粉笔、黑板擦或书本?

一般情况下，人们对掉在地上的东西，通常习惯弯腰撅臀去捡拾，但在教室这样一个公开场合，这种姿势不雅，需采用优雅的侧蹲式来解决问题。侧蹲式分为两种：交叉式和高低式蹲姿。但交叉式蹲姿相对而言较难，故教师可采用简单易行的高低式蹲姿。具体姿势为：当您准备用右手捡东西，可以先走到东西的左边，左脚向后退半步后再蹲下来，此时右膝盖竖直，就不容易走光。反之亦然。

一天一位女教师穿了个短裙，有点超短，上课时她不小心将一位学生的一支笔碰到地上去了，可是她的裙子很短很紧，她不敢也不方便去捡，所以她就没给这位学生捡也没道歉，这位学生还以为是老师故意不捡，对老师产生了芥蒂。

在一节数学课上，数学老师讲得很生动，在黑板上仔细地算着数学题。学生在他动情的讲课中，全神贯注地听着，可就在他讲到高潮时，却不小心将手上的黑板擦掉在了地上。也许是讲课太投入，他毫不犹豫地就地弯下腰，叉开双腿背对着学生去捡黑板擦。就在他将黑板擦捡到手里还没站起来时，却引得全班同学哄堂大笑。数学老师很迷惑，不知道同学们笑什么。课后数学老师将学习委员叫到办公室询问原因，学习委员吞吞吐吐地说："同学们说你捡黑板擦时蹲下的姿势特别逗，就笑起来了。"数学老师听后很不自然地笑了笑说："你回去吧!"从那以后，在上课期间，数学老师特别注意自己的下蹲姿势。

教师准备下蹲捡东西时，一定要注意不要图省事，不能在课堂上就地弯腰撅臀对着学生下蹲，还要避免距离很远就下蹲捡东西或双腿平行叉开下蹲。女教师还应特别注意，如果穿的裙子过短，下蹲时露出了内裤；穿的裙子过长，下蹲时裙角落在地上等问题，同时还要注意护胸捋裙这一动作，以免尴尬。

(五) 教师的手势

手势语是通过手和手指的动作来传递信息，恰当的手势往往是在内心情感的催动下，瞬间自然做出来的。据学者们研究，手势与表情结合，可传达40%的信息。它是人们表情达意的有效手段，能直观地表现人们的心理状态，如称赞、欢迎、友好、拒绝等多种微妙的情感。在人们的仪态中，动作最多、变化也最多的就是人的手势。手势是非常引人注目的，也许仅仅一个接名片、抠鼻孔或者握手的手势，就已经影响他人对自己的评价。所以，手势语是一种重要的沟通语言——

手势语也有礼仪，它对于增强教学效果具有十分重要的作用。

1. 一般手势语

大拇指：通常表示赞赏或准备妥当。

食指：表示一或一次。

中指（向上伸中指）：两千多年来罗马人一直称中指为“轻浮的手指”。普遍用来表示“不赞同”、“不满”或“诅咒”之意。

“OK”：表示就绪、完成或者认可。

“V”：表示成功或者胜利，等等。

2. 教师基本的手势

1）垂放——最基本的手势

双手自然下垂，掌心向内，叠放或相握于胸前；双手伸直下垂，掌心向内，分别贴于大腿两侧。

2）背手

双臂伸到身后，双手相握，同时昂首挺胸，多见于站立、行走时，既可显示教师的权威，又可自我镇定。

3）持物

既可用一只手，又可用双手。关键是拿东西应动作自然，五指并拢，用力均匀；忌翘起无名指与小指，故作姿态。

4）鼓掌

是以右手掌心向下，有节奏地拍击掌心向上的左掌。必要时应起身站立。教师绝对不允许对学生“鼓倒掌”。

5）夸奖

伸出右手，翘起拇指，指尖向上，指腹面向学生。

6）指示

用以指示方向。以右手或左手抬至一定高度，五指并拢，掌心向上，以其肘部为轴，朝一定方向伸出手臂。

3. 教师手势的运用

教师在讲课时，一般都需要配以适度的手势来强化讲课效果。教师在运用手势语时，应配合相关教学内容进行，注意其运用的幅度、次数、力度等技巧，使手势得体、自然、恰如其分。

高一的地理老师是一位年轻的女老师，上课总爱做一些扮可爱的动作，大家都觉得很做作，有时一节课就想着老师夸张的动作，时间就过去了。

一般而言，教师的手势具有澄清和描述事实（模拟比划物体的大小、多少、形状以及方位）、强调对象或事实（指引具体教学活动中的人或物，如用手势指示学生看教具、看教材、看黑板或看老师、看同学）、吸引注意力和组织教学（示意学生起立、坐下，举手发言等）、传递情感（竖起大拇指）等功能。因此教师的手势左右摆的范围不要太大，应在自己胸前或右方进行；不宜不停地挥舞或胡乱地摆动，或者是将手插入衣兜或按住讲桌不动；要简洁准确，适度舒展，既不过分单调，也不过分繁杂。

我们高中的物理老师，每次回答学生问题时，大半个身子扑在学生课桌上，异性同学都不好意思再问问题了。

高一的英语老师是一个矮胖的中年男子，讲课充满激情，肢体语言特丰富，一讲兴奋了就手舞足蹈的，看着像在“跳舞”，我们总是忍俊不禁。

在学生，尤其是小学生心目中，教师的影响力甚至比父母的影响力还要大。他们潜意识里认为老师是懂得最多的，所以一切都向老师学习。身为人师，一言一行都是孩子们学习的榜样，一定要注意自己的言行举止。

在学生孤独无助时、在学生感到委屈时、在表扬某位学生时、在批评完犯错误的学生后，教师可以用手摸摸学生的头给予安慰，使学生感受到对他的鼓励与肯定。

在一所中学里有这样一个班级，班级里调皮的学生特别多，学校里没有一个老师愿意做这个班的班主任，后来王老师经过校长的几次谈话，做了这个班的班主任。在面对班上调皮学生、捣蛋小子时，王老师最初采用的办法是将他们安排成班级的骨干分子，做班长、生活委员、劳动委员。开始时，这个办法非常适用，但是没过一个月这个方法就失去了效用，他们继续调皮，这让王老师非常头疼。

一次上自习时，她刚走到楼梯口就听见班上的嘈杂声，当她走进教室时，正巧看到其中一个捣蛋的学生坐在桌子上，一气之下她狠狠批评了这个学生，学生红着脸低下头，同时用眼睛斜视了她一下。那一刻，她发现学生是那样自责，同时又对她充满了敌意。她立刻对自己过激行为产生了悔意，她走到学生面前，用手轻轻摸了摸学生的头说：“上课时间教室是用来自习的，下次别再这样了好吗？”学生点了点头，原本敌视的眼神中浸满了感动的泪水，从此他再也没有犯这样的错误，学习成绩也逐步上来了。

另外，教师在与人谈到自己的时候，不要用大拇指指自己的鼻尖，应用右手掌轻按自己的左胸，这样会显得端庄、大方可信；在谈及别人、介绍他人、指示方向、请学生做某事时，应掌心向上，手指自然并拢，以肘关节为轴指示目标，同时上身稍向前倾，以示尊重，切忌伸出食指来指点、手势动作过多过大。

4. 教师的手势忌语

在教学过程中，教师由于讲授兴奋或是没关注有些手势细节，也会产生一些不好的影响。教师礼仪具有明确榜样性、严格自律性等特点，因此教师在讲课时应关注自己的手势礼仪。

1）不要随手扔粉笔头

在现实教学过程中，我们发现有的教师发现课堂上书写板书时、粉笔不好用时，随手扔粉笔头。

李老师很爱扔粉笔头，每次粉笔快用完的时候就随手一扔，有时还扔到同学，而且大家下课后踩到粉笔头就弄得到处都是白色粉末，大家都不喜欢老师这样，学生对李老师很有意见。班上有个同学在他的课堂上讲小话，老师随手一个粉笔就向他砸去，从此这个学生就与这位老师为敌，在他的课堂上调皮捣蛋，成绩不断下滑。

在一次英语课上，英语老师正绘声绘色地给大家讲"现在进行时的用法"。她拿着粉笔，在黑板上板书着重点，写着写着，粉笔即将用完了，她很自然地将粉笔扔到课堂的角落里，转身从讲台上拿出一只新粉笔。

当她拿起粉笔刚在黑板上写出："He is playing..."时，"啪"，又将一个粉笔头扔到了讲桌前面，老师顺口说"这粉笔太不好用了"。接着继续讲课，可是没过几分钟后，"啪"又一个粉笔从老师的手上"飞"了出来，直接打到一名学生的书本上，学生伸一下舌头低下头看书。整节课下来，满地都是白花花的粉笔头。下课后，学生一窝蜂似地冲出教室，这些粉笔被踩成了白地毯。

2）不要习惯性挠头

教师不能在讲课出现错误时、有领导听课紧张时或课堂上发生意外事情时老师处在尴尬之中时，习惯性地用满是粉笔灰的手挠头。

在一节高中课上，数学老师在给同学们证明一道立体几何题。突然有个同学站起来说："老师，您的图形中$\angle ABC$和$\angle A'B'C'$标反了。"其他同学也都说："老师真的标错了。"老师仔细地在黑板上看了看，但仍没看到标错的地方。最后，那名同学从座位上站起来走到黑板前向老师指明了错误之处，老师看到由于自己疏忽导致的又一直没看出来的小错误，突然间陷入了尴尬中，就不知不觉用他那满是粉笔灰的手挠了挠头，结果头发上白花花的一片，惹得同学们一片哗然。

3）不要用手直接擦去黑板上的字

教师在讲课出现错误时，有时为了图方便，直接用手擦去黑板上写错的字。

小明已经上小学一年级了，妈妈在检查他的作业时，发现作业本很脏。起初妈妈以为是他的手太脏，在做作业时把本子弄脏了。后来一次偶然的机会，妈妈发现他居然在写错字的时候不用橡皮擦擦去错字，而是用手擦，实在擦不掉才用橡皮擦。妈妈问："你这是跟谁学的？有橡皮不用，为什么非用手擦呢？"小明理直气壮地说："老师写错字时都是用手擦。"

当柳老师走进教室，发现教室里有几张废纸，他躬身捡了起来，丢进了垃圾桶里。当时我就想起了"其身正，不令而行；其身不正，虽令不从"这句话。

这位柳老师不就是很好的言传身教的典型么？

4）不要当众挠头皮、掏耳朵、抠鼻孔、弄眼屎、剔牙、抓痒痒、咬（剪）指甲、使劲捋衣服

我的初中班主任时常把手伸到衣服里去抓痒，而且特别自然，一点也不介意在我们面前做出这样的行为。

我高中的化学老师，长得有些肥胖，而且老是做一些滑稽的动作。比如，上课时一只手板书，另一只手不停地挠后背，同学们都在下面笑他。而且挠的时候，胳膊上的肥肉一动一动的，现在想起来还觉得好笑。这位老师有时还会把鞋脱下来挠脚。

我们有的老师在自习课剪指甲、照镜子、抽烟。还有的老师在学生做作业时，烟瘾忍不住了，就站在门口抽烟。抽完烟再进来，满嘴烟味。有位女教师非常注意穿着，估计穿的都是名牌，上课时从来不擦黑板，怕弄脏了衣服。用完粉笔后就用饮水机的水洗手。

我们自习或做作业时，老师就在讲台上抓头发，一直抓，抓了好多头皮屑下来。

在高中的一次化学课上，来了两个人修窗户，老师让大家自习一会儿，自己却将手机拿出来当镜子照。结果窗户修好了，老师还不知道，还喜照着臭美，全班哄堂大笑。其实也可以理解，因为我们知道老师正在

谈恋爱，但还是觉得在课堂上不应该这样做。

5）不要敲击讲台、黑板，或做其他过分动作

初中的班主任，遇事一急喜欢拍桌子，老师喜欢边说边用手指指点点，小指甲留得特别长，让人生厌。

有些老师喜欢讲课的时候，拿着粉笔边讲边画圈，讲得激动的时候会拍桌子啊什么的，虽然说讲得很有激情，但感觉有点夸张。

高中时的化学老师是从另一个地区挖过来的优秀教师，他虽然课讲得很好，但在课堂上有很多地方不拘小节，导致大家对他的印象大打折扣。比如说因为他啤酒肚比较大，上课就时不时在讲台上提裤子。

高中一女老师讲课过于激动，手势过于夸张，以至于内衣带子露出来了，大半节课却毫无知觉。我们都不知该提醒还是不提醒。

还有的教师喜欢玩衣扣，时常抬腕看表等，不一一列举。教师只需记住，教师礼仪具有明确榜样性、严格自律性等特点，教师在课堂上应时刻关注自己的言行举止。

思考题

1. 教师良好的仪态有什么作用？
2. 教师在课堂上应避免哪些情绪？
3. 在课堂上，教师的站、坐、行、蹲都有哪些注意事项？
4. 在课堂上，教师的手势应注意哪几点？

第三编

工作礼仪

第五章 教师的教学礼仪

教学是教育目的规范下、教师的教与学生的学共同组成的一种教育活动。它以培养全面发展的人为根本目的，引导学生掌握科学文化基础知识和基本技能；发展智力、体力和创造才能；培养社会主义品德和审美情趣，奠定科学的世界观基础；促进学生全面发展。因此，教学是学校工作的核心，是学校实现教育目的的基本途径，学校一切工作都应围绕教学展开。

课堂是教师教学工作的主战场，一方面，学生是发展中的个体，各方面还不成熟，需要教师的引导；另一方面，教师作为国家委托任命的专业人员，有义务、有职责、有能力引导学生成长。教师理应具备良好的教学礼仪，使其课堂效果更好，更有利于学生的成长。

第一节 课前课后礼仪

一、课前礼仪

（一）教师通行的课前礼仪

教师在上课前，首先是应备好课，手头有教案或课件。应在认真深入地学习所授科目的课程标准，钻研教材，了解学生，依据学科的性质和教学内容特点，结合所在学校的教学环境和设备条件，以及教师自身的教学能力和风格的基础上，选择适宜的教学方法，设计出切实可行的教案，并在此基础上创造性地设计出目的明确、内容充实的讲稿、讲义，或制作出高质量的课件。

高三在复习时，老师们一般只讲大体框架和概念，不需要很详细的备课教案。一次历史老师在讲“中国历史上到底有多少个朝代”时卡壳了，记得老师当时就愣了，思考了几分钟后，尴尬地笑笑，说：“同学们，这道题有点难度，你们先在教室自习，我去把答案找出来给你们。"说完就走出了教室，只剩下大眼瞪小眼的我们在教室里议论纷纷。

初中的一个英语老师，由于年纪较大，自以为学识渊博，很少备课。有一次在讲课时出现了一个生词，班上有学生提问，老师也答不上来，老师不仅不觉得是自己备课不充分，还认为是提问的同学故意捣乱，一堂课不欢而散。

高中政治老师讲题经常模糊不清，当大多数人有疑问时，经常推脱让我们自己在下面讨论，有些问题我们自己也讨论不出来，上课再问她，她也是一句话带过，不愿多讲，让我们觉得她也不答不上来。

备课，是教师重要的基本功，也是教师的职责和应遵守的规则。备好课是教师上好课的前提。中国有句俗语，"凡事预则立，不预则废"，就是告诉人们，无论要完成什么工作，都需要预先谋划好，提前做好准备工作，否则就会事倍功半，劳而无功，教学亦然。为使教学取得实效，教师必须认真、充分、精心地准备。有经验的教师都懂得：即使是自己备过课了，有时也会有教学挫折感，觉得某堂课上得不成功，更别提不备课了！不备课，完全就是打无准备之仗，仅凭已有经验来应付一堂课，就更无把握达到预期的教学效果了。因此，教师一定要在上课之前提前备课，这是教学工作中一个极为重要的环节，教师千万不能忽视。讲什么？怎样讲？事先都要仔细思考，精心设计。教师只有对教材内容、教学对象、教学方法经过深思熟虑，了然于胸，才能把课讲得妙趣横生、引人入胜。

因而，作为一名教师不能不知道如何备课，不能不研究备课艺术。那么，教师怎样才能备好课呢？

第一，要熟悉课程标准。课程标准是规定某一学科的课程性质、课程目标、内容目标、实施建议的教学指导性文件。课程标准的结构，一般包括总纲和分科课程标准两部分。总纲规定学校教育的总目标、学科的设置、各年级各学科每周教学时数表和教学通则等。分科课程标准规定各科教学目标和教材纲要、教学要点和教学时间的分配、应有最低限度的教学设备以及教学方法和其他应注意的事项。课程标准的总纲部分，相当于中国现行的学校教学计划；它的分科课程标准，相当于曾经使用的分科教学大纲。课程标准与教学大纲相比，在课程的基本理念、课程目标、课程实施建议等几部分阐述得详细、明确，特别是提出了面向全体学生的学习基本要求，它对教学工作有直接指导意义。所以，学习、理解和熟悉课程标准是备课的基本内容。

只有熟悉课程标准，才能了解所授课程在本学科教学计划中的地位和作用；了解所教学科与其他学科之间的联系；弄清本课程的教学目的、任务、教材体系和

"三基"(基础理论、基本知识、基本技能)的内容及要求;掌握本课程内容的深度、广度及要点、重点、难点、疑点和弱点;从总体上明确在"加强基础、培养能力、发展智力、注重实践"上达到什么程度,合乎什么规格;从而能对知识、能力、思想等方面提出明确而恰当的要求。

第二,要钻研教材。在弄清本学科的教学目的和任务的基础上,明确自己所教教材的教学重点、难点。教材,包括教科书、参考资料、电化教材等,它是分科课程标准的充实和展开,它反映了学科课程标准的内容和要求,把学科的整体和各部分的教学目标反映得更加清晰;有了教材,教师对教学大纲的精神更易领会,学生对教学内容更易掌握。钻研教材,可分为三个层次:

其一,熟悉教材。首先,通览教科书,熟悉其全部内容,包括编者意图、组织结构,同时,兼顾前后,了解与本学科有关的"已学教材"和"后续教材"的相应内容,即从教材体系上把握教学内容,弄清各册教材前后之间的关系。其次,精通教科书,不仅了解教材的知识结构、内在逻辑体系、梗概,而且对插图的构思、练习的安排了如指掌;不仅了解每一单元、章节的宗旨、特点,而且对每一原理、概念、例题、段落文字都了然于心、精通其意,多问几个为什么,把教材内容彻底弄清弄透。最后,熟知教材内容的思想性、教育性,即从教书育人两个方面把握教材内容。

其二,分析教材。首先,对章与章、节与节,都要弄清其本质联系,找出其内在规律。明确让学生掌握的基本知识、基本理论、基本技能,分清让学生掌握知识的三个不同要求:了解——对知识的涵义有感性的、初步的认识,能知道"是什么",并能在有关问题中识别它们;理解——对概念和规律、定律、定理、公式、法则等达到理性认识,能说清"为什么",以及与其他概念和规律之间的关系;运用——在理解的基础上,能运用所学知识迅速、灵活地解决一些问题,即知晓"做什么"、"怎么做",从而形成能力。然后,找出各单元或各章节的重点、难点、弱点,进而根据每单元(章节)的教学目的,确定每节(次)课的教学重点。最后,带着问题多查阅有关参考书、资料、文献,增加知识的深广度,寻求问题的讲解角度。教师一定要记住:备课,不等于"背课"。尽管课本上很多内容需要教师牢记,但备课的含义远比背课要广泛得多、深刻得多。教师在查阅相关教学资料时,一定要博览精选、厚积薄发、取材新颖、与时俱进,应以教科书为依据,既不摆脱教材,海阔天空讲一番,让学生理不出头绪;又不照本宣科,拘泥原文,使学生觉得索然无味。深入挖掘教材的科学性,在考虑如何能够通俗地讲解教学重点、攻克难点、杜绝弱点的基础上,对教材内容进行再创造;挖掘教材的思想性,使思想教育寓于教材讲解之中;挖掘教材中有利于学生智力发展的潜在因素,使智力发展寓于知识传授之中;挖掘教材的趣味性,寓教于乐,使学生处于要学、爱学、好学之中;挖掘教材的实践性;考虑理论联系实际,使能力培养寓于知识运用之中。

其三,处理教材。首先,按照教学目的,结合学生实际,恰当安排教学内容。

先讲什么、后讲什么，哪些精讲、哪些略讲，补充哪里、省略哪些，与已知有联系的部分怎样衔接、与其他学科相关的内容如何分工。然后，根据科技进步、社会发展，把教材中滞后内容、欠妥之处、不符合要求的地方及各地区、各行业、各专业要求掌握的侧重点，进行慎重而必要的调整、增添或删减；对必要的新思想、新观点、新技术、新工艺，要科学地结合，及时地反映。同时也要防止盲目删减或不必要的“拔高”。应按照学生的认知过程，对教材进行科学的剪裁和恰当的调整，做到增删得当，详略适度，突出重点，把握关键，以形成一个崭新的、适宜的、完善的知识结构与体系。最后，根据教学目的和教学内容，设计教学程序，考虑相应方法，使教材变为学生易懂、爱学的源泉。

第三，要了解学生。首先，要了解班级基本情况，熟悉班级学生所处年龄段的身心发展特点、思维方式等，这样才能正确地评价学生的知识水平、接受能力，才能防止因脱离实际、传授内容过深而使学生茫然，或过浅而使学生觉得索然无味，做到量力而教；才能抓住学生的心理，更有针对性地实施启发教学，进行有针对性的讲解与训练，使教和学有机结合起来；才能了解学生的思想情况，精神状态，以陶冶情操、启迪觉悟。其次，要了解每一个学生，了解每一个学生的身心状况、个性品质差异、思想状况、知识基础、学习态度和学习习惯等，以利于有的放矢、因材施教。人们常说“十个指头有长短”，一个班级的学生，其学习水平和能力总会有差异，要调动他们的学习积极性，就需进行个别分析、正确对待。教师可以通过课堂提问、板书演算、动手操作、测验考试、批改作业及分析试卷等方法外，还可通过个别谈话、家访以及在劳动实习、课外活动中观察等多种渠道全方位了解学生。有经验的教师还能从学生的眼神、表情及一些微小的动作等方面洞察其心理。教师要重视对学生的了解，且贯穿于教学始终，掌握其动态情况。在获得准确的大量信息之后，便可及时、恰当地设计或修订教学方案，确定分类指导的目标与措施，以便因材施教。备课时不仅要考虑对优、中、差不同层次的学生的不同要求，还应根据学生不同特点考虑如何进行个别指导。如：对习惯于采取记忆方法学习的学生，要侧重于调动他们从不同角度理解知识的积极性，发展其思维的灵活性；对好动脑筋、理解能力较强的学生则应防止其忽视基础知识积累的倾向，引导他们运用基础知识，发展创造性思维；对成绩较差的学生，视其实际，指导学法或思路，启迪智慧，让他们产生乐趣，奋发向上。最后，教师还应了解学生对教学有何建议和要求，不断改进自己的教学，以期教学相长，达到最优的教学效果。

第四，要设计好教学方法。教师在钻研教材、了解学生的基础上，要依据教学的目的和任务、学科的性质和教学内容特点、学生的年龄特征和个性差异、教学环境和设备条件以及教师自身的教学能力和风格等来选择最佳的教学方法。应在解决“教什么”的基础上，落实“怎么教”，因为方法是教师的观念、知识、经验、能力、智慧的融合，最能体现教师的功底。教师要根据学生的认识特点，考虑如何由浅入深、由近及远、从具体到抽象、从感性至理性，循序渐进地进行教学，怎样突出重点，分散难点，抓住关键，处理弱点；如何导入新课，讲授新课，复习巩固，课末小结；怎样引发兴趣，强化动机，吸引注意力，启迪思维，鼓励创新；如何联系实际，使用什么仪器设备，采用哪些教学手段，进行什么演示和示范；安排哪些练习和作业及语言的组织训练，板书的设计，例题的筛选，教具的使用等。教师在选择教学方法时一定要注意创造性，要“独辟蹊径”、“别开天地”，创造出别具一格的教学方法。根据青少年好奇求新的心理特征，教学方法做到灵活多变，因文而异，因人而异，努力寻求适宜的新颖方法，尽力做到“堂堂有异，课课有别”，常教常新。比如：有时故布疑阵，以新奇吸引学生；有时绘声绘色，以形象感染学生；有时展示图物，以启迪学生展开想象……总之，根据不同目的、不同内容、不同对象应有不同的教学方法，但都必须以启发式和注重培养能力作为指导思想，坚持精讲巧练，使学生学得生动活泼。切忌形成定势，千篇一律、一成不变。

第五，要尊重学生，教学生学会学习。首先，教师在备课的时候，不仅要备教法，还要备学法，研究学生如何“学”，从“学”的角度来研究教，以使学生“会学”。教会学生制订学习计划的方法、学科学习方法、预习复习巩固常规的学习方法等，可采用讲授、交流、点拨、示范等指导方法，激发学生学习的自主性，有针对性地对学生进行学法指导。

其次，教师在上课前，手头应是最新教案或课件。有些教师，几年如一日，甚至是十年如一日，第一次备课的教案一直都没怎么改动，又拿来教下一届甚至是下几届学生。教师的教案，说它像士兵们打战前拟定的作战方案，抑或是建筑工人施工前的工程图纸一样重要，一点都不为过。大家知道，编写教案就是把备课中所研究的主要成果加以整理、概括、归纳，按照教学要求用文字书写出来。它记录了教师对教材的组织、安排和教学程序，以及教法设计、手段运用。这是课前准备的最后工序，也是教师业务基本功的集中体现。无论新教师还是老教师，对此都应做到一丝不苟。它有助于教师熟悉教材，灵活选择教学方法，掌握教学时间，做到有的放矢，重难点突出，教师切不可忽视。

我高中的一位教劳动技术课的老师，他自己跟我们说他的教案好几年都是一样的，就没有改动过。虽说这是一门副课，但这种实践性的课更应随时代的变化而有创新，不是吗？而我们在听他讲课时也发现有好多东西与我们的课本不大一样，引起我们一致反对，好不容易有一节课调节情绪，他却是这样应付了事。

教师是学生的引路人，是灯塔，是指明灯，所教知识应具有前瞻性、科学性、实践性，像这样数年如一日，用同样的教案教育学生，岂不是太不负责任？教师在备课的基础上写出教案或制作出课件，不仅是教师讲好课的重要前提，也是教师提高教学质量的基本保证，还是教师不断丰富自己教学经验和提高文化水平、专业知识、业务能力的重要途径。对待备课采取什么态度是评价教师思想觉悟、工作态度和职业道德的重要标准。教无止境，备课也无止境，必须精益求精、坚持不懈。在科学技术突飞猛进、知识更新日益加快、教学管理不断加强、教育改革日趋深化的今天，教师作为知识的传授者，理当与时俱进。

为了不断提高自己的教学实效，教师还可注意使课前备课与课后备课相结合，以使自己的课备得更加完善。课后备课通常是指每讲完一节（次）课后，教师要对自己的教学进行回顾、反思，做好小结。通过对课前备课与课上实践进行总结经验，吸取教训，调整修改，充实提高，使备课——上课——再备课——再上课，循环往复，螺旋上升。

再次，教师在上课前，应花 1～2 分钟回顾一下自己的教案，同时还应明确记住自己所带班级和确切上课时间，不要张冠李戴，走错教室，影响教学效果。

初中的一位数学老师带两个班的学生，有一次我们班有一节他负责的晚自习，这位老师却忘了，跑到另一个班去了，上了一会，后来那个班的老师去了，我们这位数学老师才意识到自己走错了教室，急匆匆地来我们班。

在一般情况下，教案都是提前写成的。因此，在上课前还要熟悉教案，以便更好地运用，这是备课工序的最后一环，也是非常重要的一步。因课堂上情况多变，故在熟悉教案的同时还应有各种思想准备，以便在上课过程中做到审时度势，随机应变，适应环境，灵活掌握。

最后，教师应注意的就是要做好开始上课的准备工作。人们常说，良好的开端是成功的一半，教师应重视课前这个起始环节。

一般要求教师至少应提前 2～3 分钟到教室门口，一方面是给时间教师调整自我情绪，准备上课；另一方面也是告诉学生，下一堂课开始了，应做好相应准备。上课铃声响后，正式上课前，教师一定要花一到两分钟的时间进行师生间问候礼仪。

上课开始，教师要面带微笑，迈着从容、自信的步伐走上讲台，同时用友好和善的眼光扫视学生，提醒学生老师正在看着他，该上课了。接下来是教师和学生相互问好、行礼。在师生互相问好行礼时，教师应在讲台上面带微笑将全班同学都看一遍，待学生行礼完毕后，点头示意或用手势示意学生坐下。

课前这一两分钟的问好行礼过程，教师千万不能忽视，敷衍了事。这是奠定一节课气氛的关键环节，也是教师这堂课是否能高效运行的基石！它有助于学生做好心理准备，积极调节学习情绪。

我高中时有位老师，在同学们说“老师好”时，不知是赶时间还是怎么的，总发现他在低头看课本。到现在想起来，心里都觉得怪怪的。

教师若像案例中的这位一样，急于迅速开始上课，而忽视课前这一二分钟的问候礼仪,往往会发现课堂秩序要很久才能稳定下来,因此,上课开始教师不宜立即讲课。教师在讲台上,一声洪亮的"上课",等班长喊"起立"后,以亲切、温和、信任的目光扫视全班,还礼后请学生坐下。这不仅有助于形成尊师爱生的良好风尚,还有助于课堂秩序的迅速安定。因为,一声"上课",它犹如一道命令,提醒学生开始上课了;一个"起立"的动作,它犹如一个闹钟,提醒学生该苏醒了,不能再做其他事情了,要安心听教师上课了。坐下后,学生会很快安静下来,这就为教学计划的顺利推进打好了基础。

(二)"新"教师课前礼仪

教师在第一次给一个新班级上课或者刚参加工作时,除了应备好课,写好教案,注意仪容仪表仪态外,还应注意给自己所带的学生作一个简单的自我介绍。教师若给学生的第一印象不好,以后进行教学就会有力不从心之感,因为学生不配合,课堂氛围难如教师所想,虽然以后有改进的机会,但要付出相当大的努力。故"新"教师一定要注意课前礼仪。

首先,在上第一节课前,教师要适当修饰一下自己,使自己的仪容仪表符合教师职业身份,又与学生的心理接受程度相匹配,确保自己在学生面前精神抖擞、激情焕发,显得干练、利落。

其次,要向学生简单地作个自我介绍,使学生对自己有个简单的了解,一定不要一进教室就开始上课。因为此时学生还不熟悉新老师,对老师很好奇。教师一来就开始讲课,说不定学生还在下面叽叽咕咕,讨论教师某一方面的事情,表现出对老师背景更感兴趣,而对教学内容完全无视。

最后,在作自我介绍时,要注意仪态和语言的合规范性。教师的自我介绍,除了让学生了解自己外,还应该有启发、鼓舞等意义。在自我介绍中,教师除了简单介绍自己的姓名、毕业院校、专业、学历外,最重要的是要跟学生分享自己的求学经历。教师在自我介绍里,可以结合自己的经验和别人的教训,根据自己的心得来现身说法,把自己求学过程中学习的一些态度、技巧和方法介绍给学生,让学生感受到教师的智慧之美,拼搏之美,进取之美。一般说来,这一部分也是最吸引学生的,学生都有好奇和揣测之心,他们想知道教师的专业水准怎么样,是否真的有能力教他们,是否具有"学高为师"的资本。教师的求学经历、学术背景,一方面有助于学生了解教师的过去,促进良好师生关系的建立;另一方面是让学生感觉老师是一个博学的人,从而从心里敬佩和喜爱老师。

同时,教师在向学生自我介绍时,要站直,面部表情要自然,不要东张西望或者目光直视某处,语言要精练简洁,做到吐字清晰,声音洪亮,尽量少用口头禅或者老是重复同一句话。内容要切合学生的水平和兴趣,切忌大话、空话、假话,让人厌烦。不要一开始就给学生立规矩,给学生来个下马威。同时注意在自我介绍期间不要做挠头、拽衣角、打哈欠等不雅的小动作。

我们有位老师，她在作自我介绍时频繁使用“然后”这个词：“同学们，大家好，我叫某某某，毕业于某某大学，嗯——然后很高兴见到大家，然后，这学期由我和大家一起学习政治课……然后……”她的介绍不到十句话，就出现了多次“然后”，说者无心听者有意，作为说话人的她自己没觉得这有什么不妥，却没想到学生对此反应很强烈，都在下面低头偷笑。

还有一位老师总喜欢用“是吧，是吧”，几乎每说一句话就会来一个“是吧”，在作第一次自我介绍时，学生们笑得前仰后合。

俗话说，“万事开头难”，“好的开始等于成功的一半”。第一印象在人际交往中是非常重要的，它奠定了人们之间日后交往的基石。学生是发展中的个体，个子再高也毕竟是孩子。我们常听有学生说：这老师，从一见面我就不喜欢他，之后一上他的课就烦。所以这“一见面”就显得十分重要，教师应“一见面”就让学生喜欢，这样学生才会喜欢教师的课，才会乐意接受教师传授的知识。

二、课后礼仪

课后礼仪，教师最应注意的就是下课铃响，一定不要拖堂。应事先计划好教学时间，在一节课快结束时，用 1～2 分钟对当堂课内容作简短小结后，干净利落地与学生告别。

高中的数学老师，总是喜欢拖堂，直到下节课的老师来了，他才会依依不舍地离去，每次场面都十分尴尬，同学们都很烦他。

高三的英语老师，每次总是赶在早自习要结束前 10 分钟听写单词背课文，听写对了背过了还好，听写错了、背不过就要在那继续写啊背啊，听着外面嘈杂的人声，忍受着肚子的咕咕叫，虽然知道他也是为了我们好，可我们当时真的是恨他。

我们的语文老师经常说：“就耽搁大家两分钟啊……”，然后就一直耽误到下节课老师站到教室门口，真是无语啊！

都下课 5 分钟了，老师还在上面兴奋地讲着，可我内急啊，急着要去厕所，怎么办？老师，拜托你以后注意下时间，不要一下课状态就来了！

大家知道，课间十分钟主要是让学生调节自己的生理和心理状况的，为他们能更好地上好下一堂课作准备。一堂课下来，对于学生来说，承担着心理和生理压力，首先是生理上，在中国，课堂学习主要以坐姿为主，每个同学离开座位活动的时间很少，这不仅使学生身体已经感觉到疲劳了，而且对于处在旺盛生长期的青少年来说，他们的骨骼和肌肉正处于发育时期，长时间坐在教室里对他们的健康也是十分不利的；其次是心理上，全神贯注地学习，以及在学习过程中所产生的紧张、激动、兴奋等情感体验，要消耗大量的精力，都会使学生产生精神疲劳。如果学生课间没有适当的休息时间，必定会变得烦躁不安，产生厌学情绪，甚至具有攻击性。充分利用有限的课间时间进行放松和调节对于学生的身心都是大有裨益的。学生到室外活动一下，这样不仅能呼吸点新鲜空气，还可以使脑细胞得到短时间休息，消除大脑的疲劳。而且全身活动会使血液循环加快、血流量增加，提高了对脑细胞的氧气和养料的供给，同时也使眼睛的视觉和耳朵的听觉感受能力得以提高，并且对预防近视、防止脊柱弯曲具有积极的作用。有些教师因为一节课的教学任务没有完成而拖堂，这样不但不能达到预期的目的，还会让学生厌恶、反感，会适得其反。

另外，在现实生活中，有的教师也许是急着赶下一个班的课，也许是急着做某件事情，不知道慌些什么，下课铃一响，说声“下课”，就急着出教室，学生还没缓过神来，有的甚至还站在那里。还有的教师也许是自已没有威信，也许是不拘一格，下课铃一响，教师还没宣布下课，学生已是一阵忙乱，教师也不管，由着学生去。这些现象既不符合教学的要求，也不符合礼仪的要求。

第二节 教学过程中的礼仪

教学是一个过程，是教学从开始到结束的实施过程。教学过程是教师有目的、有计划引导学生掌握知识、技能，发展学生的智能、个性、体力，并形成一定的思想品德的过程，是学生认识和发展的过程。教师的教学礼仪不仅仅体现在课堂上，还应贯穿于整个教学过程中。

授课是教学过程中最重要的一环，是教师综合素质最直接的体现。一节（次）课，通常有导入——讲授新知——巩固练习——归纳小结——布置作业五环节模式和旧知复习——导入——讲授新知——巩固练习——归纳小结——布置作业六环节模式两种，无论采取哪一种，教师都应具备一定的教学礼仪，注重讲授的科学性、适应性、教育性、启发性、情感性及艺术性等，能够独立、完整地上好每一节（次）课。

（一）课堂上普通话尽量标准，声音洪亮，吐字清晰，让学生能听清楚

目前，中国的课堂，教师的讲授所占比例是非常大的，教师授课的声音如何，直接影响学生的学习情绪，进而影响到教学效果。

我高中的数学老师，讲课的时候特别有激情，声音洪亮，有感染力，同学们都很有耐心听，大家都说这个老师讲课张弛有度，讲得特别好。

在高中的时候，我们的数学老师年龄有一点点大，他上课时，有时用方言给我们讲课，突然又换成用普通话给我们上课，弄得我们回答问题的时候都不知道应该是用方言还是用普通话了。

我们的历史老师是一位好老师，和蔼可亲，教学认真，工作负责，美中不足的就是她的普通话，让人听起来想笑，方言口音很重，同学们总爱拿这位老师的普通话开玩笑，甚至模仿取乐。

高二时新来的化学老师是位刚毕业不久的大学生。当他站在讲台上讲课时，声音发抖而且音量又小，坐在教室后排的同学根本听不到他在讲什么，老师没有威慑力，教室经常闹哄哄的。

炎炎夏日，窗外知了单调地叫着，不远处工地噪音大作，老师讲课的声音被这些噪音所淹没。台下有的学生伸长脖子屏气凝神地仔细听着，并不时满怀抱怨地向窗外望一眼，有的呆坐在椅子上，眼睛虽然看着黑板，大脑却开起了小差，有的则手撑下巴已经昏昏欲睡了。终于，下课铃声给教室带来一些活力，老师走后，学生们怨声四起："老师讲的什么啊，我跟听天书似的。""老师声音也太小了，我都听不清，越听越想睡觉。"

高二时的英语老师讲课吐词不清，所以我们就不喜欢听他讲课，以致英语成绩普遍下降。

课堂讲授是教师开展工作的主要手段，而声音又是教师传递信息的主要途径。教师的声音直接关系到学生听课的情绪。教师声音洪亮、抑扬顿挫、富于感情色彩，学生就会产生愉悦之感、情绪高昂；反之就会感到烦躁、无精打采。处于积极情绪状态下的学生，上课容易跟着老师的思路走，学习效果就好；反之，学生则容易开小差，走神，学习效果自然就不行。

教师讲课是非常辛苦的，相信每位无论是从事教育工作多年还是初上讲台的新教师，都深有体会，许多教师患有慢性咽炎，这也跟教师长期用嗓过度有关，因此也要提醒教师学会爱惜、保护自己的嗓子。

（二）言简意赅，少用口头禅

教师的口头禅是教师习惯化了的语言，是教师无意识的行为，也许学生经过一段时间会习惯教师的口头禅，但教师不能忽视口头禅——这些没有意义的空话会带给学生负面影响。

我们初中时有位实习老师在讲课时经常喜欢带一些自己的口头禅，如“嗯”、“哦”、“应该”、“好像”等，且讲课音量也很小，在最后评教中，我们班的学生对这位实习老师非常不满意，所以这位老师没能在我们学校继续工作。

高三时我们新换了一个数学老师，本来因为这位老师是刚刚毕业的硕士研究生，大家对他的感觉还挺好，可是上了两节课后，大家发现他很啰嗦，有时一句话要讲几遍，而且硬性要求也很多，同学们对他挺失望的。

我高中的物理老师，教学水平很高，但有一些小习惯，他每次给学生讲课时，总是喜欢在每一句句尾带上语气词，虽然这不会造成太大的麻烦，但还是会影响课堂效率，有些调皮的学生甚至在下面跟着学。

以前有位数学老师，知识面很广，上课时都可以不拿书，书本上的一些定理公式他都记得清清楚楚，甚至能告诉我们在哪一页。但他有个特点，喜欢说口头禅。比如一道几何证明题中，明明看似不明显的东西(我们看似不明显)，他就喜欢把中间一步或几步省略掉，说：很显然可以推出什么什么的。而在我们学生看来，根本就不明显，有时真不知道是怎么来的。久而久之，大家就叫他“显然老师”。

通过调查，我们发现，绝大多数学生认为教师的口头禅会让他们觉得厌烦，甚至分心，损害了教师的教学形象。大家听课时，就会发现教师有口头禅这个现象非常普遍，有的属于教师的个人习惯，有的是教师紧张焦虑的表现，这是很多教师都有的一个共性的问题。如何消除口头禅的副作用，需要教师不断努力。

李雷在一所高中教书，他有十几年的教学经验，无论从学生的成绩还是从他的教学水平以及他的工龄上看，他都应该是学校每年最佳教师的最佳人选，但每次他都只获得提名，从未真正得过奖。最初他也为此冥思苦想，虽然领导一再对他强调语言要精练、简洁，但是他一直认为那是领导在敷衍自己，后来随着岁数的增加，他对这个奖项也看得不那么重了，就没有去积极地争取。

一天他在逛街时，无意中看到一份报纸上介绍关于教师上课要注意的语言细节的文章，他发现报纸中说的“嗯、哼、哈……”等话语和自己日常教学中的常用语特别像，他买回报纸仔细读了起来，发现自己身上存在很多教学语言的忌语，于是开始在课堂上注意自己的口头语和不雅语，到期末的最佳教师评审中，他以优异的成绩当选年度最佳教师。

（三）提高教学能力，选择恰当的教学方法（方式），创设高效的课堂

课堂是学校教学的主战场，是学生学习的主场所。要想全面推进素质教育，要想提高教学质量，必须从提高课堂教学效率着手。在课堂教学中，教师要善于把握学生的心理特点和已有的认知结构，根据学生身心发展规律，根据教学内容，创设必要的教学情境，有目的、有计划、有组织地培养和弘扬学生的独立自主性、主观能动性和创造性，让学生在特定的环境中进行实践体验，积极主动地参与到教学中，使他们在特定的情境中感悟道理，体验情感，真正成为学习的主人。我们先来看看“美国学生的一堂课”这个案例：

美国学生的一堂课

国内的几个语文老师曾去美国硅谷地区参加一所中学的夏令营活动。这次活动有6～10岁的华裔孩子，也有土生土长的美国儿童。

当时，国内的语文老师曾经试着给那里的孩子讲课，却无法忍受孩子们上课的态度。教室内的桌椅和国内的排法没什么两样，但是同学们听课的方式却和国内的大不相同。有一个孩子一堂课居然去了七次厕所，课堂氛围非常不好，孩子们说话的说话，游戏的游戏，根本就没人理会讲台上的老师。要是在国内，讲台上的老师一定会发火的，可是现在还能发火吗？只能努力去控制课堂氛围了。可是那群孩子根本就不听话，老师累得一头大汗，没有一点办法。

轮到美国老师讲课了，只见课堂依旧非常喧闹，可是老师却一点也不在乎，还和孩子们打成了一片。老师看着吃冰激凌的女学生怪笑，和调皮如同猴子一样的男生尖叫，却在恰当的时机里喊着：“谁能找到玛丽（吃冰激凌的女生）的影子？”其实那篇英文课文的题目不是别的，正是《SHADOW（影子）》。同学们来了兴趣，满教室寻找玛丽的影子。有的在桌子下找，有的过去拽玛丽，问她是不是把自己的影子藏到口袋里了。几个调皮鬼甚至踮起脚尖向窗外看，大叫玛丽的影子肯定躲在教室外吃东西。课堂上那位高大的美国教师向孩子们竖起了大拇指：“对极了！玛丽的影子就在院子里。我们出去抓她的影子好不好？”于是，只见一个大淘气鬼带着一群小淘气鬼冲向了操场。

灿烂的阳光下真的看见了玛丽的影子，老师一边夸奖学生寻找影子的能力，一边叫学生寻找自己的影子，然后比较影子的不同。于是，好多千奇百怪的问题开始从学生的口中溜了出来。老师却装着茫然的样子，学生们着急了，想知道答案。老师才说：“那就让我们回到教室里看看

书，怎样？”学生们冲进了教室，开始认真地读起课本来。当东倒西歪的学生如饥似渴地读完课文，下课铃正好响起。老师遗憾地摊开双手：“没有时间了，下次上课保证回答大家的有关问题。”学生们只好恋恋不舍地向他说：“See you！”而整个课间，他们都不停地以“影子”为话由互相嬉戏、打闹。

作为新时期的教师，大家要有敢于创新的精神，不要拘泥于传统，不要局限于形式，只要是对学生有益、有利于学生发展的教学方式，我们都可以创造性地加以利用。

常言道：“教学有法，但无定法。”教师应在钻研教材、了解学生的基础上，恰当地选择和创造性地运用教学方法，形成自己独特的教学风格。同时注意，创设高效的课堂，不仅仅是单纯的教育方法的呆板使用，教师无论采取哪一种教学方式，一定要有教学机智，善于以境激情，创设师生情感交流的氛围；以知激情，提升师生情感交流的境界；以情激情，使师生情感交流得到升华。

我读高中的时候，班上有一位男生在小时候出过两次车祸，而且都是头部受伤，这使他的脑部神经受损。他平时看起来跟正常人一样，只是有时会在课堂上发出怪笑。班主任是英语老师，他不仅把他安排和自己的侄儿一起坐（因为他怪异的行为班上没人愿意跟他同桌），还经常鼓励他说英语。刚开始我们都特别不理解老师为什么对他那么照顾，一次偶然的机会，我听班主任说了一句“对于特别的孩子，作为老师，我们应给予特别的关爱”。这句话给我的印象特别深刻，也很感动，让我对老师又平添了几分敬意。

我在一所中学教英语的时候，有一个叫李群的男孩儿，英语基础一般，上课的注意力不集中，有些贪玩，课堂上的小测验经常犯错误。有一次，我从别的老师那里得知他酷爱打篮球和唱歌，然后开始跟他开玩笑说我是他的忠实粉丝，那天他腼腆地笑了，周围的学生也知道了他的兴趣。果然，这个鼓励的方式立刻有了立竿见影的效果。那天之后，当他偶尔有失误的时候，我当仁不让地告诫他，我的偶像怎么能做这样的表率呢？他能愉快接受批评，英语成绩也逐渐提上来了。

像这样为学生着想、想办法帮助学生的教师，怎能不赢得学生的尊敬与爱戴呢？教师要创设高效的课堂，除不断提高自身的知识积累、专业素养，摸索适合自己的独特教学方式，学会以情境激发学生的热情、以学识激发学生由衷的敬佩外，还应用自身独特的魅力激发学生的尊重、爱戴。

另外，在课堂中教师在选择教学方法时应注意：要让学生做课堂的主人，动口、动手，又动脑，亲身参与课堂和实践，让学生在已有的知识背景上，主动去获取新知，发现新旧知识的联系，找到巩固和应用知识的方法，而不能让学生在课堂上做“听众”和“观众”。人的能力并不是靠“听”会的，而是靠“做”会的，只有动手操作和积极思考才能出真知。

高一上学期，我们的英语教师是个从武汉理工大学毕业的年轻女老师，她每次给我们上课都会给我们带来不同的乐趣，她让我们用英语猜谜，用英语排话剧，让我们做了很多我以前没经历过的事，上她的课真的很有趣，我相信她一定在备课上下了工夫，不然她怎么能变出那么多花样，让我们对她的课那么有兴趣。

“王老师站在讲台上，神态是那么的严肃、庄重。他总是细致、耐心、不厌其烦地讲解着，希望我们能牢牢记住他讲的一切。咀嚼过的知识确实容易消化，可什么时候我们才能自己去探索呢？王老师不能终身陪伴着我们呀！”

如果教师在课堂上总是滔滔不绝地讲授，学生只能洗耳恭听；如果教师在课堂上总是先把标准答案讲得一清二楚，学生就完全没有思维空间；如果教师在课堂上总是以自己为中心组织教学，学生只能亦步亦趋，学生将永远无法主动地去探索、走向知识。教育家陶行知先生提倡“行是知之始，知是行之成”，教师一定要注意：课堂上凡能由学生提出的问题，教师不要提出；凡能由学生解的例题，教师不要解答；凡能由学生表述的，教师不要表述。“不愤不启，不悱不发”，只有这样，才能提高课堂教学效率，从而全面提高教育质量。教师不能把课堂当成自己演讲的地方，只有自己一个人的声音。更不能照本宣科，没有主次重点，眉毛胡子一把抓，浪费学生时间。

高中一历史老师上课时总喜欢照着书本念，同学们上完一节课后毫无重点，也没有印象深刻的地方。

高中的一位政治老师是一个五十多岁的男老师，他上课的过程可以概括为刚开始的5分钟照着课本念理论，接下来的时间就闲扯，一说到班上那些上课不听讲或者爱吵闹的学生，就会拼命地拍桌子，并用方言说他们是“一群猪”、“苕”。后来我们习惯了他这个习惯，就在底下各做各的事，所以我们班的政治成绩总是倒数第一。

我们的语文老师，一上课就是一大堆废话，跟我们讲一些与学习无关的琐事，有时上课上得正好，他想起路途中的一件事非得跟我们讲起，每次上课的内容很少有讲得完的，我们在私底下聊他最多。

最后，教师应注意课堂问答相关礼仪，使课堂问答在创设高效的课堂中发挥应有的作用。课堂问答是教师根据学生已有的知识或经验，对学生进行提问，并引导学生经过思考，对所提问题得出自己的结论，从而获得知识、发展智力的一种教学方法。苏霍姆林斯基说：如果你所追求的知识是那种表面的、显而易见的刺激，那你永远不能培养学生对脑力劳动的真正热爱。因此教师若要想学生在课堂上能积极参与到课堂中来，成为学习的主体，主动思考，获得掌握、领会知识的愉悦，在准备提问前，一定要做好充分准备，精心设计目的明确、新奇有趣、难度适宜的问题，激发学生强烈的求知欲和浓厚的学习兴趣。

“为学患无疑，疑则有进也”，好的问题不仅可以启发学生领会教学内容，检查学生掌握知识情况，还能培养学生积极思考、大胆思考、解难释疑的良好习惯，调动学生的积极性、主动性。

准备好问题后，教师还应注意提问策略、叫答策略、候答时间、理答反应等四个方面。在课堂上，教师什么时候提问？教师提问，没有学生举手，该怎样解决？教师点名提问，学生不回答，怎么办？学生回答问题时，支支吾吾的，或答非所问，咋办？上课中，学生回答的与自己意见不一致，怎么办？……这些都是教师事先应该考虑到的，不能强行要求课堂进度跟自己预期的一样，不知道变通，而使课堂气氛紧张、沉闷、压抑。

(四) 与学生建立民主、平等、和谐的师生关系

教书育人德为本。教师在授课时，要用自己高尚的人格来感染学生，激发学生的学习兴趣；教师要爱岗敬业，爱生如子；尊重学生，了解学生，关心学生，爱护学生，公平公正地对待每一个学生，与学生建立民主、平等、和谐的师生关系。

1. 热爱学生，破除陈旧的师生观

中国历来就有“棍棒底下出孝子”、“不打不成才’、“(教)鞭子下面出人才”等说法，还有的家长会直接跟教师说：“老师，把我家孩子管紧点，该打就打，该骂就骂，我相信老师，只要能把孩子教育好。”因此在历史上，教师“藤杖”、“尺敲”、“责骂”学生等现象很常见。

> 一个刚来学校工作的师范毕业生，向一位老教师请教如何当好班主任，这位老教师热情指点，“必须要有威严，不能给学生好脸，调皮捣蛋的学生必须狠治，如果学生不怕你，那你就什么事也做不好”。

此事足见陈旧师生观的影响。教师对学生严格要求、严格管理，有时打骂惩罚，是为了学生好，是恨铁不成钢，是中国常说的“打是亲，骂是爱”，我们不否认这样的动机的善意性，但行为过程及其结果却不一定具有善的意义，教师有时无形中伤害了学生的自尊心、自信心、人格等却不自知。

一位家长在星期一发现儿子上学时磨磨蹭蹭，就追问是怎么回事，孩子犹豫了半天才道出实情。

原来在上个星期二早上，班主任老师召开全班同学会议，用无记名的方式评选3名“坏学生”，因有两名同学在最近违反了学校纪律，无可争议地成了“坏学生”；而经过一番评选，第三顶“坏学生”的帽子便落在儿子头上。这个9岁的小男孩，居然被同学选出了18条“罪状”。当天下午四年级组组长召集评选出来的“坏学生”开会，对这三个孩子进行批评和警告，要求他们写一份检查，将自己干的坏事都写出来，让家长签字，星期一交到年级组长手中。

该家长当着孩子的面，没有表示什么，签了字便打发孩子去上学。随后，她打通班主任的电话，询问到底是怎么回事，班主任说：“你的孩子是班上最坏的孩子，这是同学们用无记名投票的方式选出来的。”当该家长质疑这种方法挫伤孩子的自尊心时，老师却回答：“自尊心是自己树立的，不是别人给的”，并说他们不认为有什么不对，其目的也是为了孩子好。

自从这个9岁的孩子被评选为“坏学生”后，情绪一直非常低落，总是想方设法找借口逃学。

一次，一位年近退休的女教师带病上课，可当她板书时，下边总爆发出哄笑声。最后，她抓住了捣乱的学生，发现他正撩起衣服，让同学们看他肚皮上画的猪八戒。女教师气愤极了，在严厉地批评该学生后，还把这名学生拉到了校长室。校长亲自过问这个在课堂上严重违纪的学生，但是最终却难以处理。原来这名学生一个月前曾发高烧仍坚持到学校来上课，几节课的任课老师都体谅他的困难，让他趴在课桌上，半睡半听。唯有这位上了年纪的女教师见他伏在桌上听课，大为光火，批评几次无效后，责令他站着听课。可怜这个连头都抬不起来的学生摇摇晃晃地站了一节课。于是他发了狠：有朝一日你老师生病的时候，我要报复你，让你尝尝“屋漏偏逢连夜雨”的滋味。接着就发生了上述那件课堂捣乱的违纪事件。

校长严肃地向该学生指出不尊重教师、破坏教学秩序的错误，告诉他有了委屈应该通过合适的渠道和方式解决问题，而不能用不正当的手段进行报复的道理。但是他最后决定不处分这名学生，因为他认为问题产生的根源在于教师教育行为的失误，帮助教师更好地与学生沟通，才是解决问题最根本的途径。

上面就是教师在无形中伤害了学生却不自知的情况，是典型的处理不当，对师生关系起负作用的案例。在教学工作中，教师要带头破除陈旧的师生观，做到不体罚学生，如不罚站、罚跪、罚冻、罚淋风雨、罚劳役、罚跑、罚饿等。也不变相体罚学生(并不直接对学生人身诉诸拳脚和工具，而是以各种借口或其他形式间接对学生进行处罚)，如学生在校表现不好，教师暗示或直接要求家长："你回去好好管教管教"，通过家长之手去惩罚学生。还比如，有的学生作业没写对，或没有按照教师的要求去做，教师便以此为由让学生写上十遍、二十遍，有的甚至要求写一百遍。有的因考试没有达到老师的要求，而让学生把书上所有的题都重做一遍。

记得高二的化学老师，是个中年人，每次上课时，只要有人没认真听讲，他都要大声把那个同学的名字喊出来，让他站在教室的后面听课，还要讽刺一顿说学生"一文不值"。更可怕的事，考试没有达到他的要求，他不但会让学生停课反思写检讨，还要狠狠地训一顿，那种表情真有吃人的感觉。

教师更不能对学生进行经济惩罚，学生还没有成年，主要任务是学习，没有经济来源，教师对其进行经济惩罚，绝大多数学生是不敢跟父母要钱说是交学校罚款的，这样容易促使他们撒谎、欺骗，甚至采用极端的不合理的方式弄钱。这几种表现仅是一种概括而已，在实际教育中，这几种惩罚有时是相互交替在一起的。不管是体罚还是变相体罚，往往伴随着心罚。这些常常导致学生内心的紧张、耻辱，对老师的恨、厌学等，对学生的身心伤害极其严重，也最影响师生关系。

高中的语文老师是一位男教师，每次语文早自习，他很早就来到教室，专门抓那些迟到的同学，惩罚他们在办公室拖地。当我们在教室晨读时，他就趴在讲台上睡觉。我们早自习完了，他觉也睡醒了。还有每次上晚自习，语文老师都像做贼一样从窗户外朝里看。而且每天在教室转几十个来回都不嫌累。严重扰乱了我们的学习环境。毕业后，我们班没有一个人给他打过电话，提到他，我们就满腔怒火。对于这样一个喜欢惩罚学生，上课态度马虎的老师，大家都觉得他是一个完全不合格的老师。

初中时，有位老师让学生回答问题，学生没答上来，老师就让学生到教室外站着，学生不服气，就骂了老师一句，老师马上就重重打了学生一耳光。学生觉得自己骂了老师不对，也没还手。之后老师就让家长把学生领走，作为家长认为老师也是教育孩子，也没多说。可之后老师经常在教室找这个学生的麻烦，故意为难他，还经常说什么一个打工的家长，能教育出什么孩子之类的话。

教师是学生的榜样，我们要做的是言传身教，赢得学生的尊重与爱戴，一味惩罚，只会增强学生的逆反心理，厌恶情绪，使师生关系恶化，得不偿失。

2. 在批评学生时，应讲究方式方法

通常人们认为，在绝大多数情况下，教师应该尊重、赏识、鼓励、激励学生，但俗话说"金无足赤，人无完人"，学生在成长过程中，有时不可避免地会走弯路、做错事，教师作为学生人生的引路人，该批评的还是要批评，只不过在批评时应注意讲究方式方法，保护学生的自尊心、自信心等。在教育实践中，我们常常看到：对于犯同样错误的学生，有的教师批评，学生能听进去，且心悦诚服；有的教师批评，学生不仅听不进去，甚至产生对立情绪，致使批评达不到预期的效果。究其原因，除了教师的威信等因素外，主要还是应讲究批评的方式方法。应真诚地帮助学生分析错误的原因和后果，晓之以理，动之以情，从真心关爱学生的角度出发，引导学生加深对错误的认识，提高学生自我反思、自我纠错的能力，增强学生克服缺点的信心和勇气。让批评充满着尊重、赏识和关爱，就一定能发挥批评的积极作用。

1）运用幽默或使用委婉语

幽默在《辞海》中的解释是：通过影射，讽喻，双关等修辞手法，在善意的微笑中，揭露生活中的讹谬和不通情理之处。列宁说："幽默是一种优美的，健康的品质。"它委婉含蓄、意味深长、妙趣横生又鞭辟入里、寓教于乐又乐而不嬉。在教学中，幽默能给人以亲切、轻松、平等的感觉。使师与生和谐、使教与学统一，并创造出一种有利于学生学习的轻松愉快的气氛，让学生在这种气氛中去理解，接受和记忆新知识，使教学达到事半功倍的效果。

一位老师上作文课，他随口批评了一位违纪的同学。没想到意外的事情发生了，那位同学忽地站起来，瞪着眼睛对老师说："你出的题目这样难，还批评我。你聪明，你先来几句？"

面对学生的责难，教师很快控制了自己的情绪，笑着对那位同学说："你今天情绪不佳，却有心欣赏我的才华。好吧，我就献丑了。"老师的做法反倒使那位学生不好意思起来，他很快坐在位子上认真听起课来。

在二年级"认识米、分米、厘米"时，老师：在括号里填上合适的单位名称。

(1) 教室的门高大约 2(　　)。

(2) 王老师身高约 17(　　)。

学生 1. 教室的门高大约 2 分米。

学生 2. 教室的门高大约 2 厘米。

老师：同学们，怎么今天老师来到小人国了吗？

同学们都惊讶了。

老师：1分米用手表示一下有多长？那2分米有多长呢？

上面两个例子中，教师用自己的幽默使学生认识到自己的错误，一方面学生比较容易接受，另一方面也会被教师宽广的胸怀、灵活多变的教学机智所折服。所以，教师在批评学生时，可幽默地调侃一下或使用委婉语，效果更好。反之，方法不对，就会使师生关系恶化。

2）从优点开始，给予学生支持性纠正

每个学生都有自己的优点和长处。教师批评学生时，若首先对学生的优点、长处加以肯定，然后再用提示、暗示等方式自然委婉地把话题转到学生的问题上，这样学生就比较容易接受。因为学生会感到，教师不仅注意了他的问题，而且看到了他的优点和长处，使他觉得教师是公正又可信赖的，从而避免了学生对批评的抵触情绪，突破"怕挨批"和"准备挨批"的心理防线。

某校有一个"差生"，她非常喜欢做手工，简直到了入迷的地步。整天拿着小剪刀、胶水、彩笔又贴又画的，不分上课与课下，常挨教师的批评，但她习以为常。

有一天，李老师在上课时，看见她又在摆弄。李老师想了一下就说："××，你的手工水平是全校一流的，但上课太不专心了，如果能认真听讲，我就把你的作品送出去展览。"没想到这位女生睁大了眼睛，说，："老师，真的吗？那我一定认真听讲。"李老师一怔，但马上答应了下来。后来这个学生不仅在学习上有了很大的进步，还当上了班干部，而且在全市中小学生手工制作比赛中获得了二等奖！

在一节手工劳动课上，吴老师教同学们剪纸，他边讲边示范，手里的彩纸很快地就变成了翩翩起舞的蝴蝶、展翅飞翔的天鹅。孩子们各个跃跃欲试。

操作开始不久，就有一个男孩子兴冲冲地举起自己的"作品"大声说："吴老师，您看我剪的'飞翔的天鹅'像不像？"这是怎样的一只天鹅呢？粗粗的脖子，短短的翅膀，矮矮的脚，与其说是天鹅，不如说它更像一只鸭子。显然这个孩子完全没有按教师的讲解示范去做。

面对孩子的失误，吴老师却笑着说："你剪得真快！我看看，呵！是一只'飞翔的天鹅'。"接下去他又说："我们能不能把这只天鹅剪得更漂亮一点呢？"在吴老师的启发下，小男孩提出了：脖子可以再细点儿，翅膀可以再宽大点儿，腿再直点长点儿。然后信心十足地剪了起来，"鸭子"终于成了"飞翔的天鹅"。

一般教师批评学生，多半把重点放在"错"的地方，而未指明"对的"应是如何。

如果学生听了教师的批评而没有任何行动，又有什么意义呢？这样的批评收不到积极的效果。真正懂得批评的教师侧重引导，侧重的是改正的方向而不是只提出错误。教师是学生的引路人，批评时要说明该做的事，指出改正的方向，让学生用积极的态度思考批评的问题。

3）以情动情，切忌伤害式批评

有些教师在批评学生时习惯采用讽刺、挖苦、辱骂等有损于学生人格和自尊心的方式，以为这样才能解决问题。实际上恰恰相反，这样只会把学生推向对立面，甚而激怒学生，使之做出不理智的行为。相反，如果教师从关心、爱护的态度出发，真诚地帮助学生分析错误和改正错误，学生就会敞开心灵的大门，接受教师的批评与帮助。古人云："人非草木，孰能无情。"即使是犯了错误的学生，也需要尊重，需要教师真诚的爱。

初中的英语老师，期中考试后评讲试卷，刚好一位女生病了，就戴着帽子保暖，在课堂上戴着帽子显得特别醒目。老师就让她回答问题，那个女生答错了，英语老师就当着全班同学的面把她的帽子取下来扔了，还说：这么简单的题都不会，还有脸戴帽子，你看你英语，都拖了全班的后腿，乱选也选得比你得分多啊……还有个女生眼睛近视了，再加上坐在最后一排，老师点她回答问题，她说黑板上的字看得不是很清楚，老师说：别人两只眼睛都看得见，你四只眼睛还看不见……

老师批评人时说话刻薄。有位学生上课吃东西，老师非要让这位学生自己起来讨论这一行为是否正确，学生知道自己错了，没做声，但有人在下面嘟囔说老师太较劲了。老师马上说："只有小人才在下面议论，有什么话不能站起来说呢。不过是小人行为罢了，上不了正席。"让大家觉得很尴尬。

高二时的班主任是个中年男教师，在学校有一定的地位。班上有个很胖的男同学，因为爱睡懒觉，经常早自习迟到，有天早上又迟到了，班主任让这位男同学站在讲台上，边用手捏他脸上的肉边说：你说你这天天吃了睡睡了吃，长这么多肉有什么用？连猪都不如，猪肉还能卖，你这肉又不能卖，你家长养你还不如养头猪。第二天又羞辱那个学生，那个学生实在忍不住，就打了班主任一拳。我们看着班主任，都觉得他实在太过分了，这还是老师啊？

高考前参加艺术培训，当时的一个舞蹈老师在上课时，因为我们动作不到位，达不到他的要求，就严厉地说："你们脑子里装的是什么屎吗？

把你们的脑袋割下来让我踢下看,里面装的是什么?”诸如此类,还有很多很多,我们经常被他刺激得卡壳,不知道接下来是什么动作了。

老师在课堂上发火,将椅子扔到墙上,学生吓傻了,老师还说:“你是驴子脑筋啊,脑袋生锈了吧。”

高中那个物理老师,学生问他一道题,他带着一脸不屑的表情,三下两下就讲完了,也不管学生听懂没,还丢下一句:“这么简单的题都不会,还学什么学,上课是怎么听讲的。”经常说学生是“笨蛋”、“蠢蛋”、“糊涂蛋”、“草包”,还说学生得了脑震荡。

我本来很喜欢化学,初三时一次化学作业做错了,化学老师说我是糊涂蛋,我心里真是委屈死了。

教师批评学生,千万不可含讽刺、嘲笑、污辱的意思。批评时语言难听,学生也许会对那些刺耳的字眼耿耿于怀或极力辩驳,而忽视老师本来要批评修正的那件事,甚至有时会产生消极悲观,甚至厌世的情绪。教师一定要注意语言文明,用词得当,在学生心中留下良好的形象。

优秀的教师,一般不会轻易批评学生。如果他要批评学生,一定是关注到了学生成长过程中的某种问题,觉得自己有责任并且乐意帮助学生想办法解决。让学生深切感受到教师的良苦用心,有所改进。积极有益的批评可以促使师生双方为达到共同的目标而携手合作。

4）批评要就事论事、客观公正

教师在批评学生前,一定要深入了解事实,调查情况,通过研究分析后对学生的思想行为作出实事求是的评价,然后对学生给予公正合理的批评。客观公正是教师对学生作出评价的最基本要求。有些教师在批评学生时,会用“你总是怎么样怎么样”,“从来”、“一直”等这类以偏概全的字眼,使学生觉得很冤枉。所以教师在批评学生之前,一定要明确批评的是哪一件事、哪一个行为。点明要批评的某一行为,不要“一棍子把人打死”或“一竿子打翻一船人”,将犯错误学生的平时的行为都一下子纳入到批评中来,也不要因某一位同学有违纪行为而在班会上批评全班同学。对学生而言,针对确实有的行为进行批评是比较容易接受的。

课堂上,小明因为做小动作遭到了老师的批评,老师警告小明说:“再不许在课堂上做小动作,否则你就不要留在课堂上。”可是一个多星期后,小明又在课堂上犯了同样的错误,老师叫起他,还没等小明向老师解释做小动作的原因,老师就训斥他说:“上次我不是警告过你吗,叫你上课不许做小动作,怎么老毛病又犯了?你身上这些老毛病什么时候才能改一改啊！三番五次犯这样的错误，你不嫌烦我还嫌烦呢。”

老师的话挫伤了小明的自尊心，他连解释都没解释就顶撞老师说：“我就这样，改不了。”小明的态度让老师非常生气，老师又接着说了很多难听的话，还把小明犯过的错误一一列举出来，这让小明感觉在同学们面前很没面子，于是对这位老师产生了抵触情绪，以后在课堂上经常跟老师做对，致使该老师的课堂教学经常中途停止，小明自己的成绩也一落千丈。

后来许多家长都向校长反映，该老师课堂上经常中途停止教学对学生产生了不良影响，校长无奈之下只好将该老师调到别的班级教学。

这是一节数学课。王老师在黑板上写题目时，听见背后有说话声。他转身看了看下面的学生，指着甲同学说：“××，是不是你在说话？”

王老师又指着乙同学问：“你说，刚才是不是他在说话？”

乙同学回答：“我不知道，也许是他。”

甲同学急了，脱口而出：“放屁！我没有说话。”

王老师立刻拉下脸孔：“上课放什么屁，成何体统？”

甲同学申辩：“是他乱说，我才骂他的。”

王老师：“难道你以前没讲过吗？”

甲同学继续申辩：“今天我就是没讲！”

王老师见甲同学还敢顶嘴，火气更大了：“我们教师的地位已经够低了，上课还要受你的气。这节课我上不下去了，你给我出去！”

甲同学被王老师莫名其妙的指责弄得不知所措，不愿离开教室。于是王老师说：“那好，你不走我走。”边说边走出了教室。这节数学课就这样停了下来。班主任听说王老师被学生气走了，赶紧召集班会，让甲同学在班会上检讨，但王老师认为甲同学态度不够诚恳，不肯原谅。后来甲同学一周内在班上检讨了三次，还被停上了数学课，家长也到学校给王老师说好话。一周后，问题“解决”了。可是从这以后，每当王老师走进教室，课堂气氛就一片沉闷凝固，再也没有一位同学积极主动地发言了。

表面上王老师好像“战胜”了学生，殊不知其后果是非常严重的。从案例中“可是从这以后，每当王老师走进教室，课堂气氛就一片沉闷凝固，再也没有一位同学积极主动地发言了”，我们足以看出王老师今后自己上课也会觉得很痛苦。

5）要注意批评的场合，保护学生的自尊心

学生都有较强的自尊心，教师在批评学生时要用平等和气的态度，讲究委婉含蓄，考虑环境条件、场合，设身处地为受到批评的学生着想，尽量不在全班同学面前点名批评某某同学，可以点事不点名，表明批评是对事不对人，这样既保住了被批评学生的面子，也起到教育其本人，同时教育大家的作用。教师要满怀爱心，真正理解学生，用平等和气的态度点明学生的错误，用真情感化学生，启迪学生的心灵，使之产生自我批评的意识。

课堂上，一男生刚上课就趴在桌上睡觉，老师喊醒他。可过不多久，他就在那里左动一下，右摸一下，还找同桌说话，老师忍无可忍，让这位男生站起来，并质问：为什么不听课？男生：不想听。老师：为什么不想听？男生：不想听就是不想听，没有为什么。老师大怒：不想听课就滚。男生：不滚，我为什么要滚，我偏不滚。顿时，课堂秩序大乱。

记得刚上高一的时候，学校开始教广播体操，因为以前在初中我也是做的这套，觉得自己不用老师教就会做了，于是很兴奋，做得也很带劲。不料体育老师突然说："你在干什么啊，做得乱七八糟的。"大家都东张西望看说谁，我也是。哪知道体育老师又说了，"就是你，那个穿黄衣服的女生，你还到处望什么。我说的就是你。"弄得我自尊心极度受挫，很长一段时间都沮丧自卑。

一般说来，青少年的自尊心都很强烈，如果教师的批评不分场合，不仅不会被学生接受，而且很容易引起学生反感。教育实践告诉我们，学生是否接受批评并不在于你批评的是否正确，而在于这种批评是否丢了他的"面子"，个人的自尊心是否受到损伤，对于那些爱"面子"的学生尤其如此。因此，教师在批评学生的时候，必须考虑学生所处的场合，能个别批评的，原则上不作公开批评。那种惯于在大庭广众之下大发雷霆，不注意尊重学生情绪、保护学生"面子"的教师，最终只会引起学生的讨厌与反感。

6）批评前应注意倾听学生的解释，避免滥施"教师权威"

几个学生正趴在树下兴致勃勃地观察着什么，一个教师看到他们满身是灰的样子，生气地走过去问："你们在干什么？"

"听蚂蚁唱歌呢。"学生头也不抬，随口而答。

"胡说，蚂蚁怎会唱歌？"老师的声音提高了八度。

严厉的斥责让学生猛地从"槐安国"里清醒过来。于是一个个小脑袋耷拉下来，等候老师发落。只有一个倔强的小家伙还不服气，小声嘟囔说："您又不蹲下来，怎么知道蚂蚁不会唱歌？"

听取被批评的学生的解释并让其参与对自己问题的讨论，是使被批评学生心悦诚服的重要条件。如果教师不讲道理，不听学生解释，不许学生发表意见，想利用教师权威强迫学生接受自己的观点，常常会导致学生口服心不服。因为不让学生解释、参与讨论，教师容易想当然，错误地分析情况，或者把好心做错事的误为明知故犯，或者把力不从心误为有意要懒，或者把脱离特殊背景作为常规推断，使学生在心理上拒绝接受教师的批评。事实上，让被批评的学生解释，说明理由，弄清是非，认识危害，既会使学生自然地接受教师的批评，同时也使学生受到了自我批评。从实质上看，教师的批评只有转化为学生的自我批评，才能产生批评的预期效果。因此，让被批评者解释与讨论，调动他们认识错误的积极主动性，往往比教师利用教师权威单方斥责的效果要好得多。

7）让批评、惩罚更有教育意义

在一次语文课上，语文老师安排同学们自由读课文。正当同学们读得眉飞色舞的时候，一个小女孩高举小手，眼神很急切地看着老师，好像有什么非常重要的话要告诉老师。

于是，老师走到她身边，问她有什么事。她愁眉苦脸地看着老师说："老师，我的同桌总是跟着我读课文，本来他自己读得好好的，后来我开始读课文了，他却偏要跟着我读，我读一句，他也读一句，真讨厌！"

这时，坐在她身边的小男孩眼睛直盯着老师看，眼神里有些担心，好像是在等待老师的批评。老师想了想，灵机一动，说："孩子，人家是认为你读课文时，不但表情好，而且读音准，想学你的样子读。难道你不愿意同学向你学习？不愿意帮助同学吗？"

小女孩听了老师的话后笑了，她马上转过身来认真地教同桌读课文。

花园里，同学们都纷纷说了自己喜欢的花，这时全校闻名的"调皮大王"李刚发话了："老师，我最喜欢的是仙人掌，它虽然全身长满了刺，但它的生命力最旺盛，而且刺丛中还能开出美丽的花儿呢！"

他的话立即遭到同学们的反驳。"你们就看到它的刺了！你仔细看看人家刺中也有花，也值得我们去喜欢呀！"平时从不受欢迎的调皮大王，见同学们都不赞同他，便据理力争。

"刺中有花！刺中有花！"调皮大王的话如一股电流触动了我的神经，赏花与育人不也同样吗？我激动地走到李刚身边，搂着他的肩对同学们说："李刚说得对。仙人掌虽然浑身是刺，但是他刺中也有美丽的花，我们不能只看到它的刺，就看不到它的花，更不能因为它刺多就不喜欢它的花。我们对待同学也应像赏花一样，特别是对缺点多一些的同学，更应该正确看待他身上的潜在的闪光点。'花'有千万种，各有美丽处，你们说对不对！"说着我拍了拍李刚的肩，我的话赢得了一片掌声，李刚也不好意思低下了头。

麦克劳德是英国著名解剖学家。他在读小学时是有名的捣蛋鬼，有一次为了看看狗的内脏是什么样子，竟然把校长的爱犬杀了。这事被查清以后，校长十分恼火，决定处以重罚，可是处罚决定令人吃惊：罚麦克劳德画人体骨骼图和血液循环图各一幅。

麦克劳德在受罚过程中，既认识到了自己的错误，又得到了一个学习生理知识的机会，并从中深深感悟到自己所知其实很有限。从此他发奋学习，最终成为荣获诺贝尔奖的大科学家。有人问他一生中谁对他影响最大时，麦克劳德毫不犹豫地说："我在读小学时因杀了他一条狗而给我处罚的一位校长。在我的心目中，他是最好的老师。"

批评也是一门"艺术"，不同方式的批评教育会产生不同的效果。恰到好处的批评会使人心服口服，产生动力。反之，只会使人口服心不服或压而不服。因此，教师要在工作中不断地研究和探索批评的艺术，注意发挥批评的正面效应。少运用且善于运用批评才是上策。

3. 公平公正对待学生，对所有的学生一视同仁

在课堂上，总会有部分同学不能回答出教师的问题，会做出一些不同程度的违纪行为，扰乱课堂教学秩序，影响教学活动的正常开展。面对这种情况，教师一定要具体情况具体分析，灵活处理教学中的突发事件，而且教师头脑中一定要有一个基本的概念，那就是公平、公正地对待每一位学生，不戴有色眼镜看人。

平时成绩较差又喜欢调皮捣蛋的一个同学迟到了，他说了报告后，当时正在上课的老师没理他，他在门外等了一会儿，又喊了声报告，老师走到他跟前，问他为什么迟到，还迟到一刻钟。他没回答，一直低着头。这时老师有点不耐烦了，用手将他的头抬起来，厉声说：问你话呢，哑巴了；不说，不说就在外面站一节课。学生仍没做声，就一直站在教室外了。我们都觉得老师太不讲理了，有时他自己也迟到，二话不说就开始讲课，也没跟我们道歉。上课只要学生打断他，他就会赏赐一白眼，顺带一句：下课再说。

每个人都希望得到他人的认可，更别提成长中的学生了，可在实际生活中，教师不公平对待学生的案例比比皆是。

我们中学时的一位教师，上课时总是点那些名列前茅的学生回答问题，有时候那些内向一点，成绩不好，有些调皮的学生也想回答问题，她却总是视而不见。而且每次总以分数排座位，成绩不好的，不是坐最后，就是坐教室四个角落。

我们有位老师，当同学回答完问题时不示意同学坐下；当一个同学

回答问题时，暂时没想出来，还在思索中，他就点其他的同学回答，忽视这位同学的感受。同样是一道题答错了，老师说成绩差的同学笨，但对另一个成绩好的同学却耐心讲解。

高三的地理老师，每次只辅导班上成绩排名前十名的同学，对于其他同学不闻不问，其他同学向他问问题，也总是含糊其辞，久而久之，导致我们班的文综成绩普遍不理想。

高三时的班主任，对学习好的同学总是笑脸相迎，而对差生不屑一顾，经常说别人是死脑子、笨猪。上课点人起来回答问题，如果答不出来，就让人站着，还把人训一顿，大家都不喜欢他，背后都叫他“阎王”。

高中的一位化学老师，有一次，提了一个比较难的问题，先点一个中等生起来回答，中等生说不知道，他什么也没说，用手势示意他坐下；然后点了个平时成绩不错的女生起来回答，回答对了，这时他面带微笑夸奖道：回答得非常好，请坐下。可是如果是差生回答错了，他就会表情严厉，说：“这么简单的问题都不会，平时上课都在干嘛呢。这书是跟谁读的，不想读的话就回家种田去，别在这里影响大家。”也不叫差生坐下，又开始接着讲他的课。哪有这样的老师啊！罚站一节课，有时甚至下节课也接着站。同学们都怕他，甚至有的是恨他。

我跟小强是邻居也是好朋友，在同一所中学的同一个班级，小强成绩好，是班长，而我则一般，但很喜欢画画。有一次有道题我不会做，于是问小强，小强也没想出来，就相约一起去问老师。老师看到我们来了，就直接问小强哪里不会做，并耐心地讲解，完全把我当空气。我很郁闷，回到教室就画画，当老师来到教室看见我在画画，马上把我的笔没收了，还说：不好好做题，还在那鬼画符，想当画家啊！

我是差生行列中的一员，我也曾努力过，刻苦过，最后却被一盆盆冷水浇得心灰意冷。就拿一次英语考试来说吧，我学英语觉得比上青天还难，每次考试得分不是个位数就是十几分，一次教师骂我是蠢猪，我一生气下决心下次一定要考好。于是，我加倍努力，真的拿了个英语第一名。心想这次老师一定会表扬我了吧！可是出乎我意料，老师一进教室就当着全班同学的面问我：“你这次考得这么好，不是抄来的吧？”听了这话，我一下子从头凉到脚，难道我们差生就一辈子都翻不了身了吗？

初二的时候,我(台湾作家三毛)数学总是考不好。

有一次,我发现数学老师每次出考试题都是把课本里面的习题选几题叫我们做。当我发现这个秘密时,就每天把数学题目背下来。由于我记忆力很好,那阵子我一连考了六个100分。数学老师开始怀疑我了,这个数学一向差劲的小孩功课怎么会突然好了起来呢?一天,她把我叫到办公室,丢了一张试卷给我,并且说:"陈平,这十分钟里,你把这些习题演算出来。"我一看上面全是初三的考题,整个人都呆了。我坐了十分钟后,对老师说不会做。

下一节课开始时,她当着全班同学的面说:"我们班上有一个同学最喜欢吃鸭蛋,今天老师想请她吃两个。"然后,她叫我上讲台,拿起笔蘸进墨汁,在我眼睛周围画了两个大黑圈。她边画边笑着对我说:"不要怕,一点也不痛不痒,只是凉凉而已。"画完后,她又厉声对我说:"转过身去让全班同学看一看!"当时,我还是一个不知道怎样保护自己的小女孩,就乖乖地转过身去,全班同学哄堂大笑起来。第二天早上,我悲伤地上学去,两只脚像灌了铅似的迈不动,走到教室门口,我昏倒在地上,失去了知觉。从此,我离开了学校,把自己封闭在家里。

人本主义心理学家马斯洛坚定地相信:每个人都有自我完善的愿望和潜力。作为教师,应无条件地尊重每一位学生,公平、公正地对待每一位学生。对于学习困难的学生,教师应尽力去激发他们进取的动机和开发他们内在的潜能,促使他们乐于学习。任何居高临下的说教,粗暴简单的批评乃至视若路人的讽刺挖苦,都不能收到预期的教育效果,而且与教师的崇高职责不相符合。

一次老师提问,一位从没有举过手的学生怯生生地举起了手,这位老师大惊小怪地说:"哟,今天难得啊,连××也举手了,好吧,你来回答。"

这位学生"嘣"地站起来,身体激动得微微颤抖,含混不清地说起来,谁也听不清他在说什么。

老师问:"大家听清楚他在说什么了吗?"学生们回答:"没有。"老师叹一口气:"叫你回答真是浪费时间,坐下,×××你来回答。"

这位学生颓然坐下。

还有的老师说学生"像猪脑袋"、"比猪还笨"、"灌铅的脑袋"、"死榆木疙瘩"、"世界上再也找不到比你更笨的人了"、"看你那样儿,生来就是糊涂脑袋"、"生来就不是读书的料,还有脸往这儿坐"、"没出息"、"你要是有出息,除非太阳从西边出来"等等。

奥地利教育家霍列斯曼说过："教师应设法激起学生求知的欲望，否则教学只不过是打冷铁。"所以，教育学生总是离不开表扬和激励，一个优秀的教师更应练就精湛的表扬艺术。学生是他自己学习和发展的主体，每个学生都是一个相对独立的认识个体，有着自己的兴趣、爱好和特长。相信所有的学生都能学习，不存在绝对意义上的"差生"，尊重和相信每一位学生，对于增强学生的自信心，促进主体的发展可以起到积极的推动作用，并在教学中学会运用皮格马利翁效应。

皮格马利翁效应是古希腊神话中的一个美丽传说：相传皮格马利翁深深爱上了自己用象牙雕塑的美丽少女，渴望少女能获得生命。他真挚的爱感动了爱神阿佛洛狄忒，爱神赋予雕刻少女以生命，终于使皮格马利翁与自己钟爱的少女偶像在一起。

这个传说后来演化成"期望可以变成现实"，并运用到教育中来，就是"课堂中的皮格马利翁效应"——教师的期望会对学生的发展产生深远的影响。

上高中时分班分到了据说是学校基础最差的班，大家都很失望，可我们班主任一点也不灰心，她总是说：我相信我们班的同学都是最优秀的。每次考完试后，对那些考试成绩不理想的同学，她都会耐心地开导他们，在课堂上也会说很多鼓励的话，两个月之后的月考，我们班名列平行班的第一名，她又高兴地说：我说吧，你们都很棒，所以你们一定要有自信哦。那年期末考试，我们班仍是第一，而且把第二名甩得很远。可见，老师的话语时刻都影响着学生。

还记得高二时进了实验班，之前以为进了实验班对自己更好，可是哪知道实验班的班主任竟然会这么看不起我们高一时在普通班的学生，甚至还认为我们是他的包袱，会扯他的后腿。更可恶的是，他还想把我们赶回普通班，经常对我们说一些讽刺的话，说我们不行、笨死了，严重伤害了我们的自尊心，这在我心里造成了不可磨灭的伤害，使我对他产生敌意，成绩也直线下滑。

人们常说："没有教不好的学生，只有不会教的老师。"教师要善于发现学生身上的闪光点，多鼓励、激励、表扬学生，激发他们学习的热情，不要把学生当成学习的机器，没有感觉的小孩，任意打击、讽刺、挖苦，都会降低他们学习的欲望。

4. 真诚地叫出学生的名字

记住人家的名字，而且很轻易地叫出来，等于给别人一个巧妙而有效的赞美。

——戴尔·卡耐基

教学是教师教与学生学互动的一种双边活动，是一种近距离的交往活动。教师如能真诚响亮地叫出学生的名字，不仅表明对学生重视的态度，而且能够树立学生的自信心、自尊心，有利于课堂上和学生的互动。

前不久中午放学，一进宿舍门就听见一个室友说：我们的英语老师太让我失望，太让我伤心了。全班同学他几乎都认识，就不认识我，这么久了还不知道我叫什么，是我太不突出了吗？

李红是一个自尊心很强的女孩子，由于家庭条件不是很好，成绩也一般，所以她很自卑。她觉得同学们都不喜欢她，也不喜欢和她交朋友，所以她很少和同学讲话，每天静静地坐在自己的座位上，除了去洗手间她几乎没有离开过座位。

一次历史课上，历史老师提出了一个问题，同学们都举起了手，她也想回答，可心里一直存有畏惧感，只是把手微微地举了一下又放下了。没想到这个举动刚好被历史老师看到了，历史老师用清亮的声音叫道："李红，请你来回答这个问题。"听见老师叫自己的名字，李红感觉心里一震、眼前一亮，她从没想过除了自己的班主任还有老师能够叫出她的名字，她一直认为她身上没有一点亮点，在班上是那样的渺小。她站起来正确地回答出了老师的问题，并得到了老师的表扬。

从那以后，无论在什么课堂上，李红都经常举手回答问题，性格也渐渐变得开朗了。

当教师在课堂上突然忘记学生姓名时，要想补救的方法。可利用学生穿的衣服颜色或座位位置来替代。如："请那位穿红衣服的同学来回答试试。"

5．课堂上常用礼貌用语

在课堂上，教师应体现自己良好的素质与风度，而不应居高临下地对待学生。要经常使用"请"、"谢谢"、"对不起"、"没关系"、"再见"等礼貌用语和尊重的手势。如教师说"请某某同学回答问题"时，手势的基本要求是：手指伸直并拢，手与前臂成一条直线，肘关节自然弯曲，掌心向斜上方。禁用食指指向学生，这是对学生的不尊重。

上高中的时候，有一个刚刚大学毕业的女老师到我们班上担任实习英语老师，上第一节课的时候，她有些紧张，但她很有礼貌地说出了自己的紧张，而且她经常用"请"这个词，获得很多同学的好感。下课她走的时候，她都很开心地跟同学们说再见，这种礼仪获得了大家的一致好评。

初中有位老师点人回答问题，总是用这样的口气：来，你说！假如同学答错了,他就会说:“错了错了,怎么这么蠢,昨天讲的今天就忘了!”

在一节历史课上,老师正在认真地给学生讲课,突然有敲门声,老师随即说了声“进来”。门开后,一位迟到的学生进来了,“你为什么迟到?”老师的语气有些生硬,学生毫无表情地回答道:“病了。”接着就走到了自己的座位上。

该老师接着讲课:“谁来回答这个问题?”他问道。但课堂上几乎没有举手的学生,最后老师只好点名叫起一名女生回答,答完后,在老师的一声“坐下”后她坐到了椅子上。整节课下来,学生都是在命令的口气中上课,课堂的气氛也是沉闷不堪。

而在另一位政治老师的课上,政治老师说:“同学们,请问你们谁能回答这个问题?”同学们纷纷举手,当同学回答完问题后,老师大方地说“请坐”。一堂课气氛热烈而有秩序。

在课堂上,教师常用礼貌用语,不仅体现了教师自身的素质,也让学生们感到教师对自己的尊重,有利于民主、平等、和谐师生关系的形成。

6. 该道歉时就道歉

教学是一个过程,在这个过程中,教师有时难免出错,有时会错怪某个学生,有时学生问问题,暂时不能解答,还有时上课迟到或临时有事,耽误了教学时间,或教师在课堂上不小心发出噪音等尴尬时刻,教师都应该诚恳地向学生道歉,说声“对不起”,这会有意想不到的功效。

课堂上有位学生指出老师对某个问题的解释有错误,老师当时就恼怒起来:“某某同学,算你厉害,老师不如你,以后老师的课就由你来上好了!”全班同学随老师一起嘲笑这位学生,该生从此在课堂再也不能发现问题,不能主动回答问题了。

在一次三年级的自然课上,老师讲到:“要爱护树木,不能剥树皮,否则,树木会枯死的。”一个学生马上提出疑问:“不会的。我在《十万个为什么》中看到过,树木被剥去树皮,还能增产呢!”这一说,全班的学生哗然。本来,对于这种正常的提问,作为老师应该表扬这位学生肯动脑筋,敢于发表和老师不一样的意见,并鼓励大家课外去查找资料,以找出正确答案。可这位老师当时为了顾全面子,竟斥责学生道:“教科书上写的还有错吗?你这是存心捣乱。”学生低下头,嗫嚅道:“我真的是从《十万个为什么》中看到的嘛。”老师更生气了,连讽带刺地说:“看来,我已经没本事教你们班了,你们另请高明吧。”说完甩门而去。班里的学生面面相觑，不知所措。

小明发现杨老师在讲算术时因为漏掉了一个小数点而将整个运算结果弄错，他当堂向老师指了出来，却被老师喝止住，批评他说："上课认真听讲，不要钻牛角尖，这么一点小问题大家都是知道的，为什么你要这么积极地挑刺。"小明听后委屈地低下了头。

王老师是一位有多年教学经验并即将退休的中学语文老师，一天在他讲课时，错误地把"囹圄"中的"ling"念成了"lin"，但是当时同学们都没注意到他的错误，一节课就这样过去了。第二天一上课的时候，王老师站在台上向他的学生深深鞠了一躬，并真诚地对学生说："对不起，昨天我将'囹圄'中的'ling'念成了'lin'。在此向大家道歉，希望大家原谅。"当他说完这句话时，教室里响起了热烈的掌声。

在一次市语文优质课评选活动的执教课堂上，在我即将顺利讲完诗歌《暮江吟》、《枫桥夜泊》后，一名学生突然举手向我提问："老师，我有一个问题想问您，我想唐朝那时候还没有报刊和杂志社吧，那么当时这两首诗歌是如何'发表'的呢？"我当时一听头就大了，在备课时我曾冥思苦想过学生可能会提到的很多问题，但"百密必有一疏"啊，这个问题我根本连考虑都没有考虑到。

面对课堂上听课的领导和老师们，面对把我难倒的那名学生那双求知的大眼睛，我感到自己很惭愧很无知。但我想我绝不能伤害那名学生踊跃提问题的积极性，因为那是我从教以来一直苦苦追求的目标之一。在短暂的思考、沉默后，我满怀爱意地望着那名学生，"你提的问题很新颖，好好努力你一定有前途！"紧接着我又坦率地向他道歉并承认自己"不知道"，并表示自己一定查阅资料搞明白后再告诉同学们。

让我意想不到的是，我的表态竟然引起了全班学生和听课领导、老师们热烈的掌声。我明白，大家的鼓掌是因为他们看到了一个真实的老师，我以自己的实际行动实践着那句古训："知之为知之，不知为不知。"我想让我的学生们慢慢地了解到老师们并不神圣，也不权威，也有很多不懂的知识。我深切地体会到，学生们是不会嘲笑自己老师知识欠缺的。

教师也是普通人，怎能不犯错？但教师切忌有"我是教师，在学生面前认错太丢人了"的想法。唐代大文学家韩愈指出："弟子不必不如师，师不必贤于弟子。"教师应该虚怀若谷，知之为知之，不知为不知，千万不可为了面子，而简单粗暴地对待课堂上学生的疑问，应胸怀宽广，给学生做“活到老学到老”的表率，虚心地跟学生一起学习、进步。

7. 讲授用语文明、高雅

人们常说“教师是人类灵魂的工程师”，她不仅要传授知识，还要传播人类文明，促进下一代健康成长，所以教师课堂讲授用语应高雅文明，能美化、净化学生的心灵，给学生创造一个良好的语言环境。

有位语文老师，在讲“泄”与“泻”时，就说到“泻立停”，还把其与“飞流直下三千尺”联系在一起，让人感到不雅。老师谈吐应文雅一点。

某高中一物理老师上课时总喜欢举例“一坨黄泥巴作为受力物”，同学们听后都觉得反感，恶心，议论纷纷，老师却不以为意，一再举类似的例子。

有个实习老师，在课堂总给我们讲一些男生追女生的小把戏，说男生送女生红茶，代表我爱你，送杯子代表一辈子，一生一世。学校连观察期的机会都没有给他就请他离开学校。

我们高一的数学老师是大学毕业刚分到我们班，感觉还是个学生样，上课讲话时嬉皮笑脸，有时居然还有脏话冒出来，我们都不怕他，还经常同他在课堂上开玩笑，当然了，我们班的数学成绩也一直不好。

文明的谈吐能彰显教师语言艺术的魅力，是教师人文素质的最好表现。教师在课堂像个大老粗，无形中会损害教师的形象，教师在课堂一定要注意用语文明、高雅。

8. 教师必须写一手好粉笔字

板书，可以说是教师课堂讲授的书面语言，它是教师用凝练简洁的文字、符号、图表等向学生传达教学内容的过程。从教师的板书中，我们不仅可以知道教师对教学内容理解的广度和深度、对重难点把握的程度，还可以看出教师的治学态度，教师的教学能力等。因此，写一手好粉笔字，是每一个教师不可推卸的责任和不可缺少的一种专业基本功。

一名东南大学的研究生去南京某中学应聘语文教师，因字写得不好被当场回绝。该中学校长说“字都写不好，怎么能当老师”。学校对学生有严格的要求，对老师也同样如此，为人师表要树立榜样。

虽然现在多媒体教学也逐渐发展，但其永远不能代替板书对学生的影响。中国文化博大精深，中国文字奥妙万千，好的板书不仅能让学生感受到汉字严谨的结构、美观的布局，给学生以美的熏陶，还能吸引学生的兴趣，便于学生理解和记忆知识，发展学生的思维，使学生感受到教师的学识和教学技巧。因此，教师的板书应写得字迹清楚、规范工整、美观大方。

思考题

1. 教师在课前课后应注意哪些方面的礼仪？
2. 教师要创设高效的课堂，应注意哪些方面？
3. 在第一次见面作自我介绍时，教师有哪些方面需要注意？
4. 课堂上教师常用的礼貌用语有哪些？它们各自适用什么场合？
5. 创建民主、平等、和谐的师生关系，教师应从哪些方面做起？

第六章

教师的辅导礼仪

教师不仅要重视上好课，还应重视对学生作业、试卷的批改和点评。

作为教学的一个重要环节，作业一直被认为是课堂教学的有效延伸与补充。一节课上完后，教师布置适当的作业，是为了让学生领悟、消化、运用和巩固课堂上所学的新知识、新技能，并在这个过程中发展学生的思维、学习能力，培养学生独立运用知识解决问题的能力；也可以布置预习作业，让学生为下一节课做好准备。一方面，教师可以通过学生作业反馈的信息，了解学生掌握知识的情况，可以有针对性地教学，提高教学的效率。另外，作业也是家校联系的纽带，教师可以通过学生的作业了解家长对孩子学习状况的某些态度。另一方面，学生通过作业可以检验自己课堂听课的效果和掌握知识的程度，可以发现自己所学知识的缺漏并加以弥补，可以巩固课堂所学知识，增强学生的自主自助学习能力。作业中涉及的知识，一般都需要运用课堂上或课本中的基础知识，但更多的是“举一反三”、“触类旁通”之类的题型，需要学生运用自己的知识去分析作业中的“新情况”，找出解决问题的方法，从而不断地把呆板的死知识转化为学生的活技能，促进学生观察、记忆、思维等多方面能力的发展。

考试是对教学活动整体功能所作的检测与分析，是实现教学目的的一个重要手段。对学校而言，可以知道和记载学生学习的情况，并作为学生升留级或能否如期毕业的依据；还可以知道每个教师、每个班级的教学情况，并作为总结经验、改进教学的依据。对教师而言，可以及时了解学生的学习情况和自己的教学效果，从而不断调整自己的教学方法，有针对性地去解决学生学习过程中出现的各种问题。如学期初的考试(这样的考试我们称之为诊断性考试)，主要是了解学生的知识基础情况和对新内容学习的适应性，也就是学生的学习准备情况怎么样。其次，日常学习中单元测验考试(我们称之为过程性评价)，其目的是随时了解学生掌握知识的情况，以利于提高日常学习的效率。最后就是每学期期中、期末进行的考试(我们称之为终结性评价)，其主要目的是了解学生达到教学总目标的程度和水平。通过考试，教师可以了解各学科教学、各位学生达到某个时期学习目标的程度。通过和学生一起对试卷进行分析，记录发生错误的题型，从中可以发现学生在哪些方面是强项，哪些方面是弱项，并设计出统计图表，就可以清晰地看出学生在学科知识掌握上的总体情况，从而有针对性地制定下一阶段的学习计划，并掌握向家长反映学生学习情况的依据。对于学生而言，可以及时地发现学习中的弱点，明确查漏补缺的方向。对于家长而言，则可以明确自己孩子真实的学习情况，从而能产生正确的学习期待，更好的配合学校教育。

第一节 作业批改和点评礼仪

作业与教育活动的其他各个方面都有着密切的关系。它既是教师教学活动的重要环节，又是学生学习过程的重要组成部分。布置作业对教师来说也是一项重要技能，而其中尤为重要的一个部分是作业形式的设计及作业评改。

学生最希望快乐学习，而不是题海战术和沉重的作业，教育部在《中小学学生近视眼防控工作方案》的通知中明确提出：学校要统筹学生的家庭作业时间，小学一、二年级不留书面家庭作业，小学其他年级书面家庭作业控制在 60 分钟以内；初中各年级不超过 90 分钟。作为教师，一方面要充分认识减轻学生过重负担的重要性，认真钻研教材，准确把握教学重点、难点，分析学情，从学生实际出发精心设计教学过程，精讲精练，提高教学效率，另一方面，要加强对不同层次学生的研究，加强对典型题型的研究，精心设计、布置作业，注重作业的层次性、针对性和有效性，减少不必要的机械重复劳动，注重作业形式的多样性和趣味性，避免枯燥无味的劳动，提高作业对学生的吸引力，大力加强学法指导和作业习惯的培养，提高学生的作业速度和作业质量，达到轻负担、高质量的目的，让学生真正喜欢做作业，变“要我做”为“我要做”。

学生做完作业交上来后，教师对作业进行恰到好处的评改，又能反作用于学生。在这个良性循环的反馈系统中，师生之间不只是一个知识上的交流，更重要的是获得了情感上的交流。这对于激励学生学习，无疑会起到至关重要的作用。

一、作业批改礼仪

作业是学生回味、运用、检验自己学习效果的一种方式，也是教师得到教学反馈信息、改进教学的依据。教师应重视学生作业批改的礼仪，使教师所传授的知识，真正内化为学生的能力，成为他们终生的精神财富；使师生间的情感得到升华。

作业的“批”，通常是对作业中不便插笔改动的地方或某处优点加以指出。“改”，通常就涉及技术性的活儿，可以改错别字、用词不当、病句、标点符号、拼写等。

1. 一般使用红色墨水，少用“×”来判对错

许多教师认为，作业的评改就应该是非错即对的，认为作业的评改就是画个对号(√)或错号(×)，在评价的情感性、过程性、互动性等众多方面少有涉及。

一般而言，多“×”会损害学生的自信心。我曾对某小学几位作业本上“×”多的学生进行过调查，发觉他们有一个共同的特点：课堂上目光飘浮，不敢正视老师，尽量低着头。试想在小学一年级第一学期，他们会这样吗？当时哪位同学不是精神抖擞、信心满满充满朝气。

当然，造成这一状况的原因也不仅仅是教师打“×”多造成的，但教师如果“×”少一点，对他们充满信心，也许情况就不是这样。教师的评价，对孩子自信心的形成十分重要。积极的评价不仅能使学生体验到快乐和满足，还会在此基础上产生自信的情感体验，激起拼搏上进的愿望。

我的一位小学老师，批改作业和试卷时喜欢对那些错题打一个叉叉，又画一个圈圈，那些错题稍多一点儿的学生拿着自己满是红墨水的试卷，很是沮丧。

我的一位高中数学老师总是喜欢在学生的作业本或试卷上错的地方打上大大的×又加一个问号，学生们收到布满叉叉的本子或试卷后，真是觉得触目惊心。

我的数学成绩比较差，因而作业出现错误是很平常的事，所以我很怕收到数学作业本，因为怕看到本子上那么多显眼的红叉叉。但高中遇到了一位好数学老师，帮我克服了这个心理障碍。因为他改作业从不打叉，如果题做错了，他会把错误的那一点用线划出来，有的地方还会标注简单的题目分析，这让我逐渐喜欢上了那位老师，也逐渐喜欢上了数学，因为他不仅保护了我的自尊心，也给了我学好数学的信心。

苏霍姆林斯基说：“任何时候都不要给学生打不及格的分数，成功的快乐是一种巨大的力量，可以激发学生好好学习的愿望。”多打“×”如同打不及格的分数一样，每次都是对学生的一个否定，是对学生积极性的吞噬。

2. 全批全改，一视同仁

作为成长中的个体，发展中的学生最在意的就是老师是否公平公正地对待他们。

到了初三，有好多次我发现老师把我们的作业收上去只是个形式，改都没改就发下来了，起初还以为都是这样。一次无意中翻到班上一位

前十名之内的同学的作业本，发现他的作业本老师都批改了，心中备受打击。

语文课后，老师布置了几道课后习题作为家庭作业。本子发下来后，有人欢喜有人忧，因为有的同学本子上写了“非常好，继续加油”，而有的同学就只有一个“阅”字。

高三时老师比较忙，就会抽选一部分作业进行批改，这就导致了有的同学投机取巧，经常不做作业，同时又有许多同学因为作业经常没有被老师抽到批改而苦恼。

初中给我印象最深的是语文老师，因为他对人对事始终秉着公平的原则，这尤其体现在他批改作文时。每次同学们的作文本发下来的时候，大家都很兴奋，因为语文老师总会在每篇作文上做很多批注，不管是语法错误，还是那些写得新颖独到值得嘉奖的地方，或是某处有待修改完善的，同学们都可以一目了然。作文结尾的评语，老师更是系统地概括了每位同学的优点和缺点。我们在看这些批注时，都非常认真，都持学习的态度跟老师交流。最让我们欣慰的是，老师从未抱怨或是偏袒某位同学，而是一视同仁地认真对待每一位同学的作文。

教师为了图省事只批改成绩好的学生的作业，无形中就会给学生一个偏心的印象，不利于良好师生关系的形成，不利于以后教学工作的顺利展开。

3. 及时、认真批阅

作业的功能之一，就是检测学生学习的效果，使学生能尽快查漏补缺，提高教学效果。教师若不能及时批阅，发现学生作业中出现的问题，一方面会养成学生不按时复习、完成作业的不良习惯，另一方面还会使课堂讲授知识得不到有效的巩固，使课堂教学效果大打折扣。

以前有位老师，每次把我们的作业本收去后半个月也发不下来，等课代表把作业本发下来，发现老师还没改，所以大家对这门课的作业就无所谓了，我们班其他科课程的成绩都是第一，就这门课每次都倒数，真是没办法。

高中的语文老师批改作业很不认真。比如她每个学期只让我们写一次作文，而且从来没有将作文批改完并发给我们。甚至在高三紧张复习时期，各种大小考试的试卷她总要拖很久才发还，并且很多题都没有认真批改。同学们都不喜欢她，也影响了我们班的语文成绩。

我中学的班主任，估计工作很忙吧，总是一边改作业一边跟学生谈话。

高三的时候，我们理科班的老师布置作业是比较多的。有位老师有时甚至会忘了自己布置过的作业，更不要说评讲了，偶尔老师想起来了要进行评讲，我们都已经忘记自己做过的题了，浪费了许多时间。

记得读初中的时候，我们班的地理老师很喜欢让我们抄书，他要求我们字迹工整，不许有错字，总是跟我们说错一句抄十句之类的话，可是每次作业交上去，发下来都只有对勾和日期，什么评语都没有，我们就怀疑老师根本没看我们的作业，果不其然，有一次我故意抄错一个问答题，发下来时还是对勾和日期！我猜老师改一本作业应该只花2秒钟吧。

初中时，每次收假，老师就会把我们辛辛苦苦做的寒假或暑假作业收上去，有的是随随便便写上“阅”字就算批改完了，有的甚至到学期末都没发下来，估计都被老师当废品卖了。

教师如不及时批改作业，就不能及时了解学生学习的情况，就不能及时查漏补缺，不能有针对性地教学，却又指望学生一讲就会、一学就好，这是多么不切实际。教师敷衍学生的结果，就是学生敷衍教师教学的开始。批阅后还要尽快发还学生，要签批阅时间。

4. 认真批改，不要机械照搬标准答案，不把作业批改得面目全非

在教学中，“标准答案”的确能给教师指明正确的教学方向，学生所掌握的答案也是绝对正确的，但其不仅会阻碍学生的发展，也会阻碍教师的发展。“标准答案”只会把学生变成机械回答的“机器人”，让学生的思维空间受限，禁锢局限于某一个圈圈中，如果学习的环境稍有改变，他们便无所适从。教师如果在教学中总以“标准答案”为准，就会使自己的教学变得越来越故步自封，呆板、僵硬，很难适应教育发展的形势。

有些教师为布置作业而布置作业，自己没有动脑筋，一切以标准答案为准绳，一方面给学生一个教师不负责任的感觉，另一方面又会扼杀学生的创造性。

初中有位老师，估计总是对照标准答案改作业，有一次班上绝大多数人有一道题与标准答案不符，老师没有分析就在课堂上给我们讲那道题，后来讲着讲着发现居然是标准答案错了。这使大家都对这位老师印象不好。

还有一个典型的案例，相信许多人都见过或听过，讲小学低年级有一道语文题：冰融化了后是________。有个小学生回答是春天，教师打了个大大的“×”，因为标准答案是：水。

这不是标准答案惹的祸是什么？学生的回答是多么富有想象力！在我们今天的教学中，像这样用标准答案来检测学生学习效果的教学反馈方式仍然普遍存在，只要学生回答的不是自己设计的答案，教师便不假思索“一棒子打死”。在教学中，标准答案有其正面效应，但老师如果在教学中总以标准答案来指导自己的教学，把它固定成自己的一种教学方式，是不正确的。因为这样一来，学生的发散性思维和创造性思维全被标准答案所禁锢，让学生变成只会机械回答的“机器人”，而不是能随机应变、与时俱进的“创新人”。所以教师，特别是文科类的教师，一定不要被标准答案束缚，一定要鼓励学生开动大脑，积极创新思维。

5. 对错误比较集中的习题应及时讲解

学生独立完成的作业能反映学生掌握知识的程度，对于一个知识点，如果错的学生比较多，教师就应当考虑是不是课堂上没讲清楚或者是有所超纲。在此情况下，教师就应当及时讲解此知识点，让学生进一步消化、吸收、理解，从而巩固所学知识。

高一立体几何有一道作业题，好多同学都错了，老师当时也没讲解，本来我还想着哪天问下老师的。没想到那周摸底测验就考了差不多类型的一道题，15 分呢，可想而知我们班成绩不理想。数学老师一进来就黑着脸，好吓人，说：“做了的题还错，你们脑袋干啥用的。”

对错误比较集中的习题，教师如果拖延讲解，将会使学生在知识点的理解上有所欠缺，不利于学生的进一步学习。如果教师还在语言上对学生有讽刺挖苦的成分，就更不应该了。教师首先应从自己身上找原因，再分析学生的情况，有针对性地调整教学计划。

6. 慎用惩罚手段

对错题多的学生要进行面批，不能一罚完事，更不能以多留作业作为惩罚学生的手段。

人们常说“十个手指头有长短”，每个人都是有自己的优点和缺点、长处和短处的，学生也是一样，有的学生在学习方面接受能力强，有的学生接受能力稍差，教师除了应分层布置作业外，在批改作业时还应注意对错题多的学生进行当面讲解。

小学许多老师在学生作业没做对，或没有按照教师的要求去做时，就让学生抄写十遍、二十遍，有的甚至要求抄写一百遍。

初中有位老师会把做错比较多的同学的作业本撕掉，很吓人。

学生做了作业，尽管错误很多，教师首先还是应该表扬学生，第一，起码学生是诚实的，没有抄袭。第二，学生没有因为畏难而不做作业，还在挑战自己的能力，思考后完成了作业。第三，学生也许知道自己有地方没弄懂，有的题目没有做对，但还是尊重教师，交上作业，说明学生内心还是想让老师批改指点，是有学好的愿望的。因此，教师不能粗暴、简单地对待错题多的学生，而应尽量抽时间对错题多的学生进行面批，一方面可以详细了解学生思路错误的原因，可以有针对性地讲解，另一方面，学生会从内心感受到教师的真情付出，师生间的情感会得到升华。

7. 妥善处理各种情况

对于没有完成作业的学生或作业没带来的学生，教师应问清原因，妥善处理。学生没有完成作业，有多种可能性。第一，学生家中或自身有事而耽搁了。第二，学生不知道有作业。第三，学生不想做作业等。学生作业没有带来，有时也许会是意外，教师应宽容、理性对待此类事情。

初中时，一位语文老师在检查语文作业时，发现有位同学的作业没做完，并且多处写错，该老师顺手将书一下子拍到那学生头上，顿时那位学生大发脾气，将书一下子甩到地上对老师吼道：你凭什么打我，不就是作业没写完吗？顿时教室一片混乱。

初中有一次我忘记带家庭作业本来，数学老师说："作业忘记带了，早饭怎么没忘记吃？"噎得我半天说不出话来，老师也太咄咄逼人、不近人情了吧。

人心都有向善向美好的一面，教师应该无论学生成绩的好坏，首先从好的方面想自己的学生，这样，学生才会觉得得到了老师的尊重，反过来，即使是那些有意不完成作业或不交作业的学生，也会无形中被老师的宽容、大度感化。当然，对那些经常不完成作业或不交作业的学生，教师不能放任不管，要采取经常谈话或者从学习弱点处帮他们补习等方法挽救他们，不让一个学生掉队。

8. 爱惜学生的作业本

作业本是学生学习经历的见证，在学期末还可成为学生复习的参考资料，绝大多数的学生都很珍爱自己的作业本，因此教师也要爱惜学生的作业本。

有的老师在批改作业时，由于笔误或粗心而将学生的作业改错时，就在原来改错的标记上强行修正，把作业本都划破了。

以前不时会发现自己及同学的作业本在发下来时，上面有许多粉笔灰或污渍，有时还会有明显的折痕，有时甚至会发现作业本被撕破，我们都怀疑老师是不是用我们的作业本擦桌子或是放在椅子上坐了。

初中有个数学老师，她在改作业时总是在我们的作业本上写下一大串更改后的答案，有时还有很多红墨水滴。有好几次，我都发现我们的作业本有被水打湿的痕迹。

当学生发现教师忽视、滥用自己的作业本时，内心受到的伤害是无法诉说的，他们会在内心埋怨、抱怨甚至是憎恨教师。所以教师在爱惜学生作业本这个细节上，也应注意。

二、作业点评礼仪

教师批改作业，除了让学生知道对错之外，更重要的一点应是让学生知道为什么错了，应该怎样去改，在保护学生自尊心、自信心的同时，激发学生的学习兴趣。因此，教师对学生作业的点评也非常重要。通常的作业点评，是教师对学生整篇作业的评价，包括作业态度、质量、卷面、书写等方面。

1. 有适当的点评

每一个学生都是希望得到教师关注的，批改完作业后，教师适当进行点评，会使学生感受到教师对自己的关注，从而更加主动地学习。

记得高中时有些老师布置作业尤其是书上的练习，经常是一次让我们做一单元甚至更多，而交上去后，老师只在最后写一个“阅”字或者是写个“优”、“甲”、“好”。我们每次看到老师批改得这么简单，难免就会有样学样，偷懒，学着敷衍老师。

初中时有位语文老师，每次我们的作业本发下来时，都可以看到上面有很多修改和批注，作文中出现的错误、用得好的字词或写得好的语句都被老师用红笔划出来了，在结尾还有详细的点评语，写得好的有夸奖，写得不好的是鼓励，从来都没有过批评或讽刺什么的，所以每次大家都很期待作文本的下发，都会认真地去看老师的批注，找出自己的问题并进行改正，大家的写作兴趣超前浓厚。

但我们高中的语文老师就不是这样，她每次作文批语很少，很多人的作文甚至没有批语，大家觉得自己辛辛苦苦写了，都不知老师看了没有，写作文都不那么用心了，我们班的语文成绩也就不怎么样了。

我记得读初中时，语文老师要求我们每周必须写一篇周记。我那时很喜欢写点东西，于是每周都很认真地写周记，星期一交上去，然后就天天盼着能早点发下来，想看语文老师对我的评语是什么。因为我们这位语文老师批改周记很认真、细致，甚至错别字都会帮我们指出来，还会分析你文章的结构和整体构思，从中发掘学生内心的想法，在文章结尾处，老师会写上一段评语。评语中会写到学生应该注意的地方，而且更多的是鼓励的话。老师写的字也很漂亮。

我的高中数学老师是一个看起来有些严厉的女老师。因为我的数学成绩不是很好，从小学到初中的数学老师对我的印象都不怎样，所以我也有点怕她，但这位数学老师却用她批改作业这样一个举动提醒我：她在关注我，我并没有被她遗忘。因为在每次批改我的作业或试卷的时候，她都会给我写上评语，她会总结我近来成绩有无进步，与上一次相比有何变化，还会在有的地方标明那是我的薄弱点，只要我有一点点进步，就不吝表扬鼓励，让我非常感动，我的数学兴趣逐渐提上来了，最终顺利地考上了大学，我十分感谢她。

教师有针对性的点评，会使学生感觉到从心灵上与老师在沟通，一方面能主动去改进作业，另一方面也知道改进的方向，能有的放矢地去学习。

2. 书写要工整

教师在批改作业后点评，主要是指出学生的优缺点或者其努力的方向，当然应该让学生看得懂。但有的教师自身书写不好看或者敷衍塞责，写的评语潦草难辨，使点评效果大打折扣，有时甚至还起了反作用。

我们初中有位教师，不写评语还好些，写个评语学生要猜半天写的什么内容，就像看大夫开的处方单。

我们高一到高三的历史老师，每次改作业后写的评语，大家很少有人认识，都是问来问去才明白，很费时费力。

我高中的一个英语老师，英语教得特好，但是她批改作业有一个不好的习惯，总是喜欢把我们的作业涂改得面目全非，作业本上感觉都是红的，好像学生做的都是错的。更糟糕的是写的评语东倒西歪，一点也不像老师的字。

教师字迹工整，本身就是学生写作业时的一面镜子。教师常要求学生要书写工整、卷面整洁，教师如不从自身做起，怎能让学生学习和模仿呢？

3. 评语要亲切、自然、充满希望，让学生在作业评定中获得自信

教师的评语一般是总括地指出学生优缺点或努力的方向。评语要实事求是，充满希望，有针对性和启发性，让学生乐于接受。

我们高三的生物老师，作业总是在教室批改。我们看到他批改作业的“可笑”姿态都特别气愤：坐在那里，一只脚放在讲台下的踏板上，另一只脚就跑出了鞋子，而且在改卷子时老发出奇怪的声音，出现抓耳挠腮的动作。这还不算气人的，每次他的作业发下来，上面只要有两个×的旁边都会出现“上课打瞌睡了吧”、“又没学好”、“这么简单都做错”这一类型的话，很打击人，同学们都不喜欢他。后来同学们都自己复习或自习生物，在他课上都一言不发。

高一的一位数学老师是一位具有创新精神的老师，给我留下了深刻的印象。他批改作业不是简单地打勾或叉，而是写一些建议或赞扬性的评语，“加油，你这段时间有进步”、“马虎啊”、“粗心”、“与小马虎绝交”、“看到你在进步，我十分高兴，望你更上一层楼”，等等，同学们从未碰到过这种老师，因而都很感兴趣，对数学充满热情，认真地对待每一次数学作业或考试，希望获得老师表扬的评语。每次作业本发下来都是迫不及待地看老师的评语。毫无疑问我们班的数学成绩突飞猛进，最终成为年级中最强的班。

在高二的时候，我的英语很差，每次老师给我们30分钟的时间写作文，是我最煎熬的时候，因为不能借助任何工具查阅单词和语法，只能凭自己的日常积累完成作文。有一次的作文同样是在规定的时间内独自完成的，我以为下发的时候一定是和以往一样满满的红色字体，没想到当我翻开作业本，上面赫然是个“good”，上课评讲作文时，老师还点名表扬了我。我真是开心！学英语的劲头比以前足多了，英语成绩明显提高很快。

有一位学生在课堂提问时总是不活跃，老师为他写道：“在老师的眼里，你是一个聪明文静的孩子，每一次作业，你总是那么认真，每一节课上，你是那么专心，什么时候，能让老师听到你甜美的声音。”亲切的语言像春风，不仅让老师和学生之间不可逾越的鸿沟消失了，而且把学生的兴趣吸引到学习过程和良好的心理体验之中。

我们班有个男生，对作文不感兴趣，平时作文常常语言苍白、空洞，结构松散，总是完成任务似地勉强完成作文。一次练笔，作为校足球队队员的他在一次激动人心的比赛后写了一篇球赛的报道，生动地再现了当时场上场下的激烈状况，准确地应用了一系列的形容词展现了赛场独特的动感。于是，语文老师除在他用得好的字词句上密密加圈以示鼓励外，还在作文讲评课上将他的作文作为范文朗读。这在很大程度上激起了他对作文乃至语文的热情。高考报专业的时候，酷爱足球的他，让人大跌眼镜地选了中文专业。

兴趣和信心是最好的老师。挑出短处批评和发掘长处赞赏同样是为了让学生获得进步，但效果却大相径庭。

4. 尊重、理解学生，以鼓励为主

一般情况下，作业本发下来后，学生希望能看到有教师的评语，但若评语是负面的，则又另当别论。负面消极的评语给学生心灵的伤害是隐形的，打击是巨大的。因此，教师应尊重理解学生，评语以鼓励为主。

在网上看到一个帖子，帖子是五张图片，关于高中物理作业本上教师批改的惊人之语。第一张图片显示的教师的评语是“没脑子”，第二张图片显示的是该老师在作业本上打了一个大大的“×”，旁边还有“恶心，你求的是什么?”，第三张图片显示的评语是“真牛 B”……孩子家长气愤不已，却又无可奈何。

小时候很不喜欢写作文，每次写作文都要不开心一阵子，有一次实在不想写作文，就在一本作文书中抄了一篇作文稍作修改就交了上去，作文本发下来后，老师写的评语是“有文采，你要相信自己能写出好作文。你很聪明，如果字再写得好一点，就更好了。”事后，我无意中发现老师的一本作文书上有我抄的文章，才知道老师早知道我抄作文的事了，也明白了老师的良苦用心，自此以后我开始认真写作文，作文也写得越来越好了。

初三时，我们班有位女生，特勤奋的那种，但学习成绩不怎么好。有一次写作文，那女生交上了一份写得很好的作文，老师把她叫到办公室问她是不是自己写的，她说是的。语文老师却说出了一句令人心寒的“你写得出这么好的文章?”那女生当时眼泪就在眼眶里转。当老师面对学生难以置信的好的表现时，应该持欣赏的鼓励的态度，而不是给学生一瓢冷水。

记得在小学，我们的数学老师在批改作业后，做得好的就会盖个小蘑菇的章子，累计 5 个就可以换个书签，5 个书签就可以换自己喜欢的小礼物，开心极了!

有位老师带的班级中没有后进学生，全班学生的考试成绩相差不大，更可贵的是这个班中的每位学生都对学习充满着信心。

在一次学生座谈会上，当谈到自己的老师时，这些学生个个都举手争相发言(包括排名最后的那位)。有的说老师从来不骂我们，有的说老师在批改作业时，对错的题目不打“×”，让我们订正好再打100分。其实，这位教师最大的优点就是善于鼓励、保护每一位学生的积极性，让每一位学生都充满信心地学习。

教师批改作业是教学过程中的重要环节，是教师和学生之间无声的“对话”。教师在作业本上用“悄悄话”委婉地指出学生存在的问题，并给予他们相应的指导，不仅可以增进师生感情，还能激发学生学习的积极性，提高教育教学质量。

第二节 试卷批改和点评礼仪

考试是一种重要的评价手段，引导着教师的教学行为和学生的学习行为。考试是实现教学目的的一个重要手段，分数是其评价指数，通过它教师可以检查自己的教学效果，调整教学目标或进度；学生可以了解自己的学习情况，找出薄弱环节，加以改进。因此，分数在教学活动中有着其他评价手段难以替代的作用。更何况，即使取消了分数，选择了其他的评价手段，同样会出现弊端。因此，问题的关键就不在于是否选择分数作为教学评价手段，而在于如何正确运用分数，使分数更好地发挥教育的正面导向功能，而不是甄别学生优劣的“工具”。

一、试卷批改礼仪

考试是学习评价的一种手段，其目的是对学生学习的情况加以检测与调控，从而不断帮助学生查漏补缺，促使学生学习进步。在学生的学习生涯中，考试一直伴随左右，每一张试卷都会带给学生不同的心理体验与感受。一方面试卷显示了学生某一阶段的学习成果，另一方面也是学生复习的参考资料，因此，教师还应重视试卷批改礼仪，尽量使试卷带给学生的是美好的温暖的心理体验。

1. 一律使用红色墨水批改，少用“×”来判对错

关于这个问题，前面学生作业批改礼仪中已有详述，这里省略。

2. 全批全改，一视同仁

有的教师由于时间紧或者是图省事或者是偏心，只批改成绩好的学生的试卷，这会让那些试卷没有被批改的学生觉得受到了不公正的待遇，对教师产生抵触情绪。一般情况下，教师对学生的试卷要求做到全批全改，一视同仁。如果教师觉得时间较紧，可以尝试学生互换改卷。

记得我上初中的时候，那个数学老师总喜欢在我们试卷错的地方打叉，对的地方不打勾，然后按叉来计算扣分。每次拿到试卷，总是醒目的红叉，很打击我们的学习积极性，我们对学数学越来越没有信心。后来我们班的数学成绩直线下滑，学校就给我们换了一位老师。新老师的做法很独特，每个礼拜的考试都会让我们交互改卷。他说："我相信你们不会相互放水，都能够公平公正地给其他同学打分。"这一举动让我们每一个人都参与了试卷的批改，发挥了我们的主动性、积极性，给我们带来了乐趣，我们在互相批改中学到了很多，成绩也得到了提高，取得了很好的效果。

学生互换改卷，也是一个有益的尝试，学生通过批改同学的试卷，可以了解其他同学的答题思路和自己学习的水平层次。但教师在学生互换改卷后，应将试卷及时集中收起来看一遍，这样才知道学生知识掌握的情况，评讲时有侧重点。

3. 及时批改，认真批改，不要错误计算分数

每道题的得分均应在对应处标明，每部分的得分应在答题纸对应栏目内注明，总分必须计算准确，不宜涂改，如果确需涂改，教师应签上自己的名字。试卷要尽快发还学生。

记得上高一有一次数学考试，我实际考了 129 分，老师却给我写 119，真是郁闷至极，还是数学老师呢。

考考考，老师的法宝，分分分，学生的命根。这么说，有时真的一点都不为过，由于分数的重要性，许多学生是"分分计较"，更不用说是学生本来自己做对却被教师改错、把分数计算少了这样悲愤、痛苦的遭遇了。教师批改试卷时，一定要注意不能批改错误，更不能加错分，特别是不能把学生总分计算少了。其实，在我们今天的教学中，由于受到以前教育模式的影响，用"标准化"答案来检测学生学习效果的这种教学反馈方式仍然普遍存在。考试，评价的目的是为了鉴定，还是为了育人？是为了选拔还是发展？从现代教育的评价观看，考试评价的基本功能应是培养人、教育人、塑造人。

4. 别让"标准答案"束缚学生

虽然越来越多的人意识到了标准答案的危害，但在教育中，标准答案仍在主导课堂教学，仍是某些教师主要的教育教学方式，这不仅让人再次感叹"知易行难"。

还记得报上有一篇很轰动的文章，说有道历史题是"三国时最足智多谋的人是谁"，只能答诸葛亮或者周瑜，答孔明则是错的。

某中学初二语文试卷中有一题，要求学生找出一段说明文中运用的说明方法。"标准答案"是"举例子"，有位学生答成了"举例说明"，于是

老师判他为错，理由是“举例子”是专有名词，不能漏掉一个“子”字。“举例”与“举例子”的差别在哪里，评卷老师未必能讲清楚，他只是认了一个死理：标准答案如此！你不按标准答案答题，以后中考就要吃亏。

下面我们再来看一个典型的国外案例：

国外有所中学的入学试题中有这样一道题目：用最简便的方法把煤换成油。有位学生回答：把煤卖了去买油。出题者的意图是考学生的化学知识和应用水平，没有想到学生用了商业的办法来解题。怎么判分呢？

教师去请教校长，校长沉吟一下说：我们的题目并没有规定学生使用什么方法，这位学生的回答简便而富有创意，想别人之未想，应该给满分。

大家都在声讨应试教育将学生的创造性、想象力磨灭了，作为教师是不是该做点什么呢？美国哈佛西湖中学校长说：“我们的考试也很多，但考试并不是作为学生评价的唯一体系，我们不想让学生只有一种思维方式，而是鼓励学生自由地创造性地进行研究。因此，我们从7年级开始，就开设自由课程，学生可以自由地做自己喜欢的事情，比如阅读、参加体育活动等。”美国教育的主旨就是培养学生独立思考的能力，美国的教育灵魂有三个关键词——“独立思考”、“质疑一切”和“创造创新精神”。在美国，同样也有题海，但没有标准答案。我们来看看美国的习题，比如“基于富兰克林的论证，你会同意通过《美国宪法》吗？为什么？”每一个问题都引导学生从不同角度去感知体悟学习材料，形成自己独特的认识，思考起来其乐无穷。反观我国的习题，背后都有一个标准答案，脸孔严肃，缺乏情趣。

另外，考试评价的目的是为了培养人，教育人，塑造人，发展人，而不是鉴定人。学生正处于发展中，如果我们用“标准答案”去鉴定他们，只会扼杀学生思维的发展，达不到“育人”、“发展人”的目的。标准答案实际是在束缚学生的思维能力、表达能力和创造能力，是在扼杀他们的想象力，是在把他们的人生都放在一个模子里，学生变成了流水线上生产的零件，标准化但是毫无思想。我们总在疾呼“应试教育”要向“素质教育”转化，如果不改变陈旧的教育观念，摒弃“标准答案”的束缚，进行教学改革，又怎能达到这一目标呢？

二、试卷点评礼仪

试卷点评，是教师对学生整个试卷的评价，包括考试态度、答题质量、卷面、书写等方面。通过试卷点评，教师可以帮助学生提高学习的针对性，减少盲目性。通常很多学生在考试后，不分析，不总结，所以，考完试后，他们学习中究竟是哪些地方有不足，仍然不清楚，也就不可能及时采取补救措施，弥补不足。教师如果在试卷中发现学生存在的问题，及时点评，可以帮助学生提高学习的针对性，减少盲目性。

1. 个性化点评，富有人情味

在冰冷的分数旁边写上一句或一小段充满感情的点批语，是一种值得尝试的方法，但教师应注意，批语书写要工整，用语应亲切、自然，具有针对性。

可以说，中国的学生，从跨进校门的第一天起，就开始自觉不自觉地受分数“摆布”了。在每一次的测验、考试之后，分数就会摆出一副公正无私的冰冷面孔，对学生进行无情“宣判”。学生面对眼前那红色的分数，有的高兴，有的苦恼，有的满怀信心，有的沮丧绝望。教师应着眼于学生的学习进步、长远发展，着眼于教师教学效果的改进，尽量减轻分数对学生产生的心理压力，在冰冷的分数旁边写上一句或一小段充满感情的批语，发挥分数应有的激励功能。

对于基础不太好，但刻苦勤奋的学生，教师可在分数旁写：“你又进步了，课本前三章的内容你都掌握了，现在就剩下最后一章了，再加把劲，你一定行！”既指出了学生的不足之处，又给以热情的鼓励。

对于聪明且自尊心特别强但粗心马虎的学生，可以在分数旁边写：“你看，你很聪明，几个难题的解题思路你都对了，但计算错了，这样值得吗。下午第三节自修课来我办公室，咱们一起算一遍，行吗？”既指出了学生的缺点，又保护了学生的自尊心。

对于成绩优异，但有些飘飘然的学生，可以在分数旁写：“你的聪明才智只发挥了一半哦，第三道大题，你能用更简便的方法来解答的。”提醒学生学无止境，不断进取。

对于成绩较差、性格内向、敏感的学生，可以先不打分，在试卷上写：“从卷面看，你的单词记得不错，只是阅读理解得不太准确。你复习一下，咱们再做一张B卷，一定能取得更好的成绩。”让学生暂时抛开分数，先树立起学习信心。

对于学习努力，考试时容易紧张而考得不理想的学生，可以在分数旁写上：“老师心里明白，这个成绩不能反映你的实力，别把它看得太重，好吗？”卸下学生的心理包袱，轻装上阵。

2. 不以分数论好坏，不区别对待

在中国，虽然国家明令禁止不得将考试分数作为学校、教师、学生评价的唯一标准，但分数的高低常常还是成了衡量学生好坏的杠杆，考得不好的学生还会被贴上差生的标签，因此考得不好的学生最不敢和别人讨论的就是自己的分数。所以教师从一开始就应注意不以分数高低论学生好坏，要尊重学生，爱护学生，帮助他们树立信心。让学生清楚一次两次的考试分数并不能完全客观地反映出一个人的知识、能力、智力等的实际水平，不能单凭成绩的高低来评价自己，认定自己比别人差，不是学习的材料等。让学生明白分数不高、成绩不好，在学习中是常有的事，关键在于能否迎接这一挑战，保持一种必胜的信念，发奋努力去改变现状。只要我们充分给予学生尊重、理解和期待，必然能引起学生巨大的内驱力，必然激起学生无限追求成功的意念和力量，他们自信心也必然大增。从而打破失败的僵局，迈向自信，走向成功。

初三时的班主任总是将同学们考试后的成绩排名打印出来贴到墙上，还将成绩落后的同学用红笔勾画出来。

高中的班主任，总喜欢按分数排座位，前十名的可以自己挑座位。有一次我考得还不错，第三名，就挑了一个自己想坐的位子，谁知老师平日喜爱的一个学生也看中了这个位子，老师居然叫我让给他，气死我了。到现在想来心里还堵得慌。

在高中有一次考试完后，老师在台下和学生交流考试的得与失，到我们这时，我同桌将试卷递给了老师，但老师看了一眼后，却对我们后面的一个学生说："把你的卷子给我看看。"我同桌当时就愣了，以后再也不喜欢这位老师了，上课也不再认真听讲。

每个人都有自己的优势和弱点，作为教师不能单凭考试成绩高低来衡量学生的好坏，然后戴有色眼镜看人，把学生分成三六九等不同对待，这是完全违背教师职业道德的行为，也会极大损害师生关系。

3. 重点分析，突出共性，融会贯通

讲评试卷要及时并提前做好准备，切莫把答案公布就完事，应重在分析，突出共性问题，贯通前后知识，使学生掌握知识，而不应带情绪，不应挖苦讽刺学生。

教师要及时指导学生分析试卷，总结得失，发现学习中存在的问题。作为老师应该了解自己的学生，对学生所犯的错误应很清楚地知道原因在哪。如果是粗心大意、审题出错，教师可以采用启发式，一边指导学生重做一边提示学生注意事项。如果是粗心大意、计算错误或是抄写错误，可建议学生有序打草稿，这样检查时就能够很轻易地发现错误。如果是学生改去改来，似是而非的题目，则表明学生对某些知识没有完全理解，透彻掌握，教师要有条理地系统地帮助学生温习基础知识和基本理论，夯实基础，突出重点。帮助学生制定策略，将问题各个击破。而不是对考得不好的学生，讽刺挖苦。考得不好，学生一般心里已经很难过了，教师再一讽刺挖苦，岂不是雪上加霜？

我的高中语文老师在阅卷时，经常在自己试卷的每一题旁记录谁答得好谁答得不好，在讲的时候有针对性地讲解，让我们更加明确得分技巧和答题技巧。

初二的时候，在一次数学课的课堂上，因为学校那一次的月考，我们班的数学成绩不是很好，数学老师进来上课的时候，绷着一张脸，心情好像很差，在讲课的过程中，我们不懂的地方，老师就把声音提得很高，好像吼我们一样，弄得我们对她的印象都变差了。

初中一位老师，因为一次考试，一位女生考得很差，没有及格，老师看了她的试卷后，就说："很多题老师都讲过了，讲过的题你都不会做，脑子进水了吗，真是个猪头！"女生当时就哭了起来。

高一的物理老师，研究生毕业。考得好的时候，就说自己教得好，考得不好，就说我们怎么不好好学习。还拿我们与他带的另一个班比较，讽刺打击我们。时间一长，同学们对他的课越来越没兴趣，他也不管，还说不想上课可以直接出去。以致到高二分科的时候，有许多想学理科的同学因为对物理的恐惧都转去学文科了。

高三时的班主任，有一位女生平时成绩很好，由于家里出事了，心情非常差，有一次月考从前三名跌倒了二十名，老师当着全班同学的面，说她骄傲、翘尾巴，自以为很了不起，结果只能是失败没出息……那位女生当场就哭了起来。大家都认为老师做得太过分了，都不想上她的课。从此班主任上课就再也没看这位女生。女生说真是想死的心都有，同学们都尽力劝她、开导她。高三的紧张气氛本来就让人无法忍受，再加上一个泼冷水的教师，真的感觉很烦很累。

没有哪一位学生是不想考试成绩优秀的，有时因为这样那样的失误或错误，学生在考试中有遗憾，学生的心里已经很难受了，所以此时的教师一定要在评卷的过程中尽量指出学生的闪光点，让学生有下一次能考好的信心。

4. 以鼓励为主，保护学生的积极性

每个人都有自我完善的愿望和潜力。作为教师，对任何学生的尊重都应是无条件的。对后进生、差生，教师应尽力去激发他们的学习动机和挖掘他们内在的潜能，促使他们朝着健康成长的方向转化。

在教学中，适时、充分、恰当地对学生进行鼓励，是必不可少的教育教学手段，可收到事半功倍的教学效果。同样，在考试中，教师的鼓励对促进学生的学习起着不容忽视的作用。教师的鼓励，是一种对内因施加催化作用，改变学生的外在表现状态的教学手段，会使学生的学习思想状态以波动的、快速前进的方式发展。对一般学生来说，教师的鼓励会使学生的热情高涨积极上进，可谓"点石为金"。对"差生"、"后进生"来说，他的闪光之处如晨露夕晖一样宝贵，抓住时机，适当鼓励，可使他更新认识，转变学习态度，迷途知返，步入正途。所以教师评讲试卷应以鼓励为主，促进学生学习的积极性、主动性。

5. 慎用惩罚手段

不要用重复做题来惩罚学生。如果学生没有理解掌握，陷入为做题而做题的窘境，只会使学生丧失学习兴趣。严禁用增加作业量的方式惩罚学生，但现实生活中，因学生考试没考好，用重复做题来惩罚学生的案例仍然很多。

这是一堂试卷讲评课。讲评完毕，教师布置了作业："90 分以上的同学将试卷抄一遍，80～90 分的同学将试卷抄两遍……不及格的同学将试卷抄十遍。"

此语一出，全班哗然，同学们不堪其苦地纷纷摇头。三大张试卷从头到尾抄一遍就够受的了，何况还有许多同学要抄 5 遍、6 遍甚至 10 遍。

于是，自修课上各个同学都拿出了"杀手锏"，有的从中间开始抄，有的从末尾往前抄，有的一题一题地横向抄……

有时因考试没有达到老师的要求，老师让学生把书上所有地题都重做一遍。

在 2010 世界知名中学联盟 21 世纪领航中学教育高峰论坛上，北京四中校长刘长铭就曾说过，"经过我们的研究发现，对考试的重复训练，极大地损害了学生创新能力的培养"。机械地重复做题，如果说学生理解了相关知识，只是多做一两遍，巩固一下所学内容，说不定会有点收效，关键是如果学生没有理解掌握，即使是掌握了，仅仅为完成任务，陷入为做题而做题的窘境，只会使学生丧失学习兴趣。因此，教师最关键的是要让学生研究题目的知识点、出题规律，举一反三，触类旁通，还要善于总结自己的错误，绝不能用重复做题来惩罚学生。

思考题

1. 教师布置作业有什么作用？

2. 作业批改时应注意哪些方面？作业点评时有哪些应注意的方面？

3. 在教学活动中，考试起到了什么作用？

4. 为了使学生在看到冷冰冰的分数时感受到些许温暖，教师在批改、评讲试卷时应注意哪些方面？

第七章

教师的校园集会礼仪

集会，一般指许多人聚在一起开会。比较正式的解释是指聚集于露天公共场所，发表意见、表达意愿的活动，学校作为教书育人的场所，经常会定期召开一些常规性的集会，如升旗仪式、开学典礼、运动会等。学校里举行的集体大会，一般规模比较大，多在操场或礼堂进行。由于参加的人数多，且又是正式场合，教师作为学生的表率，应以大局为重，严格遵守纪律，遵守礼仪。不论是何种性质的集会都应该尽力做到：一切行动听指挥，会前准时到场，会中聚精会神，会后按序退场。

第一节　升降国旗的礼仪

国旗是国家的一种标志性旗帜，是国家的象征。它通过一定的式样、色彩和图案反映一个国家政治特色和历史文化传统。中华人民共和国国旗是中华人民共和国的象征和标志。每个公民和组织，都应当尊重和爱护国旗。1990 年 6 月 28 日，中华人民共和国第七届全国人民代表大会常务委员会第十四次会议通过了《中华人民共和国国旗法》，并由中华人民共和国主席发布主席令，予以公布，自 1990 年 10 月 1 日起实行。中华人民共和国国旗是五星红旗，国旗的红色象征革命。旗上的五颗五角星及其相互关系象征共产党领导下的革命人民大团结。五角星用黄色是为了在红地上显出光明，黄色较白色明亮美丽，四颗小五角星各有一尖正对着大星的中心点，这是表示围绕着一个中心而团结，在形式上也显得紧凑美观。为维护国旗的尊严，国家发布《国旗》和《国旗颜色标准样品》两项国家标准，规定了国旗的形状、颜色、图案、制版定位、通用尺寸、染色牢度等技术要求，并宣布于 1991 年 12 月 1 日起正式实施。《国旗法》还规定：不得升挂破损、污损、褪色或者不合规格的国旗。升旗时，必须将国旗升至杆顶；降下时，不得使国旗落地。

升降国旗是对青少年爱国主义教育的一种方式。根据原国家教委所发《关于施行〈中华人民共和国国旗法〉严格中小学升降国旗制度的通知》精神，在我国无论中小学还是大学，都要定期举行升国旗的仪式。许多学校在每周一早晨举行（寒暑假及天气不好除外），但也有些学校在上午大课间举行。在重大节日或纪念日时，也应举行升旗仪式。

一、升旗仪式的程序

自1990年10月1日《中华人民共和国国旗法》颁布起，我国升旗仪式形成了一些固定的程序：列队——出旗——升旗——唱（奏）国歌——国旗下的讲话——退场。

（1）全体师生在操场上集合，庄重肃立。

（2）出旗，奏《出旗曲》。出旗时，旗手双手持旗，右手在上，斜扛肩上；护旗手在旗手两侧，在乐曲声中齐步走向旗杆，全体师生目送国旗至旗杆下，两名护旗手将国旗挂在旗绳上，由旗手检查无误后，两名护旗手做好升旗准备。旗手和护旗手应着校服或统一服装（佩戴红领巾）。

（3）升旗，奏（唱）国歌，行礼（少先队员行队礼），其他人行注目礼至国旗升到旗杆顶端止。国旗应伴随国歌乐曲徐徐升起，至国歌终了时，国旗升至杆顶。国旗升起时，全体师生肃立行注目礼，少先队员行队礼。国旗升至杆顶（国歌奏完）后，由旗手和护旗手将旗绳固定好。全体师生同时礼毕。

（4）国旗下的讲话（由校长、教师或学生代表等围绕某一主题作简短而有意义的讲话）。

（5）升旗仪式结束，师生有序退场。

例：××小学国旗下的讲话稿

讲文明，有礼貌，做一个有修养的人

尊敬的老师们，亲爱的同学们：

我讲话的主题是"讲文明，有礼貌，做一个有修养的人"。

中国素有"礼仪之邦"的美称，早在春秋时期，孔子就指出："非礼勿视，非礼勿听，非礼勿言，非礼勿动"。意思是说，不符合道德规范、文明礼仪的言行不能看、不能听、不能说、不能做。学校作为我们接受知识的神圣殿堂，更应该是一个文明和谐的大家庭。

开学四周来，我们欣喜地看到大部分同学能够严格地遵守纪律，积极主动地学习，有礼貌、讲文明，但是仍然有同学上学迟到；有的同学到教室后大声说笑；有的上课不认真听讲，打瞌睡、玩手机、吃零食；有的抄袭作业，考试作弊；有的同学脏话粗话随口说；还有极少数同学油腔滑调，自命不凡，走路横冲直撞，在校内快速骑车，藐视学校校规；还有同学图省事不走大路走草坪，乱扔垃圾、随口吐痰，人走不关水、不关电、不关门，在墙上乱写乱画、踩脚印，车辆乱停乱放，有车辆倒地假装没看见，扬长而去，用脚踢门窗、用石块打玻璃……同学们，文明是一种品德，是一种修养，是一种受人尊敬并被大家广泛推崇的行为，文明不复杂，不抽象，不遥远，只要我们愿意，只要我们有爱校思想，把学校当做自己的家，我们就会关心学校的发展，爱护学校的环境，维护学校的形象；只要我们拥有公德意识，就会“己所不欲，勿施于人”，就会为别人想得多，为别人考虑得多；只要我们始终保持一颗感恩的心，就会消除冷漠，减少浪费，勤俭生活，勤奋读书。只要我们愿意，就可以让“文明与我们同行”，让“文明之花”开在我们的心中。

作为学生，文明就是朴素整洁的装束，就是路上相遇时的微笑，就是同学有难时的热情帮助，就是见到师长时的一声亲切问候，就是不小心撞到对方时的一声“对不起”，就是不说脏话、不边走边吃、自觉将垃圾放入垃圾箱，就是就餐时自觉排队、不讲话、不喧闹、文明进餐，就是不损坏公共财物，就是积极思考、安静听课、不懂就问，就是课余时间不喧哗、不起哄，就是自觉服从学生干部的管理和接受老师的批评劝阻。

同学们，做一个文明的人，有修养的人不是一朝一夕就能成功的，需要我们互相提醒，自我监督，让文明成为一种习惯，让习惯成为一种自然。

同学们，××中是我家，爱护靠大家，让我们立即行动起来，让文明的春风吹拂我们的心灵，让文明的花朵伴随我们的成长！让我们的校园随处可见文明之举，到处可闻文明之声！

谢谢大家！

×××

××××年××月××日

二、升国旗的礼仪

(1) 升降国旗是一项庄严神圣的爱国主义教育活动，在校的全体师生都应参加。全校师生应提前到操场集合，准时参加升旗仪式。师生在操场集合后，应迅速整队，使队列整齐、安静，师生面向国旗，神态庄严，肃立致敬。

(2)《中华人民共和国国旗法》第十三条第二款规定：举行升旗仪式时，在国旗升起的过程中，参加者应当面向国旗肃立致敬。在国旗升起的过程中，师生要行注目礼，仰视国旗冉冉升起。行注目礼时一定要注意自己的眼神，眼睛要始终望着国旗，目光随着国旗冉冉升起。这个时候每一个人心中都充满了自豪感和使命感。这个过程要持续到升旗仪式完毕。迟到的教师或同学在国歌奏响时必须原地肃立行注目礼，待升国旗完毕后才可进入会场。升旗期间有身体不舒服需退场休息的教师或同学，应从操场两侧退场。

在学校升旗时，我们有些老师勾肩搭背或在那一起交谈，有些来迟的教师不仅不加速，还在那慢悠悠地走。

(3) 国旗象征着一个国家的尊严。一个人对国旗的尊重，不但要体现在内心深处，还应体现在仪容仪表仪态上。教师应衣着得体，仪容端庄，不允许背包、挎包参加升旗仪式。在升旗时身体直立，挺胸昂首，双手下垂靠拢身体两侧，保持立正姿势，眼睛始终随国旗移动。切忌东张西望、交头接耳、嬉闹谈笑、自由走动、接打电话和吃东西等，这些都是对国旗的一种极大的不恭敬。即使在寒冷的冬天，也应脱帽行注目礼，切忌将手放在口袋不拿出。

(4) 教师要带头唱好国歌，唱国歌要有激情，曲调准确，声音洪亮。

(5) 升旗仪式过程中如发生意外情况，教师要带头保持安静。

(6) 升旗仪式结束，主持人宣布散会才可退场。教师应组织学生有序退场，并带头做出表率，不抢、不挤、不乱穿。

三、降旗仪式的程序

一般学校，降旗多半没有举行相应的仪式，由专门的旗手和护旗手在傍晚负责降旗。如果举行正式的降旗仪式，可参考下面程序。

列队——降国旗——唱(奏)国歌——退场。

(1) 全体师生在操场上集合，庄重肃立。

(2) 降国旗、奏(唱)国歌、行礼(少先队员行队礼，其他人行注目礼至国旗升到旗杆顶端止)；降旗时，不得使国旗落地。

下半旗时，应当先将国旗升至杆顶，然后降至旗顶与杆顶之间的距离为旗杆全长的三分之一处；降下时，应当先将国旗升至杆顶，然后再降下。

(3) 降旗仪式结束，师生有序退场。

当然，学校如果有事情要安排布置，也可在降旗后安排布置。

降旗仪式礼仪参考升旗仪式礼仪，这里从略。

第二节 开学典礼和毕业典礼的礼仪

在学校生活中，开学典礼和毕业典礼是具有重大意义的集会。

开学典礼是学校为欢迎新同学、庆祝新学期而举行的隆重的庆典仪式。它主要是回顾上学期的成绩，报告新学期的工作，动员全体师生员工振奋精神、齐心协力、克服困难，为完成新学期的任务而努力。开学典礼是对学生进行入学教育的第一课，对于新生而言有着特别的意义，一方面是他们进入新征程的起点，可以使他们了解学校的历史、现状，学校的培养目标和管理制度，学校学习生活的特点，另一方面可以使他们为尽快适应在校学习和生活做好思想准备。对老生来说，开学典礼可以起到教育规范的作用，让他们明白本学期的学习任务，学校的要求和本学期将会开展的活动等。

毕业典礼是为欢送毕业生而举行的大型集会。它主要是向大家报告毕业生在校时取得的成绩，勉励他们在新的学校新的岗位上继续努力，继续拼搏，取得新的成绩。

一、开学典礼的程序

学校确定开学典礼的具体时间后，应将相应的准备工作如邀请人员、会场布置及会议议程等落实到位。一般而言，按国内礼仪习惯，主席台座次以左为尊（从观众席正向看过去），即：左为上，右为下。

当领导同志人数为奇数时，1 号领导居中，2 号领导排在 1 号领导左边，3 号领导排右边，其他依次排列。

5　　3　　1　　2　　4

主　席　台

观

众

席

当领导同志人数为偶数时，应该是：1 号领导、2 号领导同时居中，1 号领导排在居中座位的左边，2 号领导排右边，其他依次排列。即 2 号领导依然排在 1 号领导的左手位置，3 号领导依然在 1 号领导的右手位置。

5　　3　　1　　2　　4　　6

主　席　台

观

众

席

一般而言，开学典礼议程如下：

(1) 开学典礼开始，主持人开场白，介绍现场嘉宾、领导、老师；

(2) 开学典礼正式开始，全体起立，升国旗，奏（唱）国歌；

(3) 校长做开学典礼致辞；

(4) 教师代表讲话；

(5) 老生代表发言；

(6) 新生代表发言；

(7) 上级领导或来宾讲话；

(8) 开学典礼结束，师生有序退场。

例:开学典礼程序

尊敬的各位领导、老师,亲爱的同学们:

大家上午好!

在这天高云淡、秋高气爽的日子里,我们又迎来了新的学期。今天是开学第一天,我们在这里举行新学期开学典礼。

首先,向大家介绍在前台就座的领导和老师。

一、宣布仪式开始

我宣布:××学校开学典礼现在开始!

二、升旗仪式

出旗。升国旗、奏国歌。(敬礼!礼毕!)

三、校长致辞

我们××学校之所以能够蓬勃发展,是因为我们有勤奋博学、进取争先、热爱祖国、献身教育的校领导!下面,让我们以热烈的掌声欢迎×校长为我们讲话。

(让我们再一次以热烈的掌声感谢×校长给老师和同学们提出了殷切的希望和要求。)

四、教师代表讲话

人们说教师像红烛,照亮了别人,燃烧了自己。教师是人梯,用自己的双肩把一代代人托起。无私奉献是教师的信念,我们的成长是教师的希冀。我们××学校有一批高素质的教师队伍,他们乐于奉献、以校为家;他们热爱教育、富于创造;她们是老师,更是妈妈,在同学们成长的路途上无私地撒播着阳光雨露。下面让我们以热烈的掌声有请教师代表××老师讲话。

(让我们再次以热烈的掌声表达对全体老师的敬意、谢意。)

五、老生代表发言

同学们,从你们的掌声里,我深深地体会到了激情和力量。我们学校有××地区一流的教学设施,一流的教师,更重要的是有一流的学生。同学们要在学校所提供的条件下勤奋好学、进取争先,掌握扎实的文化知识,全面提高综合素质,学会学习、学会做人,为将来立足社会、奉献社会打下扎实的基础。

接下来,请老生代表××同学发言。大家欢迎。

(××同学向大家介绍了自己在学校学习生活的深切感受,给大家提出了学习生活的良好建议,希望大家也能确立自己的目标,在新起点取得更大的进步。)

六、新生代表发言

江山代有才人出,各领风骚数百年,有请新生代表××同学发言。大家欢迎。

(××同学代表新同学谈到了对学校的认识和感受,对今后应该怎么做表了态,希望大家也能严格要求自己,为实现自己的目标而努力。)

七、上级领导或来宾讲话

学校的发展，离不开上级部门的领导与关心，有请××领导为我们做新学期学习工作的指导发言，大家欢迎。

（××领导高度表扬了我们学校已取得的成绩，同时对我们的发展也提出了殷切希望，希望大家处处严格要求自己，在新学期取得更大的进步。）

八、宣布仪式结束

校长的要求，老师的教诲，同学的心声，领导的期望，我们要时时铭记在心，同学们："书山有路勤为径，学海无涯苦作舟"。让我们新学期在老师们的精心教导下，刻苦学习、奋力进取。用更好的成绩，为××学校这幅美丽的画卷再谱写出一页更加辉煌的篇章吧！

最后再次祝老师们在本学期中工作顺利，身体健康！祝同学们学习进步，快乐成长！祝我们××学校这个大家庭蒸蒸日上。

我宣布：××学校第×学期开学典礼到此结束，请各班同学有秩序退场。

例：开学典礼上教师代表的发言

尊敬的各位领导、老师，亲爱的同学们：

大家上午好！

很荣幸，也很激动，今天我能代表我们学校全体教师在开学典礼上发言。

首先我为我校在今年中考和同学们在过去一学期所取得的优异成绩感到骄傲，是你们为母校争添了光彩，赢得了荣誉。它是我们全校师生、教职员工共同努力的结果。但是成绩又只能属于过去，未来要靠我们大家一起去继续努力、奋斗拼搏！

俗话说"一年之计在于春"，对于我们广大师生来说，新学期就是我们的春天。只有在春天辛勤地耕耘，秋天才会结出累累硕果。在新学期里，我们全体教师早已准备好：一定会爱岗敬业，爱生如子，努力学习，开拓进取，兢兢业业，勤勉工作，努力改变教育观念，更新教育思想，切实加强课堂教学效果。在课堂教学中努力做到公平、公正，关注每一位学生，努力做到爱与严相结合。充分运用启发式、讨论式教学激发学生去独立思考，培养学生的创新精神和思辨能力，变"满堂灌"为"合作学习"。及时听取学生意见和要求，虚心向其他老师学习、向自己的学生学习，不断改进教学方法，力争在新的学期里取得更大的成绩。

借此机会，我也对同学们提出几点希望：

1. 高年级的同学们，希望你们不孚众望，从我做起，从现在做起，争分夺秒，刻苦学习，勇于拼搏，找到适合自己的学习方法，养成良好的学习习惯，认真把握好每一天，以优异成绩回报家长、学校和老师，为低年级的小弟弟、小妹妹做出表率，为母校增光添彩！

2. 一年级的新生们，你们是××的新鲜血液，希望你们尽快适应新的环境，树立起一个远大的理想，努力做到自尊、自信、自强，我们所有的老师都是你们的亲人和朋友，希望你们在××这块沃土中茁壮成长！为了我们伟大的祖国更加繁荣昌盛，为了母校明天更加灿烂辉煌，去学习、去奋斗、去拼搏吧！

最后祝各位领导、老师和同学们在新的学期里身体健康、工作顺利、学习进步！

谢谢大家！

×××

××××年××月××日

二、开学典礼教师应注意的礼仪

开学典礼是师生入学后参加的第一项集体活动，因此教师一定要注意自己在学生心中的形象，做好相关的礼仪工作。

(1) 教师不要无故缺席，迟到早退。并且注意衣着得体，仪容端庄，应随班集体提前到达会场，到指定位置就座，仪态适宜。

(2) 升国旗，奏国歌时，要听从主持人的指挥。原地起立，呈立正姿势。

(3) 认真听讲，保持安静。不要东张西望、交头接耳、自由走动，不做与大会无关的事情，不在那读书、看报、玩手机。

(4) 教师不得随地吐痰、乱扔杂物，带头保持会场的清洁卫生。

(5) 对讲话者的发言要有礼貌地鼓掌，讲话结束后应鼓掌表示感谢。在主持人宣布开学典礼开始或介绍学校各级领导和来宾时，在领导及教师、学生代表发言时，应适时地报以热烈掌声。

(6) 开学典礼结束时，应等主席台上的领导、来宾退席后再按顺序退场。

三、毕业典礼的程序

毕业典礼一般都要邀请教育行政部门的领导参加，其准备工作与开学典礼差不多。一般而言，毕业典礼流程如下：

(1) 毕业典礼开始，介绍现场嘉宾、领导、老师。

(2) 毕业典礼正式开始，全体起立，升国旗，奏(唱)国歌。

(3) 校长为毕业典礼致辞。

(4) 表彰优秀毕业生。

(5) 毕业生代表发言。

(6) 非毕业生学生代表发言。

(7) 教师代表讲话。

(8) 上级领导或来宾讲话。

(9) 毕业典礼结束,师生有序退场。

例:毕业典礼上教师代表的发言

尊敬的各位领导、老师,亲爱的同学们:

你们好!

今天,我们在这里隆重举行××届学生的毕业典礼,在此,请允许我代表全校所有教师向顺利完成初中学业,即将展翅高飞的毕业生们表示最真诚的祝贺!此时此刻,回忆起我们曾经一起流着汗水走过的三年,回忆起我们师生、同学之间的点点滴滴,内心格外激动,难舍之情油然而生。忘不了课堂上你们专注的神情,忘不了考场上你们奋笔疾书的身影,忘不了运动场上你们开心的大笑……1000 多个日日夜夜,为了心中远大的理想,你们用辛勤的汗水、顽强的意志,书写着成长的辉煌。这三年里,你们也曾迷茫过,失落过,遗憾过,但你们从未放弃过。也许,你们中还有一些同学认为自己三年来成绩平平,没有什么收获,但请你记住:虽然你的成绩不是最优秀的,但你有其他的特长,老师都了然在心。你可能是运动健将、劳动模范、助人先锋、故事大王、细心男生、善良女孩等。在学校里你可能觉得自己一事无成,灰心丧气,但在人生中一切却还言之过早。你要相信,××校园留下了你火热精彩的青春!无论今后身在何地,你们将用自己的行动证明,你们都是××中学最优秀的毕业生!

再见了,亲爱的同学们!今天我们在这里相聚,明天你们将意气风发走向远方!在你们即将要离开这熟悉而美丽的校园,准备踏上新征程之时,请别忘了带上全体老师对你们的殷切期望和祝福。衷心祝愿你们前程似锦、永远快乐!

谢谢大家!

毕业典礼礼仪参考开学典礼礼仪,这里从略。

第三节 运动会礼仪

运动会,是指多项体育运动的竞赛会。举办运动会的目的就是让民众能够深刻认识到运动的精神或运动的本质,让民众能真正感受到运动带给他们的快乐以及工作、生活、家庭与心灵的提升和充实,让民众热爱运动并自觉运动,推动群众性体育锻炼进一步普及,增强团队团结、民族团结,推动社会主义精神文明建设。

学校运动会是学校体育运动竞赛的一种重要形式,也是学校的传统活动和学校教育生活中的一项重要内容。学校一学年或一学期开展一次体育运动会,不仅可以全面检阅学校田径运动开展的情况,检查教学和训练成果,推动学校群众性体育活动的开展,促进运动技术水平的提高,还可以使学生在和谐、平等、友爱的运动环境中感受到集体的温暖和情感的愉悦,学会尊重他人和关心他人,培养良好的体育道德、集体主义精神与荣誉感;使学生在经历挫折和克服困难的过程中,提高抗挫折能力和情绪调节能力,培养奋发向上、坚强的意志品质,形成现代社会所必需的合作与竞争意识;使学生在不断体验进步与成功的过程中,增强自尊心和自信心,培养创新精神和创造能力,形成积极向上、乐观开朗的生活态度,促进学生终身体育观的形成。此外,还有振奋师生精神,活跃学校生活等作用。因此,学校运动会是学校素质教育的一个重要组成部分,教师在运动会上一定要注意自己的相关礼仪。

一、运动会开幕式流程

运动会的开幕式一般都是运动会的重头戏。运动会开幕式表演最初和最基本的作用是为运动会营造一种热烈的气氛,表达东道主对来自各国(各地)的体育健儿们的欢迎之情及对运动会成功的美好祝愿,是一个国家政治、经济、文化实力和民族文化、体育、艺术、科技水平的集中反映。随着现代体育事业的蓬勃发展,运动会开幕式表演已成为一种宝贵的人类文化财富。尤其是奥运会、亚运会、全运会等国内外一系列大型运动会的开幕式表演,集中反映了一个国家的政治、经济实力和文化、体育、艺术水平,体现着强烈的时代特征和深厚的民族文化底蕴,对人类的文化繁荣和文明进步都产生着深远影响。

学校运动会的开幕式表演也是为运动会营造一种热烈的氛围,既要反映出以和平、团结、友谊为宗旨的体育精神,也要展现出学校的特色和组织工作的水平,同时还要表达对观众、全校体育健儿的热情欢迎和运动会成功举办的美好祝愿,是学校更好地开展教育,把教育活动做出实效,检验学生创造力、想象力、意志力的舞台。在这里表演的主角是学生,真正体现了运动会是学生德、智、体、美交融的运动会。

学校运动会的开幕式流程一般如下:

(1) 大会主持人宣布运动会开幕式开始,介绍参加开幕式的领导、嘉宾和相关人员。

(2) 入场式。各代表队入场,入场线路一般为由主席台左侧开始,经过主席台前,最后进入场地中央,按事先安排的顺序面向主席台,成纵队排列。

(3) 全体起立,升旗,奏(唱)国歌,行礼。

(4) 校长致运动会开幕词。

(5) 裁判员代表宣誓。

（6）运动员代表宣誓。

（7）文艺汇演。

（8）开幕式到此结束，领导退席，运动员、裁判员退场。

（9）主持人宣布运动会正式开始，播放《运动员进行曲》。

二、运动会闭幕式流程

运动会闭幕式一般是对运动会的圆满成功表示祝贺，总结运动会的各项赛事、裁判员、运动员的成绩及相关精神，弘扬友谊第一，比赛第二和更高、更快、更强的体育精神，促进学生德、智、体全面发展。一般流程如下：

（1）主持人宣布闭幕式开始，介绍参加开幕式的领导、嘉宾和相关人员。

（2）运动员入场。

（3）全体起立，升旗，奏（唱）国歌，行礼。

（4）宣布比赛名次，颁奖。

（5）校长致闭幕词。

（6）主持人宣布运动会圆满结束。

三、教师在运动会上应注意的礼仪

（1）注意着装。有比赛项目的老师一定要着运动服，不能将秋衣秋裤当运动服。没有项目的老师的穿着，可以随气候、场所和个人爱好而定。穿运动服为最佳，也可穿休闲服，穿西装和旗袍与运动会的氛围格格不入。要注意公共场所礼节，即使天热，也不能只穿一件小背心，更不能光着膀子观看比赛，这样不大雅观。

（2）严守时间。运动会开幕式象征着运动会的开始，是激发、鼓舞运动员的热情和斗志的，是宣传吸引观众的，因此要按时进退场，不随意中途离席。无论教师还是学生都要听从大会指挥，严肃认真，使开幕式气氛隆重热烈。另外，有比赛项目的老师一定要注意自己参赛项目的时间，同时提醒班上学生相关赛事的时间。

（3）尊重裁判。友谊第一，比赛第二，重在参与。教师要指导学生运动员保持良好竞赛风格，正确对待输赢，不过分计较得失，要尊重裁判判决，不与裁判直接发生争吵，有异议的问题可通过正常途径协商解决，不能在运动场上辱骂、殴打裁判，也不能做有损其他运动员、违背体育道德的事情。

（4）观赛心态平和。教师观赛要鼓舞选手志气，不偏袒自己所带班级队员，不敌视对手，应以公平竞技的态度观赛。精彩的体育比赛振奋人心，欢呼和呐喊是很自然的事情。教师可以为自己所带班级队员叫好，但不应该辱骂其他队员。如果是精彩的场面，不管是不是自己所带班级的队员，都应该鼓掌加油，表现出尊重和友好。

（5）遵守公共道德，讲究卫生。教师观看运动会，应注意自己的言行举止。不吸烟、随地吐痰，不乱扔果皮纸屑，不投掷空罐，不随地睡觉、换脱衣服等。不大声喧嚷，或施以嘘声讪笑、粗言辱骂，在比赛中起哄、乱叫、向场内扔东西、鼓倒掌、喝倒彩都是没有修养的表现，要适时、适度鼓掌，当文明观众。也不要在观众台看书、看报、玩手机，显示对比赛漠不关心。

(6) 不带年龄太小的孩子观看比赛。小孩的热情，往往只有三分钟，很快就会对比赛没兴趣，之后容易到处跑甚至哭闹，影响周围的观众。

(7) 运动会宣布结束后，教师应组织学生有序退场，并带头做出表率，不抢、不挤、不乱穿。

第四节 班会礼仪

班会是学校集体活动中最主要的组织活动之一，是班主任根据当前形势和班级学生思想实际，和班委会成员共同协商，并领导和指引，以班级为单位，围绕班级学生关心或存在的某一方面的问题而组织的对全班同学开展教育的活动。班会是班主任或班委会对班级进行有效管理、指导和教育的重要途径和形式。在班会上，每个同学都可以先发表自己的意见，参与集体管理，研究解决班级中的各种问题。

班会一般分为定期或不定期两种，定期班会是指每周、每月、每学期、每学年中较固定已形成惯例的班会。定期班会的内容往往也比较固定。非定期班会，往往由班主任根据学校要求或形势需要而临时决定召开，以解决具体的问题。

班会开展的内容没有统一的规定，丰富多彩的班会主题既可以是专门为解决班级目前存在的某个问题而召开，也可以就某项教育展开，如热爱祖国、热爱集体、团结互助、文明礼貌、助人为乐、学习心得交流、环境保护、遵纪守法等，活动形式也多种多样，不同的班会主题，开展形式和具体程序也会有所差异。因此，班主任在开班会前，为使班会达到预期目的，应针对不同的主题对班会方案进行设计。

一、设计好班会方案

在设计班会时，应考虑将教育性、趣味性和创造性结合起来，不仅体现班主任的引导作用，还要发挥学生的主体作用，使班会达到预期的教育效果。因此班会方案的设计至关重要，一般而言，它包括以下几个方面：

(一) 确定班会主题

也就是教师召开此次班会的目的，要有针对性。尽量选取学生成长中存在的问题，面临的困惑，班级中一些不好的苗头，典型事件或节日和学校所开展的主题。如“天生我才必有用”、“理解时尚，追求真美”、“诚信——人生的基石”、“感恩父母”、“新学期我能行”、“让理想之帆扬起”、“什么是真正的爱情”、“勤俭节约，从我做起”等等。

(二) 准备班会

(1) 提前告知学生。向学生说明召开班会的目的，让每一位同学都能充分准备，参与到班会中来。

(2) 召开班干部会议，讨论班会的程序。确保班会的每一个环节落实到位，班会程序的安排设计要循序渐进，过渡自然，富有创造性，达到主题班会设计的预期目的。

第一，确定男女主持人和发言稿。对导入、过渡、结束过程中语句的衔接等都要考虑周全，设计详尽。

第二，确定班会的形式、节目、记录人员和演出人员。这项工作可以和班委成员共同协商讨论确定，班干部和班上学生是同龄人，更能提出符合他们年龄特点的班会形式。一般可采用知识竞赛、演讲比赛、讲故事比赛、手工小制作比赛、诗歌朗诵比赛、化装表演、小品、辩论会、座谈会、歌舞会、学习经验交流会等几种形式，避免单调乏味地对学生进行说教。也可以利用时间参加社会实践活动、学雷锋做好事，然后组织学生进行评议或写观后感，写调查报告，再集体讨论等，总之，只要是结合本班的实际，能对学生和班集体起到一定教育作用的活动，都可以作为主题班会的形式。

这里要提醒教师注意的是，要尽量使班会形式活泼多样，避免重复，以免使学生丧失兴趣。

(3) 对班会中的节目进行排练。准备好节目中所需的各种资料、道具、伴奏带及音响。

(4) 邀请嘉宾。嘉宾一般坐在教室后边，或是比较靠里的位置。

(5) 设计、布置班级环境。

(6) 班主任准备点评总结。

二、班会中的礼仪

班会是以特定的内容如理想、前途、道德、纪律等方面为主题，对学生进行政治教育、思想教育、道德品质教育、法纪教育和良好个性心理品质的教育等，使学生提高自我教育的能力，提高对某一问题的认识能力，对形成团结奋斗、积极向上的班集体，对学生的健康成长，都具有重要的意义，教师应注意自己的言行举止，以发挥班会的正向积极作用。

(1) 教师应提前到会，仪容整洁，衣着得体，仪态大方，精神饱满。

(2) 教师作简短发言，宣布班会开始后，就应按照设计的程序，由学生自行组织、主持召开班会。在班会过程中，教师应带头遵守会议纪律。

(3) 在班会过程中，教师要让学生当主人，自己当参谋，学生的参与率要高，要调动每个学生的发言积极性，不要开成某几个学生的专场。对于学生的不正确见解，教师要因势利导，发表意见或救场，把活动开展下去。

(4) 班会时间不宜过长，以一节课为宜。

(5) 班会的最后，班主任要进行小结，启发同学们去思考，扩大教育影响，给班会起到画龙点睛的作用。

例："感恩父母"主题班会设计方案

一、班会目的

在平时与家长的交流过程中，我发现我班学生已经习惯了父母的爱，对父母的爱视而不见，觉得父母所做的一切都是应该的、理所当然的。有的在家对父母大喊大叫，有的在家对父母的关心不闻不问，表现冷淡等，学生头脑里虽然有要爱父母的概念，但不知道具体怎么做才是爱的表现，针对我班普遍存在的这一现象，我设计了以"感恩父母"为主题的班会，让学生了解父母之爱，体会父母之爱，从而理解父母，尊重父母，热爱父母，感恩父母，知道怎样做才是爱父母的表现，从现在做起，从点滴做起，学会结合日常实际生活，为父母做些力所能及的事情，来回报父母的爱。

二、班会的准备

(1) 下发《致家长一封信》，让学生带给父母，与家长交流，了解学生在家是如何尊敬父母、孝敬父母的，让家长描述孩子在家的具体表现。

(2) 让学生通过写小作文《我的爸爸》或《我的妈妈》来了解父母。在此基础上，让学生回忆"父母对你的爱体现在什么地方"和"与父母之间发生的最难忘的事"。同时让学生利用休息时间观察父母的家务劳动情况，可以以日记的方式记录下来，并在早自习、班会上进行小结。

(3) 开展"爱的回报"实践体验活动，天天坚持为自己的父母捶背、倒水、帮父母做力所能及的家务，如扫地、拖地、擦桌子等，并通过写体验日记、拍照、拍 DV 的方式，记下帮父母做家务的体验经历和真实感受。

(4) 将实践体验活动与班级开展的"红花评比"相结合，对完成作业优秀的同学奖励 5 朵花；与家长密切配合，被父母夸奖的同学奖励 4 朵花。这样既调动了学生参与活动的积极性，又使各项教育活动有机结合。

(5) 利用早自习、上课前、班会等各种活动进行小主持人的培训工作，提高主持人的主持能力。

(6) 全班同学学唱歌曲《感恩的心》、诗朗诵《爸爸妈妈，我爱你们》，为班会的顺利召开作好准备。

三、班会实施

（一）教师简短发言，主持人宣布班会开始

（二）班长讲话

（三）活动开始

(1) 学生介绍自己的爸爸、妈妈。介绍父母的生日、爱吃什么菜、爱好是什么等。

(2) 学生具体谈爸爸妈妈关爱自己的事情。

(3) 用实际行动证明自己对父母的爱，展示"爱的回报"实践体验活动，教室多媒体播放：替爸爸妈妈做家务的短片或学生宣读在实践体验活动中记录下的日记。

诗朗诵：《爸爸妈妈，我爱你们》

(4) 学生自由发言，让学生知道怎样做才是孝敬父母的具体表现。

(5) 家长代表发言，使学生感受到为父母做一些力所能及的事情的快乐，能坚持将"爱的回报"活动继续下去。

(6) 学生向爸爸妈妈说说自己的心里话，可在卡片上写上自己感恩的话语，送给爸爸妈妈，或直接说给爸爸妈妈听。

(7) 大合唱《感恩的心》。

(8) 班主任总结发言。

（四）主持人宣布班会结束

例："感恩父母"班会后班主任的总结发言

刚才听了同学们的发言，作为班主任，我想把我的一点体会和感受拿来与大家分享。

我们有的同学谈到了自己的父母省吃俭用，却对自己毫不吝啬，内心非常感动；有的同学谈到了父母到学校给自己送好吃好喝的，自己却嫌父母土气，感到非常内疚；还有的同学谈到了自己偶尔学做饭，虽然做出的饭菜不是很可口，却让父母很感动等。大家都提到了现在唯一想干的事情就是好好学习，报答父母，善待父母……老师非常的欣慰，非常的感动。同学们在成长中逐步学会了关心父母、体贴父母、照顾父母，这是最难能可贵的地方。这里我也把你们父母在信中对你们的期望读给你们听听，你们可以体会到父母养育你们的良苦用心。××的妈妈在信中说："孩子，妈妈希望你能健康成长，开心快乐每一天。"××的爸爸在信中说："儿子，爸爸希望你努力学习，在困难中成长，走向成功的人生。"××的妈妈在信中详尽地诉说了在××的成长过程中夫妻俩所付出的心血，他们希望女儿奋发向上，开心学习，找到属于自己的理想人生。同学们，可怜天下父母心！天下父母都有一个共同的愿望：那就是希望自己的孩子能够健康成长，学有所长，找到适合自己的事业，成为国家的有用之才！我希望同学们不要辜负了父母对你们的期盼，不要辜负了老师对你们的寄托，要踏实学习，刻苦奋进，争取考上理想的大学。同学们，请记住：今天我们播下的是希望的种子，洒下的是勤劳的汗水，明天收获的将会是累累的硕果！

总之，召开班会并没有一个固定的模式。我们必须从实际出发，把思想性、趣味性、知识性、教育性结合起来，最大限度地发动学生，做到寓教于乐。

第五节　班级联欢会礼仪

班级联欢会是班级根据学校中心工作、重要节日和德育任务而举行的一种以情感交流为目的的较为轻松的聚会方式，形式通常以文艺活动为主。旨在增进同学间的友谊，增强班级凝聚力，丰富学生的课余生活，增强学生的自信心，同时也为学生提供一个展现自我的舞台。班级联欢会通常有国庆晚会、元旦晚会、圣诞晚会等。

一、班级联欢会的准备

班级联欢会一般会在本班学生所在教室举行，为使班级联欢会圆满举行并达到预期效果，教师需做到：

(1) 提前告知学生时间。让每一位同学可事先根据自己的特长，着手准备节目，都参与到联欢会中来。

(2) 召开班会，商定班级联欢会流程及组织、负责人员。

第一，确定男女主持人和发言稿。对导入、过渡、结束过程中语句的衔接等都要考虑周全，详尽设计。

第二，确定联欢会的节目名单、顺序和演出人员。指定专人负责落实，制定出节目单，联系相关人员。

第三，做好资金预算，指定专人负责落实准备各种资料、服装道具、伴奏带及音响，以及会场服务物品，如零食小吃、水杯、茶叶等。

一般班级联欢会流程：学生到教室坐好——会场一切准备工作就绪——准时开场——主持人宣布联欢会开始——班主任致辞——节目表演——主持人宣布联欢会结束——清理教室。

(3) 排练、彩排联欢会节目。

(4) 邀请嘉宾，提前发送邀请函或贺卡。

(5) 设计、布置班级环境。

二、班级联欢会礼仪

(1) 教师要提前到场,不要让学生等教师。在一般情况下,教师如参加班级联欢会,至少应提前10分钟左右到教室,班主任至少要提前半小时到教室,切忌迟到。在安排给自己的座位上就座时,教师要坐姿优雅,尽量不要将椅子弄出响声,或坐姿不端。

(2) 教师参加班级联欢会时,应注意仪容整洁,衣着得体,举止适宜。讲究卫生,不随便吸烟,不随地乱扔垃圾、果皮纸屑。

(3) 班主任要安排专人负责接待邀请的来宾,引领他们到来宾席就座。

(4) 专心观看,尊重表演者,自觉维护联欢会的秩序,保持安静,使联欢会顺利进行。不随意交头接耳,窃窃私语;自觉关闭手机或使其处于"静音"、"振动"状态,不随意接打电话,实在要接打电话,应找合适机会去教室外接打电话,不能在教室内随意走动或大声讲话等。不得提前离开,即使有急事,也要等正在进行的节目完毕后方可离开。

(5) 适时鼓掌。节目表演者入场或退场时,教师应带头有礼貌地鼓掌。演出至精彩处时也应即兴鼓掌,但时间不宜太长。对可能表演不佳的演员,要予以谅解,带头鼓掌。

(6) 教师如即兴被现场学生要求表演,应积极参加,避免让场面尴尬,破坏气氛。

(7) 教师还可帮助学生负责会场纪律维持、会场后勤保障以及处理紧急情况,保证联欢会取得圆满成功。

(8) 联欢会结束后,教师可帮助学生清理教室,打扫卫生,归还所借物品。

第六节 校园舞会礼仪

舞会是一种比较普遍的社交活动,它能促进人与人之间的交往和增进友谊。校园舞会是学校为了庆祝重大节日、校庆或欢迎来宾而举办的,教师可在舞会上结识朋友、增进交往、加深友谊,也可以通过舞会陶冶情操、锻炼身体、丰富文娱生活。

一、舞会前的准备

(1) 舞会前应洗澡,换干净衣服,遵守时间,准时到达舞会地点。

(2) 仪容整洁,穿戴大方得体。

男教师应注意梳理头发、剃须,穿西装、系领带、穿皮鞋或者其他整洁的服装。

女教师可以化淡妆，洒香水，适当佩戴一些首饰，穿便于舞动的裙装或旗袍，搭配色彩协调的高跟皮鞋。不宜穿过分妖艳的服装。对于女士来说，装束应该是长款的，并做到所能承受的最精致的程度。穿裤子通常是不允许的，除非这种女裤的设计非常精致，看起来和正式的舞会女裙一样得体。不允许戴帽子、墨镜，穿拖鞋、凉鞋、筒靴等。

(3) 不要吃带刺激性气味的食品，如韭菜、大蒜，不要饮酒等，要注意清洁口腔，如漱口，嚼口香糖、茶叶等。

二、邀舞礼仪

(1) 当舞曲响起时，通常由男教师主动邀请女教师跳舞。邀舞时男方要大方地走到女方面前邀请，当走到女教师面前时，面带微笑，15 度弯腰鞠躬，并礼貌地说“我可以请你跳这支曲子吗?”或者“请你跳个舞可以吗?”等。

(2) 如果女教师有家属或男舞伴在身边，一般不宜前往邀请，或征得其家属、男舞伴的同意后再邀请。如“请你的舞伴跳个舞可以吗?”或“请允许我同你的舞伴共舞”等。得到允许后，再与女教师走进舞池共舞。

(3) 如果自己带有舞伴，一般第一首曲子和最后一首曲子应邀其共舞。

三、应舞礼仪

(1) 舞会上女教师不要轻易拒绝他人的邀请。

舞会是通过跳舞交友、会友的场合，女教师可以拒绝个别“感觉不佳”的男士的邀请，但要注意分寸和礼貌用语，要委婉地表达。拒绝男教师邀舞时可以委婉而礼貌地说“对不起，我已经答应那位男士的邀请了”、“对不起，我不会跳这支曲子”。

(2) 男教师邀舞时，女教师应说“谢谢”或微笑起立走向舞池；对同一男教师的第二次邀舞，一般不应拒绝。

(3) 两位男教师同时邀舞时，从国际礼仪的角度考虑不难解决，女士面对两位或者两位以上的邀请者，最能顾全他们面子的做法，是全部委婉地谢绝。如果两位男士是一前一后走过来邀请，则可以“先来后到”为顺序，接受先到者的邀请，同时诚恳地对后面的人:“对不起，下支曲子我跟你跳”，并要尽量兑现自己的承诺。

(4) 不要刚拒绝一位男教师的邀舞，马上又接受另一位男教师的邀舞。

(5) 一般情况下，女士是不用主动邀请男士的，但特殊情况下，需要请长者或者贵宾时，则可以不失身份地表达:“先生，请您赏光。”或:“我能有幸请您吗?”

四、共舞礼仪

(1) 共舞时男女双方应面带笑容，表情谦和悦目，给人以优美感；动作要协调舒展，和谐默契。说话和气，声音要清细，不要旁若无人地大声谈笑。

(2) 舞姿尽量标准：整个身体始终保持平、正、直、稳，无论是进退，还是转动都要掌握好重心，跳舞时男方用右手扶住女方的腰肢，左手抬起使左臂以弧形向上与肩部呈水平线，掌心向上，拇指平展，将女伴的右掌托起；女方将左手轻轻放在男方右肩上，目光一般超过对方的肩往后看。

(3) 男教师要体现绅士风度。如：跳舞时要与舞伴保持一定的距离，左手轻扶舞伴的后腰(略高于腰部)，尤其在旋转的时候，男士一定要舞步稳健，动作协调，注意照顾女士的舞步，如转圈、跳花要提醒一下。万一，发现女士晕眩，男士一定要做好"护花使者"，护送回原位。在一支曲子结束后，男教师应谢谢女士并礼貌地将女士送回原座位，道谢后，再去邀请另一位女士。

(4) 通常情况下，两位男教师不可以共舞。两位女教师可以共舞，但在有外宾或在国外的舞会上，两位女士也应尽量不共舞。

五、何时离开舞会

什么时间离开舞会较为合适？这个没有定论，最好是坚持到舞会结束后再离去，也是对学校举办舞会的支持。如果有特殊情况，可以跟相关人员交代一下，说明原因，只要不是只跳了一支曲子显得应酬的意图过于明显就可以了。

思考题

1. 在升降旗仪式上，教师应注意哪些方面的礼仪？
2. 开学典礼和毕业典礼上，教师应注意哪些礼仪？
3. 教师在运动会上有哪些要注意的礼仪？
4. 一次成功班会的召开，教师需要做哪些方面的工作？
5. 在班级联欢会上，教师应注意些什么？

第四编

交往礼仪

第八章 教师生活交往礼仪

在学校工作中，教师除了教学工作外，不可避免地要与学生、同事和家长打交道。教师与学生、同事和家长关系融洽，是教师提高工作的兴趣、感受教书育人的乐趣，成为一名幸福教师的重要原因之一。

第一节 教师与学生课外交往的礼仪

我们已详细讨论过教师在课堂上与学生交往，建立良好师生关系的相关礼仪，那么在课外教师该如何与学生交往，赢得学生的尊敬、爱戴，从而建立起良好的师生关系呢？

一、在校园与学生相遇礼仪

在校园中，教师应仪容整洁、仪表端庄，遇到学生，应微笑示意。如有学生打招呼，应礼貌回应，不能面无表情、似理非理，甚至连头也不抬。碰到有学生问路或找人，应热情相助。同时注意自身行为举止，不随手乱扔杂物，看到杂物主动弯腰捡拾。

有一次在学校碰到我们的一个老师，跟他打招呼，感觉老师爱理不理的，慢半拍，真是郁闷啊！

有一次在食堂打饭时，我不小心用汤弄脏了一位教师衣服，看得出来当时那一刻他很生气，但出乎我意料的是，这位老师见我吓着了，不仅没有生气，还通过这件事让我增强安全意识，没有责怪我。

学校无小事，事事教育人。教师在课堂外，也不要以为不在学生面前了，就放松了对自己的要求。教师职业的特点决定了教师为人师表的独特作用，教师的素质修养有着严格的自律性，要求教师不能当着学生的面是一套，背着学生又是另一套。所以作为教师，要有慎独的精神，时时处处严格要求自己。

二、与学生谈心礼仪

由于课堂教学是教师同时面对几十名学生进行教学，每一个学生的心理过程都不相同，而且有的学生极易受外界信息的干扰，因此教师无论采取何种预防控制措施，在课堂上，总会有学生开小差、做小动作、走神。对于这些学生，除了课堂上教师采取相应的策略帮助他们外，课后要找他们谈话，了解他们的思想状况、违纪原因，并及时加以劝诫、指导、鼓励，帮助他们形成良好的听课习惯、学习习惯。还有那些成绩不理想、有网瘾、对老师有抵触情绪，甚至有逆反心理的学生等，教师同样要找他们谈心，为他们讲解人生的道理，给他们以信心、鼓励。但是，教师在准备找学生谈心前，也要注意相关礼仪，不要让学生觉得很突然，接受不了，甚至产生抵触情绪，使谈心起了反作用。

1. 找学生谈心前，教师应做适当的准备

要想与学生进行一次成功的谈话，教师需做适当的准备。遇到谁就找谁谈，谈话时只知道训斥警告，或者是信口开河，张冠李戴，不仅表明你这位老师工作没有目的性、计划性，还会在学生中产生不好的影响。因此教师在找学生谈话前，应考虑一下找学生来谈话的目的，学生的情绪，怎样与学生谈，在哪里谈比较合适(谈话地点的选择)，等等。同时提前告诉学生，让学生有个心理准备。

2. 尊重学生的人格，不挖苦讽刺

苏联著名教育家苏霍姆林斯基曾说过：“教育成功的秘密在于尊重学生。”

上初三时有一次考试，我的政治考了班上的倒数第一，政治老师找我去谈话，在办公室里他要我站在他的前面，嘲弄我一个女生连政治都学不好，当时就说得我满脸通红，后来又非得让我在办公室里背书。自此以后我特别讨厌他，弄得政治总考得不好。

上高三前，我的基础很差，但我的数学老师从不嫌弃我，总把我与其他学生一样对待，面对考试一次次的不及格，总帮我找原因，给我鼓励，给我希望，在她面前我总能抬起头做人。最终我考上了大学，到现在都还感激她。

3. 态度和蔼，语气亲切，真诚坦荡

学生是活生生的有血肉有情感的人，教师在与学生谈心时，语气要平和，态度要温和，要做到真诚实在，动真情、讲真话，让学生感受到老师的关爱、信任、欣赏与鼓励。教师要用真情感染学生、打动学生。不要居高临下地只用大话说教，不

要翻来覆去总是说那几句套话,不以讹传讹,不言过其实,要真情流露,给学生以触动人心的感觉,让学生体会到老师的良苦用心,感受到老师高尚的道德情操与修养。

4. 善于运用幽默、双关等语言,激励、鼓励学生

每一位学生,其实都有他自己的长处,教师要善于发现并及时鼓励。我们有的教师说学生:"你算完了,屡教不改"、"将来是社会上的渣子"、"你早晚得进监狱"等。这对学生起不到任何积极的作用,相反,容易使学生破罐子破摔,越变越坏。尽管有些学生有时表现出"刀枪不入"的外在表象,但这只是个假象,每个学生的内心深处,都有一种强烈的积极向上的愿望,就是都希望自己成为好学生。

开学不久,陈老师发现杨亮同学有许多毛病。陈老师心想,像他这样的同学缺少的不是批评而是肯定和鼓励。因此,陈老师找杨亮谈话说:"你有缺点,但也有不少优点,可能你自己还没有发现。这样吧,我限你在两天内找到自己的一些长处,不然我可要批评你了。"

第三天,杨亮很不好意思地找到陈老师,满脸通红地说:"我心肠好,力气大,毕业后想当兵。"陈老师听了说:"这就是了不起的长处。心肠好,乐于助人,到哪里都需要这种人。你力气大,想当兵,保家卫国,是很光荣的事,你的理想很实在。不过当兵同样需要科学文化知识,需要有真才实学。"听了老师的话,杨亮高兴极了,脸上露出了微笑。从此学习成绩也慢慢提高了。

一天中午,六年级的一批孩子正在操场上打篮球,战况"激烈"。突然,学生甲和学生乙从人群中冲了出来,两人拳脚相加,气势凶猛,我见这阵势,就停在一旁瞅着他俩。

大概甲同学看到了我的神态,就慢慢地停止了他愤怒的"咆哮"。我走过去,默默地看着他俩,直到他们都低下了头,于是我开始说:"瞧你俩刚才的样子,好像恨不得把对方给吃了!要不要我在全校同学面前安排一次表演赛呀?"两位同学把头埋得更低了,红着脸说"不要"。

我看火候已到,就问他们:"打球时发生碰撞、摩擦的事是很正常的,再说了,同学之间的友谊是最珍贵的,不至于大打出手,有失风度不说,还在同学们面前丢面子!我现在不追究谁对谁错,只想问一句,这件事是你们自己处理呢,还是我来处理?"他们互相看了看,说:"自己处理。"于是我让他们商量处理的办法,商量好了再向我汇报。五分钟后,他俩握手言归于好。整个事情的处理用了不到20分钟的时间。

教师与学生谈话,出发点必须建立在激励上进心,增强自信上,教师没有任何理由放弃对任何后进生的期望、帮助与教育。多鼓励,多表扬,使谈话如给学生的

一剂良药，增添信心，拼搏进取。

5. 学会倾听，问清缘由，耐心倾听，伺机疏导

人非圣贤孰能无过？学生犯小错误，也很正常，教师要耐心倾听，问清事情的来龙去脉，公平公正、科学地教育和引导学生，切忌不分青红皂白地训斥和惩罚学生，甚至动不动就喊："把你家长叫来！"在与学生交谈的过程中，神态要专注，不要左顾右盼，随意接打手机，也不要频频看表，要以敏锐的洞察力观察透视学生的心理变化，及时变换方式，因势利导，耐心地启发学生。当学生对教师说出内心的秘密时，老师绝对要保密。学生能够向教师诉说心里话，证明学生非常信任教师，教师不应该轻易将同学生之间的对话拿到课堂上或讲给其他人听。不要让学生觉得难堪尴尬，背上思想包袱。

高中时班上有一个假小子，她刚转到我们班不久，班里就连续有人丢东西，有人告发说是新来的同学干的。班主任在处理这件事情上很有艺术性，他没有急于下定论，而是先去假小子家家访，了解到假小子的父母常年在外工作，家里姐妹很多，父母很想要个儿子，从小就把她当男孩来养。由于特殊的成长环境，使她养成了孤僻而又男孩子样的性格。对于班上被盗的事件，老师只是提醒大家注意，并没有指出是谁干的。以后，老师就经常找这个女孩子谈心，甚至在她缺钱的时候借钱给她。这位女生的性格逐渐开朗起来，班上再也没有发生失窃事件。

大伟是班上非常调皮的学生，他经常在上课期间扮鬼脸或者做些小动作，他就像班上的大王一样，平时同学们都得让着他。一天中午，班上的一名同学和外班的一个学生因为踢足球引发冲突动起了手。正巧大伟从家来到了学校，他看到同班同学被其他班同学欺负，就冲到前面和外班那名学生打了起来。吃了亏的同学找到大伟的班主任，狠狠告了他一状。

同学们都认为这次老师一定会重重地惩罚他。

班主任了解到事情的原委后，并没有立刻批评大伟，而是语重心长地对大伟以及其他同学说："首先我要批评大伟，批评他看到同学打架后非但不上前制止反而帮助同学打架的冲动行为。但同时我也要表扬大伟，表扬他帮助同学的高尚品德，只是这种帮助的方式不对。如果大伟能够改正，他将是一位非常好的学生。"老师的话让同学们非常吃惊，虽然受到了老师的批评，但是大伟的心里美滋滋的，以后他常在班级中帮助需要帮助的同学，上课时也不做小动作了。

一位学生考试作弊，教师没有马上作出简单处理，而是先让学生谈

原因。

学生说："从开学到现在，英语默写和小测验，成绩都不差。昨天晚上，家里来了不少客人，我没复习好。我怕考不好别人讥笑，怕以前的努力白费了。"

这位教师从学生的表白中注意到了他的上进心，首先就说了一句鼓励的话："我理解你的想法，你想保住成果，这是一件很好的事啊！"教师的这句话引起了这位学生意想不到的惊讶。然后，这位教师转入对问题的分析，诚恳地说："但作弊这种行为不可取，要批评，但老师相信你仍然会跟以前一样努力，大家也不会以这次行为来否定你。"

这位教师对学生的作弊行为作出了实事求是的符合学生心理的批评处理，该学生如老师希望的那样，进步得很快，没有一蹶不振。

教师的信任、帮助、鼓励对学生而言，是什么也代替不了的良药，它能发挥巨大的作用，促使学生内心发生积极的变化，从而走向预期的教育方向。

6. 区别对待，动之以情晓之以理

每个学生都有自己的长处和弱点，教师要了解学生的个性特点，分别采取不同的方式找他们谈话。

对自尊心较强的学生（女学生）：教师要注意语气和声调，用温柔、委婉的方式更有效。

对自控能力较差、逆反心理较强的学生：教师要注意逻辑性，特别是引导性，要做好打持久战的准备，用耐心、恒心、爱心去感化他们。

对自觉性好、成绩较好的学生：教师要注意暗示，用"借题发挥、旁敲侧击"让学生自己了解自己的缺点。

对性格外向的学生：教师可开门见山、直截了当地进行谈话。

对成绩不理想、没有自信心的学生：教师要注意对他们自信心的培养，多用鼓励的言辞，对他们身上的优点多加表扬。

……

每一个学生都是独一无二的个体，我们常说"没有教不好的学生，只有不会教的老师"，只要老师愿意尝试帮助学生，肯于尝试多种方法帮助学生，我们相信就是石头也会被感化，更何况是内心善良、纯洁有爱的学生呢！

第二节　与同事交往的礼仪

在学校，除了学生，同事应该是教师每天上班都会与之接触、交往的人了，如何与同事交往，创造和谐的工作环境，使学校成为教师乐于工作、勤于工作、开心工作的乐园，需要教师从自身做起，注意相关礼仪。

一、同事相遇礼仪

在校园中，教师早晨相遇时，可以互相道声“早”；课间相遇时，互相点头微笑；下班相遇时，互相道声“再见”。得到别人帮忙，赶紧说声：“谢谢！”、“辛苦了！”在校园内其他场合或校外公众场合相遇时，应微笑示意，或主动打招呼。如对方先打招呼，应礼貌回应，不能面无表情、似理非理，甚至连头也不抬。

二、同事交往礼仪

人是一切社会关系的总和。一个人生活在社会中，就必然会与其他人打交道，竞争与合作是社会的主题。人与人之间的竞争与合作是社会生存和发展的动力，也是个人挖掘自身潜能，实现自我价值和奋斗目标的前提。那些善于处理同事关系，巧妙赢得同事支持的人总能使自己的工作风生水起，而那些自命清高，不屑或者根本不会与同事交往的人，则免不了觉得举步维艰、做人艰难。教师如何与同事交往，获得工作中的幸福感，使自己在事业上获得成功，在工作中得心应手，就需要懂得一些同事间相处的学问。

1. 面带微笑，真诚相待

每天到学校，对每一个遇见的同事微笑示意，或面带微笑说声：你好。无论是门卫、领导还是普通教师，一视同仁，不要在领导面前就充分表现自己，溜须拍马，在同事面前就爱理不理，脸色难看。一定要记住的是，尊重别人就是尊重自己。

2. 平等友好，不结小圈子

尽量跟每一位同事都保持友好的关系，不要和同事结成好到只有你们二人或几人的小圈子，一方面这说不定会引起某些圈外人的对立情绪，无形中缩小你的人际圈，另一方面同事是一起共事的人，有时难免会碰到某些利益的竞争，如果产生矛盾，平常过密的私交可能会为自己埋下定时炸弹，对自己没好处。尽可能跟每一个同事友好交往，把握好感情和距离的度，不搬弄事非，散布小道消息，自然能获得他人的信任和好感。

3. 宽容大度，心胸开阔

生活中，人们都是习惯于接近那些心理健康、乐观上进、心胸宽广的人，对那些一遇到挫折，受到委屈，就牢骚满腹、怨气冲天，逢人就诉苦的人，都是唯恐避之不及，自动退避三舍的。教师一定要知道工作中难免会遇到挫折、受点委屈，生活没有一帆风顺的道理，要学会自我调节，把注意力放到充满希望的未来，做一个生活的强者，才会赢得人们的尊重。在生活中，当自己的利益和别人的利益发生冲突时，宁可自己吃一点亏。这绝不是阿Q式的精神自慰，而是对做人的礼仪的高度概括和总结。宽容不仅是做人的美德，也是一种明智的处世原则，是人与人交往的“润滑剂”。常有一些所谓的厄运,只是因为对他人一时的狭隘和刻薄而在自己前进的路上自设的一块绊脚石罢了;而一些所谓的幸运,也是因为无意中对他人一时的恩惠和帮助而拓宽了自己的道路。

4. 修饰自己,赞美别人

教师良好的个人形象不仅能体现教师自身的素养,还能让教师有个好心情。但教师在合理装饰自己的同时,也不要忘记赞美身边的同事,记住一个小规则“逢物加钱,逢人减岁”,但应注意态度真实、诚恳。

买东西是我们每个人日常生活中再平常不过的一种生活行为,人们普遍的购物心理是物美价廉。

尚老师买了一套样式挺不错的西服,李老师知道这套衣服两三百元完全能够买得下来。但李老师在猜测价格时说:“这套西服真不错,至少得花四五百元吧?”尚老师听后就非常高兴,笑着说:“你没想到吧,我只花200元就买下来了!”

当人们发现自己能用“廉价”购得“美物”时,往往会有一种兴奋感、成就感,感觉自己很会买东西。这里李老师的说话方式是很有技巧性的,他在知道尚老师大概花了多少钱买下这套衣服的情况下,故意说高于衣服的价格,从而使尚老师产生成就感,当然会使他高兴啦。但是“遇物加价”也要注意,首先你要对商品的物价心里有底,其次是不能过于高估,否则会收到反效果。

另外,人们总是希望自己永远年轻而不要过早地老去,所以,成年人对自己的年龄是非常敏感的。例如,你是一位刚刚30岁出头的小伙子,却被别人看做是中年人了,你心里能高兴吗?当一位三四十岁的女教师,你说她看上去只有二三十岁,一个五十多的男教师,你说他看上去只有四十多岁,这种“美丽的错误”,会使对方觉得自己显得年轻,保养有方等,进而产生一种心理上的满足,他是不会认为你缺乏眼力,对你反感的。相反,他会对你产生好感,形成心理上的相容。

5. 热情大方,乐于助人

要获得真正成功的人际关系,就只能用真诚去打动别人的心,雪中送炭、患难见真情。真诚地帮助他人:一是帮助他人时,不要怀着某种个人目的。因为,一旦对方发现你有所图,即使你对他再好,也只能引起他对你的敌意,并拒绝和你继续保持良好关系。二是对别人的帮助,要落到具体的行动上,不要只停留在口头上。三是要注意方法,不要挫伤他人的自尊心。

路遥知马力,日久见人心,时间是最好的检验剂。我们相信,只要教师真诚相助他人,自然能赢得他人的信任与尊重,为自己积累好人脉奠定良好的基础。

6. 衣着得体,言行适宜

教师穿着不是为了与同事攀比,不是为了在同事面前炫耀,而是应符合自身的特点，体现自身良好的精神风貌。与同事交往的过程中，应三思而后言，三思而后行。只有“三思”，才可以将自己的观点梳理清晰，并言简意赅地表达出来；只有“三思”，对方才会感觉到自己的诚意，并对自己的话给予重视；只有“三思”，才不会因失言而冒犯对方；只有“三思”，自己的行动才较为合理。譬如：看到同事聚在一块，非得凑过去生怕漏掉什么重要消息、明明没你的事却老想插手、喜欢发表长篇大论、喜欢证明辩论自己是对的……诸如此类，对分内的事积极绝对值得赞赏，但若是积极过头了，就可能招致人际关系恶化。在请求同事帮助或打断他人工作时，应常说“打扰了”、“不好意思”之类的话。

7. 尊重他人的私人空间

在找其他同事时，应先敲门再进入他们的办公室；未经许可不随便翻阅别人的东西；不私自阅读别人办公桌上的信件或文件。

8. 保持公共卫生

教师应注意保持校园公共卫生的清洁，不随地吐痰、乱丢东西，废物应准确地抛入垃圾桶。如厕后，谨记冲厕等。

三、教师办公室礼仪

(1) 不迟到、早退。仪容整洁、服装得体、举止庄重。

(2) 保持办公室的清洁卫生，办公桌干净整洁。及时清理办公桌上的物品。负责卫生值日工作的老师，要提前到办公室，按要求自觉做好相关工作。早晨上班第一个进入办公室的教师，应主动开好门窗。

> 我高一的物理老师，是个有点懒的人，我每次进办公室拿作业本时，都发现他的桌子乱七八糟，桌子上还有烟头，这让我很不是滋味，并且发现他的茶杯里泡的茶叶都N多天没换了，茶杯里有黄色的水印，作为老师，办公室里的整洁也很重要，老师应该自己整理好东西，这也是对他人的一种尊重。

(3) 不在办公室吸烟、扎堆聊天、大声喧哗。不在办公室打听他人私事、议论他人，不诉说家事、炫耀自己。当别的老师找学生谈话时，不随便插嘴干扰。

(4) 尊重他人，理解他人，求同存异。每个人的出生背景不一样，成长环境不一样，所受的教育不一样，人生的经历也不一样，这就决定了每个人的情感不一样，性格不一样、思想不一样。教师没有理由轻视任何一位同事，也没有理由一味迁就某个同事，投其所好，最重要的就是尊重理解，求同存异。

(5) 真诚待人，乐于助人，宽以待人。不随便翻动别人的东西；当办公室门口有学生喊报告时，最先听到的教师应热情而有礼貌地及时招呼学生“请进”。当学生要找的教师不在办公室，或要拿的东西一时找不到时，在办公室的教师应热情给予帮助。有客人(或家长)来访时，应热情欢迎，微笑起立，让座请茶：“您好”，

"请坐","请喝茶"。如教师手头正有要紧的事要处理,应对客人讲"对不起,请稍候"。回来后或处理完事情了,应对客人说"不好意思,让您久等了"。如果被访的教师正好不在,其他教师也要热情接待,并帮助寻找被访教师。接待的客人如要离开,应起立送至门口道别:"欢迎您下次再来","慢走","再见"。

(6) 帮助同事,公平竞争。同事有困难,应主动提出帮助。不利用旁门左道与同事竞争,凭真才实学彰显个人能力、魅力。

(7) 同事之间最好不发生物质上的纠纷。同事之间可能有相互借钱、借物或馈赠礼品等物质上的往来,但切忌马虎,每一项都应记得清楚明白,即使是小的款项,也应记在备忘录上,以免遗忘,以提醒自己及时归还,避免引起误会。

(8) 节约水电,注意安全。下班最后一个离开办公室的,应关闭办公室所用机器的电源,关好门窗。

四、与领导相处的礼仪

(1) 仪容端庄,衣着得体,举止大方、自信。

(2) 工作积极、认真负责、能独当一面,完成领导安排布置的教学或相关任务。

(3) 坦诚相待,主动沟通,重要事情向领导汇报。到领导办公室前,要先轻轻敲门,听到应答再进。进入房间后,如对方正在讲话,要稍等静候,不要中途插话,如有急事要打断,也要等时机,并且要说:"对不起,打扰你们了。"

(4) 尊重领导、服从领导、维护领导的尊严,虚心接受领导的批评。尊重、服从领导,是下属的天职。要注意与领导相处的语言和行为方式。善于服从,巧于服从,不在人前与领导争胜负论高低,不当众纠正领导的错误,领导理亏时,要留个台阶给他下,尊重领导,委婉进言。要以领导为核心,尊重而不盲从;要以真诚为核心,不卑不亢,处理好领导、工作与自我的相互关系。

第三节 与家长交往的礼仪

要让学生健康、快乐地成长,学校、家庭和社会三方都有责任,但直接具体落实到孩子身上的主要是学校和家庭,而在学校和家庭中对孩子的教育有直接影响的是教师和家长。学生的教育,仅靠教师的努力肯定是不够的,因为教师不了解孩子在家的真实情况,这就需要家长的配合。同样家长也不清楚孩子在校的表现,想从教师那知道孩子在校的相关情况,这就需要教师与家长及时沟通,形成家校两者间的合力,这样对孩子的教育才会有针对性和连贯性。教师与家长交往,是教师和家长为了及时、准确地了解学生成长的各种信息、解决学生成长中的问题,相互交流思想、信息,尽量避免教师与家长对学生要求不一致,家校要求不协调的情况，减少家校两方在共同教育中的某些偏差、失误，及时有效地运用家校联系系统达到学校教育与家庭教育的协调、统一，促使学生向预期的目标转变、改变与进步的一种教育手段。

一、与单个家长交往的礼仪

由于学生家长的职业不同、层次不同，教育孩子的观念也不相同，要让他们都能与学校、教师“步调一致”，真的很不容易，因此作为一名教师，尤其是班主任老师一定要学会与家长交往，用自身的素质、魅力、学识、人格等，打动家长，争取家长的理解、支持，取得家校协同教育的良好效果，为培养人才提供一个良好的大教育环境。

1. 仪容整洁，仪表端庄，举止得体，语言文明

社会大众认为教师不仅是传授知识、传承文明，学识渊博的人，还应是道德高尚、积极向上、理智、稳重的典范。教师职业的特点，要求教师必须注意并维护自己的积极形象。在与家长沟通前，教师应事先有计划，把双方时间安排好，并事先列出具体谈话内容，然后再与家长沟通。

在与家长交往时，应注意使自己仪容整洁、仪表端庄、举止得体。在家长来访时，教师要面带微笑，热情相迎，表情诚恳、态度和蔼，家长走时要起身相送。在交谈中使用文明用语，如“请坐”、“请喝茶”等。当其他教师与家长交谈时，不随意插嘴干扰。这样就会使家长明白你是一个很有道德修养的老师，为彼此间的交流奠定良好的基础。

> 高中的班主任是位女老师，有一天有一个学生的家长来找她谈话，她便靠在栏杆上用手托着腮帮子看着那位男家长，我们正好在下面做早操，看到老师这样十分反感，从此以后议论纷纷，讨论老师的私生活。

> 我高中的班主任是位女教师，一次她找我们班上一位同学的家长谈话，由于办公室其他老师都在，她就让我们同学的父母到办公室外面谈话。但整个过程她都把身体靠在墙上，倾斜的站着，衣服还是紧身的，不注意的话还会走光。后来我同学的父母很疑惑地问我们同学：她真的是你们班的班主任吗？

人们常说：“教师无小节，处处是楷模”。以身作则是教师职业品德的重要内容，也是教师教育的魅力所在。教师的一言一行，政治态度，思想作风，道德品质，治学精神，行为习惯，都会对学生和家长有很深的影响。只有严于律己，才能以身作则，“凡是要求学生做到的事，教师必须首先做到，凡是不让学生做的事，教师必须带头遵守”，这是所有优秀教师的共同经验。因此教师在与家长交往的过程中，要注意自己的形象，给学生和家长留一个好印象，用自己良好的个人素质奠定交

往的良好基础，为自己的教育增添一抹亮丽的色彩。

2. 了解学生，肯定学生的闪光点

了解学生，这是教师与家长交往的首要前提。只有这样，教师在与家长谈论学生的时候，才能有针对性，才能够得到家长的认同。同时，在了解学生的基础上，要尽可能地挖掘学生的闪光点，并加以肯定。金无足赤，人无完人，再优秀的学生都会有缺点，同样，也不可能存在一无是处的学生，再调皮捣蛋的孩子，他的身上也会有闪光点，关键在于老师要善于发现其闪光点并加以肯定。哪怕这闪光点只是一刹那的极不明显的闪光，也可以帮助家长树立起教育孩子的信心。有的学生家长，由于经常听到对自己孩子在学校表现的负面的评价，对教育好自己的孩子已经失去了信心，觉得孩子一无是处，甚至无可救药，从而放弃对孩子的教育，那么教师在学校所进行的教育，即使不算是完全失败了，也必然大打折扣。所以，教师必须避免告状式的家校联系，不能在家长面前一味地数落孩子的不是。如果确实因为孩子犯了差错需要与家长联系，也应该与家长坐下来，共同分析孩子之所以会犯错误的根源，积极与家长达成共识，形成默契，互相配合，研究出最好的解决办法。尤其是对后进生的家长，更要体谅他们的难处。

我们班的小阳曾是个以调皮捣蛋出名的孩子，而这个学期，每一个教我们班课程的老师都对我说："小阳的进步实在太大了！"从一个作业拖拉，爱欺负女生的调皮鬼，成了现在规规矩矩的好孩子，他的变化颇费了我的一番心思。每次小阳的家长发消息问孩子在学校的表现，我没有一句批评的话语，我总是列举他在学校每个好的细节，如上课爱动脑筋了，课后能认真做好值日工作等，并且希望孩子的父母能对他多一些鼓励和加油，相信他能行。孩子的父母也非常配合，每次他们都会让孩子看我发的短信，让他实实在在感受到老师对他的信任和期望。

3. 对学生的评价客观、公正，与家长共同探讨教育孩子的方法

教师在向家长介绍其子女在校的情况时，一般就会谈到学习成绩、作业情况以及上课听讲等方面。对于差生，教师总是喜欢在家长面前数落孩子的不是，"这孩子经常不爱交作业"，"上课总爱开小差"，"考试一般是倒数"等。家长一听说孩子经常不交作业，回家就会强迫孩子做作业甚至因孩子反抗而打骂孩子，不准孩子出去玩。这样一来，学生就会对教师产生抵触情绪，从内心痛恨教师与家长联系。"学生经常不爱交作业"是不是就是这个学生从来没完成过作业？有没有那么一次作业做得好且交过的情况？因此，教师在向家长介绍学生的情况时，应实事求是，优、缺点都要做出分析，力求全面、客观、公正，让家长对自己的孩子有客观全面的了解，并和家长共同探讨教育孩子的方法。

有些家长，认为自己受教育程度不高，文化素质较低，或者由于工作繁忙，

从而对教师表示对教育孩子感到无能为力;有的家长溺爱孩子,放任不管;有的家长甚至认为只有打骂才是让孩子屈服的唯一办法等。此时,教师要帮助学生家长改进不良的教育方法,真诚地帮助学生家长改变错误的教育观念、教育态度和教育方法,使家长认识到自己教育方式的错误,体会到老师对他们的孩子发自内心真诚的关爱,自然也会想方设法对孩子多加督促与关心,把孩子教育好。例如,当孩子没有完成教师布置的任务时,教师会教育孩子:“自己要对自己的事情负责。”而有的家长怕孩子受批评,竟主动替孩子开脱责任:“是我不好,我没有提醒他。”从而使孩子心安理得地认为“完成老师的任务是爸爸妈妈的事,和我没有多大关系”。而有的家长则是恨铁不成钢,当众指责孩子:“你看别人怎么都完成了?就你忘了?”从而使孩子羞愧难当,自信心大受伤害。教师在与家长交流时,首先要理解、肯定家长良好的出发点,不要使家长有挫败感,同时建设性地给家长一些建议,使他们能够正确运用他们的爱去教育孩子,使孩子健康成长。

4. 尊重家长,理解家长,指导家长

尽管在教师与家长关系中,教师起主导作用,但他们在人格上是完全平等的,不存在尊卑、高低之别。因此,教师必须尊重学生家长的人格,特别是要尊重所谓“差生”和“不听话”孩子家长的人格。教师作为教育工作者,一般比家长,特别是农村的家长,要熟悉教育理论和方法,懂得教育规律一些,在与家长交往时,教师要采取尊重与指导相结合的态度。教师不应使用深奥难懂的专门术语,更不能因此以教训、指责的口吻与家长谈话,说你的儿子(女儿)在学校常常怎么怎么样,你身为家长是怎样教育自己的孩子的,等等。如果当着学生的面这样说,不仅损伤了家长在孩子心目中的威信,又会使家长难堪。一旦家长将这种羞愤之情转嫁于孩子,不管三七二十一,就给孩子几个巴掌,拳打脚踢,这样极易造成学生与教师的对立情绪,甚至是怨恨。学生的学习的态度也会一落千丈,家校联系的初衷和结果就南辕北辙。

尊重别人是自尊的表现,也是得到别人尊重的前提,正如常言所说:“敬人者,人恒敬之”。所以教师要以真诚与平等的态度对待学生家长,取得他们的信任,争取他们最大程度的配合,共同探讨对孩子的最佳教育方法,以达到共同教育的目的。教师绝对不能因为自己是专业的教育工作者,就以为自己才懂教育,只有自己才对如何教育学生具有发言权,从而觉得高人一等,与家长谈话的时候居高临下,盛气凌人。这样,就会造成教师与学生家长之间不应该有的隔阂甚至对立,于学生的教育工作有百害而无一利。

5. 公平对待每一位学生家长

教师不能戴着有色眼镜看家长,以貌取人,以职业、地位等区别对待家长。家长之间的差异是客观存在的,学历、文化水平、职位、性格均有所不同。无论家长间存在什么样的差异，从他将自己的孩子送到学校的那一天起，家长与教师就开始了共同的历程——教育好孩子。因此，教师应该深入地了解家长，学会与每一位家长交流，有针对性地与家长沟通，让每位家长都能感受教师的关注或重视。

以前读初中的时候，当有家长到教室找学生时，我们有位老师总是凭家长的衣着来决定是否叫学生出去，以及是否打招呼。这什么人，真是……

6. 耐心倾听，尊重家长的意见

教师与家长由于自身角色的不同，与学生的关系不同，在教育上的出发点不同，各自施教的时间、环境不同，在教育学生的问题上，可能会有一些意见和分歧。遇到这类情况，教师要平心静气，设身处地地从家长的角度思考分析问题，在交往过程中，学会换位思考，心平气和地跟家长交流。要用一颗平静的心去聆听，哪怕是一个再明显不过的借口，哪怕是听到家长或学生对自己的意见时，都要冷静，不能与家长争吵。当家长讲述完后，教师可再用事实或道理向家长证明或解释自己的做法，耐心说服家长，使他们认识到自身的言行对子女的影响，帮助家长了解怎样与教师配合共同教育孩子。只有在积极工作的同时保持着自己的耐心，做到不烦不躁，温和谦恭，才会赢得家长的支持。

我班的马宇翔个性强，脾气有些古怪，喜欢独自行事，不爱融入集体。平日里，马宇翔一直是他爷爷接送的，有事我都会和他爷爷交代清楚，并经常进行电话联系。在一个双休日的下午，我无意中和马宇翔的妈妈在超市碰到，她一副要和我聊聊的样子，使我不得不停下来，马宇翔的妈妈很快就把话题转换到孩子身上。关于马宇翔在学校的情况，她一连串地问了好多问题“他在学校听话吗?”“上课表现怎么样?”“学习成绩怎么样?”“喜欢和同学交往吗?”……我像作汇报一样一一进行了解答。看到平时较少接触，也不太多言语的马宇翔妈妈，今天可是很健谈，我感到了一位家长的需要，也意识到了今天一定是一个交流的好机会，于是我就定下心来耐心地听着关于马宇翔在家的情况，原来，最近妈妈发现马宇翔回家就知道写作业了，在家乖多了，喜欢画画，看课外书了，乱发脾气的现象也少多了，还知道关心父母了，还能帮家长做家务了。说是老师教育得好，才使他转变了。我边听边笑着肯定，并将马宇翔其他进步的地方也告诉她，他妈妈听了好开心，趁此我将马宇翔在校时还存在的某些缺点和不足告诉他妈妈，妈妈忙向我保证，回家帮助他。看着马宇翔妈妈高兴地与我道别而去，我的心情不禁也舒畅起来。

一次偶然的相遇，一次很好的沟通，使家长和教师对学生的了解都更进了一步。为此，老师更应积极、主动地关注学生，了解学生在家的具体情况，经常与学生家长保持联系，并注意沟通的方法和交流的地点，以尊重为先，耐心倾听，让他们感受到老师对他们孩子的关爱，以老师的真诚获取家长的合作。

7. 适时家访，以表扬学生为主

“家访”也是教师与家长交往的重要途径。教师家访前应事先与家长约定，不做“不速之客”，以免使家长因教师的突然来访而感到不自在。另外，家访前也要明确此次家访的目的，家访谈话时要有方向、有目的，讲究艺术，切不可漫无边际地闲聊。否则，既浪费了自己的时间，也耗费了家长的热情，使家长对老师的谈话失去兴趣。在反映学生在学校的学习、行为表现情况时，要以表扬为主，从赞扬的角度切入话题，对学生或家长的缺点委婉地指出或给出建议，让家长明白自己的孩子在某方面的不足或自己某些方面做得不对，知道今后该朝哪个方向努力。这样，不仅在家长面前给学生留了脸面，拉近了师生距离，也使谈话气氛活跃，场面融洽和谐。

一个星期天的傍晚，我到学生曹羽麟家家访时，正巧这个学生在外玩耍，家中有一牌局，父母在看牌，可以说一点学习环境都没有。我委婉地提醒他父母应该给自己孩子一个安静的学习环境。另外我检查发现，这个学生星期天的作业只完成了一小部分，而他的父母说，他们已经询问过孩子的作业情况了，孩子说已经完成。很明显他们对孩子作业的督促仅仅停留在口头上。我给他父母提出建议：建立家校联系本，让孩子把每天的家庭作业的要求写在上面，写完后由老师督促并签名，完成后由家长逐项检查核实完成情况并签名，至于作业的质量则由教师批改后在下次作业签名时反馈在这个本上。经过一段时间后，这个学生的家庭作业完成情况有很大的提高。在我的引导下，他父母对他的训斥和打骂也逐渐减少了。

教师在家访中要有诚心和爱心，讲话要注意方式，要多表扬孩子的长处和进步。如果教师对家长抱有诚心，对学生拥有一颗爱心，那么，家长必然会成为教师的朋友。

8. 与家长合作要正常化、常规化

家长若带礼物给教师，教师应婉言谢绝，或以适当的方式处理。更不能以学生为“人质”，向家长提不合理要求。

与家长交谈完或家访完后，为巩固沟通效果，教师应与家长保持电话联系，与家长配合默契，互通信息，使家校联系常规化。

二、教育博客、班级博客与班级QQ群礼仪

随着时代的进步，人们之间交往、交流的方式日益拓展，教育方式也与时俱进，有许多学校都建立了教育博客，许多班级都建立了班级博客和班级QQ群。

在教师的教育博客中，教师可利用文字、图片等多媒体方式，与其他教师博友交流教学方法，介绍教学经验，分享日常教学心得、教案设计、课堂实录、课件等，上传各种原创的教学理论文章、教学心得体会、教案、教学课件等；也可以畅谈教师日常工作、学习、生活。在班级博客和班级 QQ 群中，教师则可利用文字、图片、视频音像等方式，向家长全方位地展示班级学生的风貌，交流教育孩子的经验，传达班级工作的一些计划、安排等。

这一切就搭起了教师间相互学习交流的平台，搭起了家校相互了解的桥梁，搭起了展示学生特长的舞台，有利于促进教师进行教学反思，改进教学方式方法，增进教学实效；也有利于家长更好地了解孩子所在班级的情况，更全面地了解自己的孩子，从而使家校教育有机结合，形成合力，促进孩子健康快乐的成长。网络交流虽然是看不见的交流，但教师也应时刻牢记自己的教师身份，遵行必要礼仪。

1. 合法、文明使用教育博客、班级博客和班级 QQ 群

教师在上网时，应遵守国家有关计算机及互联网规定的法律和法规、实施办法，合法、文明地使用教育博客、班级博客和班级 QQ 群。严格执行安全保密制度，严禁利用网络媒体和工作之便披露个人隐私信息，发布有碍师生身心健康和学校和谐稳定的言论。不利用博客对教师、学生或家长进行人身侮辱或恶意攻击，不传输有损于学校、班级、教师、学生、家长形象和团结的资料。网上网下行为一致，教师当着学生面不会说的话在网上也不要说。

2. 精心设计班级博客

班级博客是家长们了解班级及班级学生在校情况的一个窗口，教师应精心设计班级博客。班级博客栏目应安排合理、丰富，表现形式多样，突出特色，有相对固定的几个栏目版块；博客界面安排恰当，能使用自定义模板来使博客个性化，体现一定的信息技术处理能力及博客功能开发的创新意识。博客内容要健康、丰富，语言要文明，思想积极健康。教育针对性强，归类要准确，便于查找和阅读。教师与家长们交流教育孩子的经验，最好是原创的。也可在网上搜集最新的教学资源、教改经验、教育政策等，如果是网上下载的要注明“引用或转载”。

3. 及时更新，积极与家长互动

教师应及时在班级博客和 QQ 群上公布学校和班级近期相关工作的安排，要求家长注意、配合的地方应详述。可利用文字、图片、视频等多种方式，向家长展示班级学生的方方面面，以鼓励、表扬为主。如博客和 QQ 群中要有学生、家长的留言、回复或评论等，教师要及时回复，体现互动。

三、家长会礼仪

家长会，一般是由学校或教师发起的，面向学生家长，介绍性的会议或活动。家长会既是教师集中向家长介绍学校教育理念、教师教学方法以及学生在校情况

的途径，也是家长了解校容班风、自己孩子在校表现的重要途径。为了达到家长会的预期目的，教师应注意相关事宜。

1. 召开家长会，应提前做好相关准备

当学校或教师决定召开家长会，应提前书面通知家长，并确定家长会的主题、流程。随后围绕家长会主题对要介绍、汇报的内容认真准备，拟定家长会发言稿。比如通过这次家长会，需要达到什么样的目的，是通报学生的学习、生活状况，还是通告家长教育部门、学校新发布的教育政策等内容，辅导家长如何做好学生的考前准备工作等。只有明确了主题和目的，才能围绕这个主题组织好家长会。

2. 家长会当天，要提前做好家长的到会接待工作

家长会当天，教师需注意使自己仪容整洁，衣着得体，仪表端庄，举止得当，留给家长一个好印象。在会议开始前，可以动员学生或邀请班级其他教师一起来布置家长会的会场，如黑板上写欢迎词或班级教室的设计、装扮，家长的位置安排及家长到来的相关接待事宜等。同时，在家长会开始前十分钟左右，教师应提前到班级等候，一是可以处理、协调一些突发状况，二是有些提前到会的家长，说不定想趁此机会从教师那多了解自己孩子在校的情况，三是会让家长觉得教师很重视这次家长会，是个有准备、有计划的人。这些都会无形中拉近教师和家长之间的距离。

3. 尊重家长，真诚相待，鼓励表扬为主，多说闪光点，秉承教育性原则

家长会是家长全面了解班级及班级学生情况的一次最佳的机会，教师应秉承教育性的原则，平等、友好对待每一位家长，尊重家长，真诚对待家长。在介绍班级学生情况时应多表扬少批评，先肯定后否定，先讲成绩后讲缺点。力求全面、客观、公正，让家长对自己的孩子有客观全面的了解。同时家长会不能简单地开成向学生家长汇报孩子的情况和成绩的例会，而应针对家长在教育孩子方面存在的困惑和面临的问题进行交流和指导，并把学校及个人的教育理念和方法介绍给家长和学生们，让家长对学校与教师的教育理念有进一步的了解，更好地认识老师、理解老师，从而支持老师的工作。多给家长发言机会，无理要求礼貌拒绝。

4. 重视会后反馈

开家长会时，教师应注意做好家长会的会议记录，一是有利于教师做好本次家长会的总结，二是可以把家长会上碰到的重点问题留到以后跟进解决或借鉴。同时，可给家长发一封无记名民意测验书，听听他们对家长会的感受及意见和建议。做一个负责任的教师，当然不会认为一次集中的家长会，就可以起到获得家长完全配合或解答家长疑惑的作用。所以适时地在会后回访或跟进，将有助于教师和家长的真正互相了解，以获得家长更大程度的配合。

例:四年级家长会教师发言稿

尊敬的各位家长:

你们好!

感谢你们对我们工作的大力支持,在百忙之中抽出时间来参加今天的家长会,谢谢大家!

孩子的教育主要包括家庭教育、学校教育和社会教育这三个方面。有专家曾撰文说:"五加二等于零。"什么意思呢?就是说学校、家庭花了五天的时间进行正面教育,一个双休日,学生们回到社会,就什么都白费了。学校不能消除社会上一些对孩子不利事物的影响,所以只有我们的家庭与学校紧密结合起来,才能共同创造良好的育人环境。

下面我先简单向大家介绍一下我班这两个多月来的基本情况。

1. 品德行为方面

我们学校一贯坚持"教书育人,德育为先"的育人理念。我们班的学生在文明礼貌、卫生纪律等方面都获得了学校领导和任课老师的肯定,并多次获得荣誉;孩子们诚实善良,尊师爱友,集体荣誉感强,自觉遵守各项规章制度,班容班风良好。

2. 学习方面

我们班学习氛围浓厚。在过去的两次考试中,我班各科都取得了不错的成绩。在我们班上,有学校书法竞赛获奖的同学×××、×××、×××等,有绘画比赛获奖的同学×××、×××、×××等,有手工制作比赛获奖的同学×××、×××、×××等,有参加学校合唱队的同学×××、×××、×××等,有卫生小标兵×××、×××、×××等,勤学小标兵×××、×××、×××等,进步小标兵×××、×××、×××等,优秀班干部×××、×××、×××等,还有作文写得好,经常被当范文朗读的×××、×××、×××等同学……他们的成绩太多太多了,在这里因为时间的关系,我就不一一向各位家长汇报了!

当然,由于各种原因,我班同样也存在一些问题。有的同学缺乏自信心,有的同学三天打鱼两天晒网,没有自控力,有的同学怕吃苦,有的同学学习习惯不好,等等。下面,我想就各位家长关心和困惑的问题,与大家交流沟通,希望能对各位有所帮助。

很多家长把教育孩子的任务都寄托在教师的身上,认为孩子只听老师的不听自己的。但我认为这是非常不负责任的做法。因为,一个人的成长离不开家庭环境、家庭教育对他的影响。父母是孩子最早的老师,父母的一言一行、一举一动对子女都有着言传身教和潜移默化的作用。因此,我们的学校教育呼唤家长更多的参与和支持。针对四年级这个年龄阶段的孩子,我们家长该怎么做,我来谈谈我的几点看法,跟大家共勉。

第一，要用平和的心态去看待孩子的成绩，要看到孩子的闪光点。家长不能因为孩子一两次考试成绩不好就否定孩子。每一个人都希望得到表扬与鼓励，尤其是孩子。我们要对孩子多一些宽容与赏识，多用发展的眼光看待他们，帮助孩子分析落后的原因，提出应对的策略，才能更好地帮助孩子。

第二，要教会孩子合理安排时间。我们总是对孩子说“要珍惜时间、合理利用时间”，这对孩子来说其实是比较抽象的。小学生精力充沛，好奇心强，经常想到哪就做哪。家长要从具体的时间、具体的任务安排做起，比如要求孩子早睡早起，早晨起来后锻炼、晨读，下午放学后先做作业、再游戏，晚饭后看电视、读书、预习、复习，等等，并使这些活动为孩子接受，逐渐成为习惯。

第三，要培养孩子独立完成作业的习惯。做作业是学生回味、反思、理解、巩固课堂所学知识的主要方式，所以，家长一定要让孩子从小就养成独立完成作业的习惯。不要孩子一说不会做，就马上讲解，要指导孩子先复习书上相关知识，再看例题，接着自己思考，争取独立完成。孩子实在做不出来，家长应采取启发式的讲解方式，找到孩子能听懂的最好途径，而不能简单地按自己的思路一讲完事，并动不动就提高嗓门，发怒生气。

第四，家长要多关心孩子，多同孩子交流。家校联系本上教师布置的作业孩子是否保质保量完成了，作业是否工整、清洁、准确，孩子在学习上存在什么问题，有哪些困难，做家长的应该心中有数。不要以为经常买些礼物送给孩子，每天给孩子做好吃的就是爱孩子，对孩子好，要多跟孩子进行情感上的沟通，多鼓励，少批评，多给孩子信心，做孩子成长的强有力的后盾。

第五，家长要经常与教师保持沟通。对孩子的优点、不好的习惯以及在教育过程中出现的困惑，都可以与老师沟通，共同寻找最好的教育方法。

以上是我关于孩子们的学习教育方法的一点个人的意见，和大家供各位家长参考，有不妥之处恳请各位家长批评指正！

谢谢大家！

人是一切社会关系的总和。教师，除了校园生活，除了与学生、同事、家长交往外，作为社会中的一员，日常生活中不可避免要与他人交往，要面对不同的人际关系。如何使教师在与他人日常交往的过程中，树立教师良好的个人形象，使教师与他人的交往融洽而顺畅，使他人乐于跟教师交往、相处或合作共事，需要教师关注日常交往中的一些基本礼仪。

第四节 电话礼仪

随着科学技术的发展和人们生活水平的提高，固定电话和移动电话在人们的日常生活中普及率越来越高，逐渐成为人们日常生活中相互联系、传递信息、交流情感必不可少的工具。看起来接打电话很容易，不用面对着对方，只用对着话筒与对方交谈，好像比面对面交谈要简单、轻松许多。其实不然，接打电话大有讲究，也可以说是一门学问、一门艺术。因为在日常生活中，人们通过电话也能粗略判断对方的人品、性格、心情，因而，掌握正确的、礼貌的接打电话的礼仪是非常必要的。

一、打电话的礼仪

教师在准备给他人打电话前，首先就要考虑的是：我打这个电话的目的是什么？他人这个时候是否方便？不要自己觉得该找谁沟通了，或自己无聊、苦闷了，想找个人聊天，而不管什么时间就给对方打电话，不顾他人的感受。

1. 选择合适的时间

一般来讲，给他人打电话，不要选择过早、过晚或他人的休息时间。通常情况下，节假日、早上七点之前与晚上十点以后，教师切忌因公事给他人打电话，即使是私人电话也应避开用餐和休息时间。如果是紧急之事需给他人打电话，电话接通后要先说“对不起”，并告知原因。如果是打到国外的电话，还应考虑时差的问题。

2. 准备好内容与三分钟原则

通话前，教师应要作适当准备，明确此次电话沟通的目的，使通话内容精确简洁、突出重点，要有意识地将通话的时间控制在 3 分钟之内，尽量不要超过这个时间。不在电话中东拉西扯，让对方不知所以然，浪费他人时间。如确实觉得需要花较长一点的时间(5 分钟、10 分钟等)与他人沟通，应事先询问对方此时是否方便，有时间谈长一点吗。

3. 注意第一声

声音能够让人产生联想。无论是给家长、同事或朋友打电话，说话时要保持一种高兴的语气和声调，这样即使对方看不见你，也会被你欢快的语调所感染，从而对你留下极佳的印象，切忌无精打采、冷漠无情、冷若冰霜的声音，接通电话的第一声通常要自报家门，语调要和缓。如给家长打电话时，应首先说：“您好，×××爸爸或妈妈，我是你们孩子的×××老师，关于你们孩子的某些情况，我想跟您交流一下，不知您现在是否方便。”

教师比较常用的自报家门形式有两种：

第一种比较正式，要求将双方的单位、学科和姓名都说出来。如：您好，我是××学校的××学科的×××老师，我要找你们××学校的××学科的×××老师。

第二种适用于一般的人际交往，在礼貌问候语完后，应及时将双方的姓名说出来。如:您好,我是×××,想找×××,不知他(她)在吗?

4. 注意自己的言行和表情

虽然打电话是一种“未曾谋面”的交谈,好像我们的行为和表情他人看不到,但其实稍微细心一点的人,都可以通过电话感受到对方的心情或在干什么。因此,教师在打电话的过程中要尽量做到不吸烟、喝茶、吃东西等,以示对对方的尊重。在通话的过程中,尽量做到吐字清晰、音量适中。在用电话交谈的过程中,过高或过低的音量都不宜,过高使对方厌烦,过低则对方无法听清楚。

5. 挂电话时的礼仪

要结束电话交谈时,一般应当由打电话的一方提出。交谈结束后,应客气地道上一声:“再见!”并轻轻挂断电话。不要鲁莽地将电话“咔嚓”一下挂断。

另外,在通话双方的身份、地位或性别不同时,在通话结束挂电话时,一般由地位高者、长辈或者女士先挂。

6. 打电话时意外情况的处理

教师如果不小心拨错了电话,不可一放了之,一定要说“对不起,打错了”,向被打扰的一方真诚道歉,不要别人还没反应过来,就突然挂断电话。

如果要找的人不在,对方又问是否有什么话需转告时,你不要一声“没有”就挂断,一般做法是留下姓名和电话号码,如果不便转告,也应客气地道谢。

谈话中若遇到掉线的情况,要及时回拨,并在接通后表明歉意,以免对方误认为是不高兴挂掉的。

打电话时如有人正好进来找你,要用眼神或手势示意他坐下等候或稍后再来;如不希望对方听到电话内容,可礼貌地用最简短的语言请来人在外面稍等或先回去,并告诉他等会儿你会主动找他。不能一边接听电话一边与第三者说话,这样对任何一方都是不礼貌的。

二、接听电话的礼仪

在接打电话的过程中,接电话的一方无疑是较被动的,尽管如此,面对着这看不见的聊天者,教师在接电话时,仍然要做到认真对待,彬彬有礼。

1. 及时接听

接听电话是否及时,实质上反映了一个人待人接物的真实态度。通常的电话礼仪原则是铃响三声内接听,一般是响两声后接,左手拿听筒或手机,右手拿纸和笔。如果迟了,要向对方致歉,“对不起,让您久等了”。如果是陌生号码,要礼貌地问“对不起,请问您是哪一位”;如果对方打错了,要礼貌地说“不好意思,您打错了”,等等。

2. 重要的第一声

接通电话的第一声要亲切、清脆,拿起电话后要先问好和自报家门(外线:报学校＋部门名称；内线：报部门＋姓名)，确认对方后，再问对方找谁。如："您好，我是××学校的××，请问您是哪位？"不要简单地用"喂，找谁"来开始，因为这样通常会让人反感。

3. 高兴、愉悦的状态

声音能让人产生联想。电话交谈虽然双方不见面，但你的漫不经心很快就会被对方感受到。这种不尊重会极大地刺激对方的自尊心。与对方谈话时要保持一种高兴的语气和声调，切忌无精打采、冷漠无情，并不时在对方的话语中插入随便应和的话，如"啊"、"噢"、"嗯"、"是"、"是吗"等，让对方感觉到你正在认真听。

4. 弄清对方来电话的目的

教师接电话时要尽可能弄清事由，避免误事。尽可能地将电话的重要内容记录下来：如何时何人何事等。关注对方来电的目的，并在力所能及的范围内为对方提供方便。如果对方找的不是自己，而是其他教师，也要尽可能回复对方。如果对方要找的教师在，应说"请稍等，我让他来接"或"请稍等，我去找他来"。如果对方要找的教师不在，不能简单说"他不在"，接着就把电话挂了，这是电话礼仪的大忌。而应礼貌回复："对不起，他(她)刚出去，您需要留言吗"。如对方有请求，应热情相助，记住来电人的来电时间、姓名、所在单位、所为何事等相关信息，并对来电人要求转达的具体内容，认真作好记录，并向来电人复述确认，事后及时告诉要转达的人。但教师应切记：替人代接电话时，好奇心不可太强，要尊重他人隐私，否则就会引起对方反感。

5. 挂电话时的礼仪

电话交谈的过程中，通常接电话的一方不宜先提出结束谈话的要求，按礼仪的要求，应由打电话者提出比较合适。如果对方还没有说完，教师就挂断电话，是很不礼貌的。尤其在与领导或比自己年长的人通话时，一定要等对方先挂断电话，以表示对对方的尊重。如果自己确实有急事需挂断电话，需向对方表示歉意，说明原因，并再约一个时间，自己主动打过去。教师再打电话过去时，还应再次致歉。

如果碰上表达不清、啰嗦、半天不知对方究竟想说什么的人，或想煲电话粥，说起来没完没了的人，教师忍耐不下去了时，应善意、委婉、含蓄或幽默地指出，不要让对方觉得难堪，下不了台。比如说："难得您今天心情好，乐意跟我聊这么久，可是不好意思啊，我还有一大堆作业等着批改呢，哪天有空了，我再陪着您聊天。"

当通话结束后，应客气地道上一声："再见！"听对方挂断后，自己再轻轻挂断电话。不要鲁莽地将电话"咔嚓"一下挂断。

6. 接听电话时意外情况的处理

接听电话时，若发现对方拨错或电话串了线，也要礼貌回答："不好意思，好像您拨错了。这里是×××,或我是×××。”如果对方说“对不起”、“不好意思”之类的道歉语,应礼貌回应“没关系”、“没事”等。而不应教训、批评或不耐烦地训斥对方。

谈话中若遇到掉线的情况,要及时回拨,并在接通后表明歉意,以免对方误认为是不高兴挂掉的。

正在接待客人或谈话时电话响了,要先对客人说:“对不起,请稍等一下。”如果面对的是上级,要说:“对不起,我可以接一下电话吗?”无论多么重要的电话,要告诉对方,你正在接待客人,长话短说或者告诉对方你等会再打给他。放下电话要再次对客人致歉。

如果接打电话时另一个电话响了,要请通话方稍候,接听另一个电话;如果另一个电话的内容较长,要告诉对方你正在通话,另约时间再联络。此时,再拿起第一个电话继续通话并要向对方致歉。

三、使用移动电话的礼仪

随着科技的发展,手机也逐渐普及,且功能逐渐增多,我们可以看到许多中小学生也都随身携带有手机,因此,关于这方面的礼仪教师也应起到模范带头作用。

1. 课堂上的手机礼仪

教师在上课时最好不要携带手机,如果是要看时间,可戴手表。在课堂上,教师如要带手机,则要自觉把手机调到振动或者静音状态。上课期间一定不能接打手机或发短信;如有特殊情况,要向学生声明或道歉。

初中有位女教师,一次上课时,电话铃突然响起,接了电话后,她高兴地在讲台上跳了起来,顿时引起了哄堂大笑。

高三的数学老师,是学校的一个领导,上课时经常有电话来,而每次他接完电话后,又不知自己讲到哪里了,还需要学生提醒。而且每次找学生谈话,都是批评、教训,每次他要找人,同学们都不愿去,都很疏远他。

高中的一位计算机老师,上课总爱接电话,而且铃声很劲爆,我们一听就笑,不仅如此,他还当着我们的面接电话,还不断说粗话,我们觉得这老师平时脾气肯定不好。

初中的一个英语老师,课上到一半时突然电话铃响了,她就接了,说了几句就冲打电话的人骂了起来,最后直接将手机甩到了地上,并气冲冲地离开了教室。顿时教室里闹成一团,同学们闹哄哄的,议论纷纷。

在一所中学的课堂上，一位老师刚刚走上讲台，还没讲到十句话，手机就响起来了。老师什么话都没说，就将全班同学晾在那儿，拿起手机就跑出教室，5分钟后这位老师才慢悠悠地走回教室，什么也没对学生解释就准备接着讲课。

当他刚要开始讲课时，手机又响了起来……

在一节初中历史课上，历史老师正在给同学们讲第二次世界大战，忽然手机发出了振动声音，历史老师立即向同学说："不好意思，手机响了，今天忘记关机了。"接着轻轻地按下手机的拒绝键，继续上课。当她又讲了十几分钟，手机又响了。历史老师很抱歉地对同学说："真不好意思同学们，我必须接听一个电话。"

学生们仿佛能理解老师的心情，异口同声也回答："没关系，老师您接吧!"老师拿着手机走出教室，接完电话回来连忙说："对不起，打扰大家听课了，明天找个自习的时间我给大家重新上一节课吧?"虽然学生连连说："不用了，不用了"。但细心的历史老师还是在第二天把这节课补上了。

2. 公共场所手机礼仪

教师在公共场所如电影院、音乐会、会议室、图书馆等使用手机时，应自觉遵守社会公德，养成良好的手机使用礼仪。通常情况下，教师在公共场所使用手机时，应将手机调成振动或静音状态，使其不影响、干扰他人。尽量不要在公共场所接打电话，情况紧急需要接打电话时，应尽量避开众人。在公共场所，手机狂响不止或随意大声接听交谈，都是对他人权利的侵犯，不讲社会公德的表现。公共场所是大家共同生活、学习或放松休息、锻炼的地方，人人都要自觉保持安静，才能形成良好的公共场所氛围。

另外，当教师没有将手机调成振动或静音时，应注意不要将音量开得过大，同时应注意不要使用过于怪异的铃声，最好使用大众能接受的铃声。教师带头如此，无形中就体现了教师良好的形象。

3. 特殊场所手机礼仪

教师在一些特殊的场所，如飞机上、驾驶中、加油站、医院和雷雨天气中应注意手机的使用，确保自己和他人的安全，做好表率。在飞机上，由于手机讯号会干扰飞机的导航系统；在医院，使用手机会干扰某些医疗设备；在驾驶中，由于使用手机会使自己分心，导致意外发生……因此教师在使用手机时，无论何时何地都应自觉遵守有关手机使用的安全规定，在一切有文字或图标禁止使用手机的地方，带头不使用手机。

第五节 见面礼仪

世界上有各式各样的见面问候方式，如日本人习惯鞠躬，泰国人见面“双手合十”，欧美人士打招呼时常拥抱贴面，中国的传统做法是拱手作揖，等等。无论不同国家、民族的民众的习惯有多大不同，“以礼相待”则是相同的。

一、称呼礼仪

称呼是人们在日常交往中彼此之间的称谓。正确、适当的称呼，不仅反映着人们自身的教养、对对方尊重的程度，还体现着双方关系达到的程度和社会风尚。在交往中，教师要先考虑与对方的关系并兼顾所处的场合，对他人的称呼要正确且适当，不能随便乱称呼他人。

(一) 称呼的分类

(1) 职务性称呼：张校长、王主任、李经理等。

(2) 职称性称呼：如谭教授、程总工程师等。

(3) 行业性称呼：如万老师、商医生、赵律师、王警官等。

(4) 性别称呼：如钱小姐、张女士、任先生。

(5) 姓名称呼：在对话中称呼姓名，一般限于同事、熟人之间。对年轻一些的可在其姓前加“小”相称，如“小张”、“小李”，对年长一些的，则可加个“老”字相称，如“老张”、“老李”等；抑或直呼其名，不带姓，这通常用于同性之间。

(二) 称呼的方法

教师在称呼他人时应注意：一是要合乎常规，二是要入乡随俗。通常不对领导、长辈、客人直呼其名；在多人交谈的场合，应遵循先上后下、先长后幼、先女后男、先疏后亲的原则称呼他人。同时对生活中的称呼、工作中的称呼、外交中的称呼、称呼的禁忌细心掌握，认真区别。

1. 生活中的称呼应当亲切、自然、准确、合理

例：街头问路。你有急事，要到某某学校去一趟，但不知该怎么走，要向周围的人问路。你怎样称呼人家？

称呼要因自己的年龄与对方的年龄而具体情况具体分析，例如，自己三十多岁，碰到年轻的男性可以叫“小伙子”；碰到年长的男性可以叫“大哥”，有白头发的可以叫“大伯”，最好不要叫大爷。

关于女性的称呼，从古至今也不是特别的多。不外乎就是“小姐”、“姑娘”、“大姐”。而使用频率最高的，应该是“小姐”。但“小姐”这一原本中性的名词因有

时与“三陪小姐”联系起来，在某些场合含有暧昧的意思，因而遭到大部分女性的抵触。

因此对女性朋友的称呼在不同的场合，可以有适当的选择。一般视年龄大小，可称呼“姑娘”、“大姐”、这位“姐姐”、“阿姨”等。总的前提就是：称呼者要抱着正确的态度和对别人尊敬的心情来称呼。这样，一般不会引起不必要的误会。

2. 工作岗位上的称呼庄重、正式、规范

工作中，通常以交往对象的职务、职称相称，在称呼时职务就高不就低，这是一种最常见的称呼方法。比如张校长、李主任等。同事之间一般可直接称呼，如万老师、尚老师等。

例：马文军通过招聘考试顺利进入了一所学校，领导带他熟悉学校环境，并将其介绍给学校的老同事认识。马文军非常恭敬地称呼对方某某老师，大多同事都欣然地接受了。

当领导把他带到一位同事面前，并告诉马文军，以后就跟着这位同事学习，有什么不懂的就请教他时，马文军更加恭敬地称对方为老师。这位同事连忙摇头说：“大家都是同事，别那么客气，直接叫我名字就行了。”

马文军仔细想想，觉得叫老师显得太生疏了，但是直接叫名字又觉得不尊敬，不知道该怎么称呼对方比较合适。

新教师刚到单位时，不能随便以自己的想法来称呼对方，一般都可以用“姓＋老师”来称呼新同事。对于难以把握的称呼，可以先询问对方，比如，“请问该怎么称呼您？”不知者不怪，对方都会把通常同事对他的称呼告诉你。案例中，对方要求马文军直呼姓名，只是客套话，作为一位新教师，最好不要直呼其名，可以礼貌地询问对方。在工作中，过分亲昵和过分生疏的称呼都是不提倡的。如：张哥、李姐、伙计、哥们、哎、那个人等。或“帅哥”、“美女”地乱喊一气，更不能称呼别人的绰号。因此，我们要把握好称呼这门学问，在职业道路上，做一位有礼的教师。

3. 国际交往中的称呼应合乎规范，注意国别差异

在正式交往中，常见的称呼除“先生”、“小姐”、“女士”外，还有两种方法，一是称呼职务（对军界人士，可以以军衔相称），二是对地位较高的称呼“阁下”。教授、法官、律师、医生、博士，因为他们在社会中很受尊重，可以直接作为称呼。

在英国、美国、加拿大、澳大利亚、新西兰等讲英语的国家里，姓名一般由两个部分构成，通常名字在前，姓氏在后。对于关系密切的，不论辈分可以直呼其名而不称姓。而在俄罗斯，人的姓名有本名、父名和姓氏三个部分。妇女的姓氏婚前使用父姓，婚后用夫姓，本名和父名通常不变。日本人的姓名排列和我们一样，不同的是姓名字数较多。日本妇女婚前使用父姓，婚后使用夫姓，本名不变。在国际交往中，因为国情、民族、宗教、文化背景的不同，称呼要合乎规范、注意国别差

异。

（三）称呼的注意事项

我们在使用称呼时，一定要注意以下几种情形：

1. 不要将对方称呼错误

称呼错误就是把对方称呼错了，一般情形就是误读对方的姓名或误会对方的身份、年纪等。为了避免误读对方姓名这种情况的发生，对于不认识的字，教师要事先有所准备；如果是临时遇到，就要谦虚或幽默地请教。对于误会对方的年纪、辈分、婚否以及与其他人的关系等情况，要及时做出修正。比如，将未婚妇女称为“夫人”，就属于误会。应迅速反应：“不好意思，×小姐，刚才还以为你们是一对呢，请原谅叫错了。”

2. 不要生搬硬套称呼对方

有些称呼，具有一定的地域性，比如山东人喜欢称呼“伙计”，但南方人听来“伙计”肯定是“打工仔”。再比如对司机、厨师称师傅可以，但是对医生、教师称师傅就不恰当了。“老”字，在我国是一种尊称，但是西方一些国家就忌讳说“老”；中国人把配偶经常称为“爱人”，在外国人的意识里，“爱人”是“第三者”的意思。

3. 不要使用一些庸俗的称呼

有些称呼在正式场合不适合使用。例如，“兄弟”、“哥们儿”、“死党”等一类的称呼，虽然听起来亲切，但显得档次不高。

4. 不要称呼别人的绰号

对于关系一般的人，不要自作主张给对方起外号，更不能用道听途说来的外号去称呼对方。也不能随便拿别人的姓名乱开玩笑。

二、介绍礼仪

教师在社会交往的过程中，有时会碰到一些不熟悉的人，如果双方要认识交往，就需要作介绍。或者教师在应聘其他岗位或学校时，也需作自我介绍。在交际礼仪中，介绍是一个非常重要的环节。是人际交往中与他人进行沟通、增进了解、建立联系的一种最基本、最常规的方式。通过介绍，可以缩短人与人之间的距离，帮助扩大社交的圈子，促使彼此不熟悉的人更多地沟通和更深入的了解。

（一）介绍的分类

根据介绍的对象、场合的不同，介绍可分为以下几类：

(1) 依社交场合的方式来分，有正式介绍和非正式介绍。一般在工作场合作正式介绍为宜。

(2) 依介绍者的位置来分，有为他人介绍、自我介绍，他人为你介绍。

(3) 依被介绍者的人数来分，有集体介绍和个人介绍。

(二)自我介绍礼仪

教师如果与对方不是很熟悉,又无人引见,可向对方自报家门,自己将自己介绍给对方。

1. 自我介绍的具体形式

1) 应酬式

适用于某些公共场合和一般性的社交场合,这种自我介绍最为简洁,往往只包括姓名一项即可。如“您好,我叫×××”,“您好,我是×××”。

2) 工作式

适用于工作场合,是很正式的自我介绍。通常包括本人姓名、供职单位及其部门、职务或具体学科等。如“您好,我叫×××,是×××学校×年级的数学老师”,“我叫×××,在×××学校教数学”。

3) 交流式

适用于社交活动中,希望与交往对象进一步交流与沟通。它大体应包括介绍者的姓名、工作、籍贯、学历、兴趣及与交往对象的某些熟人的关系。如“您好,我叫×××,在×××学校工作。我是×××的同学,都是×××人”。

4) 礼仪式

适用于讲座、报告、演出、庆典、仪式等一些正规而隆重的场合。包括姓名、单位、职务等,同时还应加入一些适当的谦辞、敬辞。如:“各位来宾,大家好!我叫×××,是来自×××学校的教师。我代表学校全体教师欢迎大家光临我校,希望大家……。”

5) 问答式

适用于应试、应聘和公务交往。问答式的自我介绍,应该是有问必答,问什么就答什么。

2. 自我介绍的基本礼仪

1) 确定自我介绍的方式

根据场合确定自我介绍的方式,自我介绍宜简短(除应聘)。

2) 择时介绍,坚持半分钟原则

教师在作自我介绍时,应注意挑选对方情绪较好,有兴趣、有空闲的时机来介绍自己,这样对方接受的可能性比较大。在自我介绍时应先向对方点头致意,得到回应后再向对方简洁地介绍自己的姓名、身份、单位等,一般半分钟左右为佳。一定要注意实事求是,千万不要同时递上事先准备好的名片。

3) 举止大方、态度诚恳

教师在进行自我介绍时,应充满自信,举止应落落大方,彬彬有礼,既不能唯唯诺诺,又不能虚张声势,轻浮夸张。要敢于正视对方的双眼,胸有成竹。语气要自然,语速要正常,语音要清晰。自我介绍的内容需实事求是,富有特色,不可自吹自擂，夸夸其谈，让人觉得你不可信。

（三）介绍他人的礼仪

介绍他人，又称第三者介绍，是经第三者为彼此不相识的双方引见、介绍的一种介绍方式。当教师将两个陌生人或不是那么熟悉的人引领到一块时，自然必须为他们作介绍。通常情况下，介绍人应对被介绍双方都比较了解。

1. 尊重他人

教师在介绍他人之前不仅要征求一下被介绍双方的意见，还要在开始介绍时再打一下招呼，不要一开口就介绍，让被介绍者措手不及。介绍时一定要弄清彼此的关系，明确介绍的目的。

对于被介绍者，当介绍者询问是不是要有意认识某人时，不要拒绝或扭扭捏捏，而应欣然表示接受。实在不愿意时，要委婉说明原因。

当介绍者走上前来，开始为双方进行介绍时，被介绍者双方都应该起身站立，患者和老年者除外。三方都要面含微笑，相互致意，大大方方地目视介绍者或对方。坐着打招呼是与礼仪不符的。

当自己被别人介绍时，如果介绍方一时想不起自己的名字或单位，要马上主动接上话自我介绍，避免介绍人和自己尴尬。

2. 姿势得体

教师在介绍他人时，应以标准姿势站立。右臂肘关节略屈并前伸，手心向上，五指并拢，手指指向被介绍者，眼睛直视被介绍者。

3. 遵守规范

介绍他人有一些基本的礼仪规范，应避免嬉皮笑脸，仪态不端。通常是将年轻者介绍给年长者，晚辈介绍给长辈，把职务低的介绍给职务高的，将学校老师介绍给来访家长，将非官方人士介绍给官方人士，将本国同事介绍给外籍同事，将主人介绍给客人，给客人优先知情权等。

如果介绍对象双方的年龄、职务相当，性别不同就要遵从“女士优先”的原则，即把男士介绍给女士。当然，如果都是平辈朋友，则可随意一些。但如果男方为年长者或上司时，则应先介绍女方。如果你不遵守以上规范，随意地介绍，也许得罪了人还不自知。

介绍很多人时根据被介绍人距介绍人的距离从较近处或较远处开始，只介绍姓名即可，也可根据情况一并介绍职业与职务。

4. 尽可能多地提供一些相关资料

在首次介绍时要准确地使用全称，不要使用容易产生歧义的简称。介绍时可适当风趣。要注意言辞有礼，遵循平等的原则。一般介绍，介绍姓名和称呼即可。正式介绍则应包括姓名、称呼、工作单位、职务、关系、兴趣爱好等，让被介绍的双方相互之间多了解一些，便于交谈。但应避免使用推销式的介绍，例如不可这样介绍,“这位是某某某先生,某某公司的董事长,家产三亿元。”这种介绍有借朋友的身份来抬高自己的嫌疑,既失身份又欠礼仪。

5. 互致问候

当介绍者介绍完毕后,被介绍者双方应依照合乎礼仪的顺序进行握手,彼此问候一下,这时应准确记忆介绍对象的姓名。在交谈中叫出对方的姓名可以增加亲近感。如不清楚对方的姓名时,可悄悄通过其他人确认。

介绍时,如果有名片,可以先递名片再作介绍,也可以在介绍时互递名片。向对方说“你好,我是某某某”,同时恭敬地将名片递给对方。收下名片后,将名片放在方便取用的地方。

(四) 被他人介绍的礼仪

有时出席某些场合,教师会被介绍给其他人。除了注意上面介绍的有关礼节外,教师还应注意:

(1) 如果自己的身份较高或是女性时,应主动伸手与对方相握。

(2) 如果是一般身份,则应耐心等待。

(3) 被介绍时,一般均应起立,微笑致意,或说“认识你很高兴”之类的礼貌用语。

三、握手礼仪

传说古代,不同氏族部落的人,一旦相遇,如果没有恶意,就放下手中东西,各自伸出手掌,让对方抚摸,表示自己没有武器,以示友善。之后逐渐演化成为握手礼。握手,是人们见面或离别时最常用的礼节,也是向人表示感谢、慰问、祝贺或鼓励的礼节。

(一) 握手礼的要求

1. 一定要用右手

最普通的握手方式是会面双方各自伸出右手,手掌均呈垂直状态,然后五指并用,稍许一握。一定不要用左手同他人握手。

2. 时间一般以 1～3 秒为宜

握手时,稍紧即可,时间一般以 1～3 秒为宜。稍紧表示热情,过紧地握手,或是只用手指部分漫不经心地接触对方的手都是不礼貌的。不轻不重地握住对方的手,然后微微晃动。男士与女士握手时间要短一些,用力更轻一些,只需握女士的手指部分或者轻轻地贴一下即可。切忌长久地握着异性的手不放。

女士与男士握手时,只需轻轻伸出手掌。

朋友间可边问候边紧握双手。

3. 合乎规范,举止得当

握手前应起身站立,脱下手套、墨镜等。在握手时通常先打招呼,说敬语或问

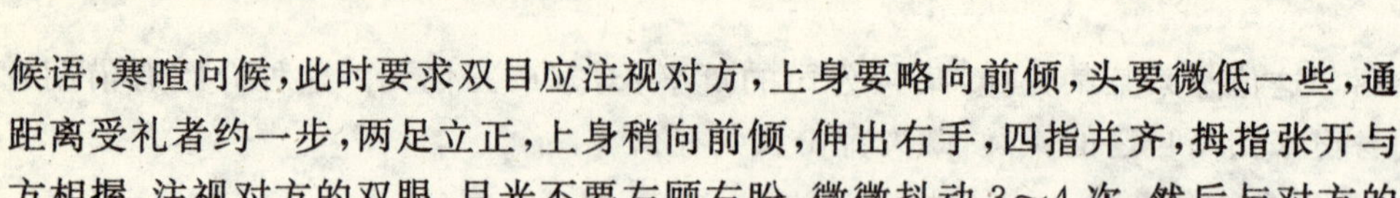

候语，寒暄问候，此时要求双目应注视对方，上身要略向前倾，头要微低一些，通常距离受礼者约一步，两足立正，上身稍向前倾，伸出右手，四指并齐，拇指张开与对方相握，注视对方的双眼，目光不要左顾右盼，微微抖动3～4次，然后与对方的手松开。一般情况下，要自然地微笑。对方心情沉痛时，表情要凝重。

多人同时握手时应按顺序进行，切忌交叉握手，即不要越过其他人正在相握的手同另外一个人相握。

在任何情况下拒绝对方主动要求握手的举动都是无礼的，但手上有水或不干净时，应谢绝握手，同时必须解释并致歉。

（二）握手的次序

握手时最重要的是要知道谁先伸出手来。被介绍之后，最好不要立即主动伸手，因为握手要讲究次序。

一般地说，在正式场合，握手时伸手的先后次序主要取决于职位、身份。在社交、休闲场合，则主要取决于年龄、性别、婚否。

1. 年龄、职位不同

当会见的双方有年龄、职位的差别时，年轻者、职务低者应根据年长者、职务高者的反应行事，即当年长者、职务高者用点头致意代替握手时，年轻者、职务低者也应随之点头致意。年长者、职务高者先伸手时，职位低的应立即回握。有时为表示特别尊敬，可用双手迎握。

2. 性别不同时

当会见双方的性别不同时，男方需等女方伸出手后才可握手，如女方不伸手，没有握手的意愿，男方可点头致意或鞠躬致意。

3. 宾主之间

在宾主之间，迎客时主人应先伸出手来，与到访的客人相握。以表示热情、亲切，如接待来宾，不论男女，女主人都要主动伸手表示欢迎，男主人也可以先伸手向女宾表示欢迎。客人告辞时，客人应先伸出手来与主人相握。客人走的时候客人先伸手是请主人留步。

总的来说，一般是长者、尊者、上级、主人、女子、先到者有先伸手的义务，不然会使对方尴尬。

四、名片礼仪

名片，浓缩了一个人的身份地位，是现代社会人们交往的重要工具。它是“交际的使者”，是一种自我的“介绍信”和“联络卡”。它便于自我介绍，促进交流；它可以使不相识的人相识，成为朋友，保持联系。一般而言，名片上印有本人的工作单位、职务、主要学术头衔、通信地址、电话及邮政编码等，它直接承载着个人信息，担负着保持联系的重任。一个有交际意识的教师就应该有名片。

名片不是传单，不宜逢人便送，要使名片的作用发挥得更充分，就必须掌握相关的礼仪。

(一) 递送名片的礼仪

通常在我们希望认识对方、被介绍给对方、初次登门拜访对方、对方向自己索要名片或对方提议交换名片时，我们会将自己的名片递送给对方。但递送名片时也需注意以下几个方面。

1. 观察对方意愿

除非是教师自己很想主动与他人结识，否则一定要注意名片应在双方都有结识对方的意愿并愿意建立联系的前提下发送。这种意愿一般可以通过对方的语言如“幸会”、“认识你很高兴”、“希望以后有机会再与您联系”等一类谦语以及表情、姿势等非语言信息揣摩出来。名片不是传单，不宜逢人便送，这样会显得太过随便，别人也不会重视你。

2. 讲究规范

名片的递送虽然没有太严格的先后之分，但通常是地位低的人首先把名片递给地位高的人，男性先向女性递送名片。如果你面对很多人时，应先将名片递给职务较高或年龄较大者，比如先长后幼，先女后男，如分不清职务高低和年龄大小时，则先和自己对面左侧的人交换名片。如果这几个人，都是男性或都是女性，身份差不多的话，就由近而远，逐一分发，不能有的递名片，有的不递名片。以免对方有厚此薄彼之感。

递换名片时，应当起立走近对方，上体前倾 15 度左右，以双手持握名片，齐胸高度，并将名片正面面对对方，双手递给对方；接受名片时也是如此。

3. 态度诚恳

准备递送名片前，应先打招呼，并准备好名片。既可先作一下自我介绍，也可以说声“对不起，可否交换一下名片”之类的提示语，同时准备好名片。一般是事先拿在手里，或准备好放在易于取出的地方，不要临时东翻西找，甚至出现混淆的情况，即把他人的名片拿出当自己的名片，这在交往中是非常失礼的。

递送名片时，双手将名片正面朝向对方，眼睛注视对方，面带微笑，用双手的拇指和食指分别持握名片上端的两角，上体向前倾 15 度递给对方，恭敬地递上，并大方地说：“我叫某某某，这是我的名片，请多关照”，“很高兴认识您，这是我的名片，希望以后多联系”等。

一般情况下，注意不要将名片放在后裤袋或裙兜里。名片是一个人尊严、价值的一种外显方式，所以，无论对自己还是对别人的名片都应该妥善保管。名片应放在较精致的名片夹里。男士的名片夹应放在左胸内侧的西装口袋或专门的公文包里，女士的名片夹应放在坤包里。将名片夹放置于其他口袋，甚至后侧口袋里是一种失礼的行为。同时应注意保持自己名片的干净整洁，不要递出皱巴巴、脏兮兮的名片。

(二) 接受名片的礼仪

在社会交往中,如果他人给自己递送名片,教师不能随便一接完事,也要注意相关礼仪。

1. 态度谦恭

接受他人递过来的名片时,不论有多忙,都要暂停手中一切事情,并起身站立相迎(病号、老人或残疾者除外),上身前倾15度,面带微笑,用双手的拇指和食指分别持握名片的下角,双手接过名片。实在手头还有其他东西,至少也要用右手,而不得使用左手。并同时说"谢谢"、"幸会"、"非常高兴认识您"等,使对方感到你对他的名片乃至他本人很感兴趣。

2. 认真阅读

接过名片后,要认真看一遍,然后将名片上的重要内容,如对方的姓名、职务、单位等轻声读出来,有不清楚的地方可以当时向对方请教,并询问什么方式联系比较方便,然后说谢谢。使对方觉得受到了应有的尊重与重视。如果名片上有头衔或你比较感兴趣的信息,可以表示兴趣并接着聊下去。

3. 妥善保留

接到他人名片后,不可在手中摆弄,也不要随意放在桌上或当场便在名片上书写或折叠,更不要在名片上压东西,这些都是不尊重对方的表现。而应将其慎重地放入名片夹、公文包、办公桌或上衣口袋之内,并与本人名片区别放置,不要随意地将名片塞在口袋里或丢在包里,给人一点都不重视他、轻视他的感觉。

在对方离去之前,或话题尚未结束,不必急于将对方的名片收藏起来。也不可在自己先离去时忘了拿对方的名片。在本次交往结束时,可及时把对方的特征、兴趣爱好,以及接收名片的地点、时间、所谈的话题概要等记在名片后面,这样下次见面即可有针对性地多谈一些对方感兴趣的话题。

4. 礼尚往来

接受了他人的名片后,一般应及时回赠一张自己的名片给对方。没有名片,如名片用完了或者忘了带名片时,应向对方解释一下并致以歉意,一定不要一点反应也没有。

(三) 索要名片的礼仪

在社交场合,一般情况下,我们建议最好不要主动索取他人的名片。但当我们有意结识某人,可向对方表明有意结识,并适当说明原因,如从哪里听说过和自己对对方的认识,同时递上自己的名片,再索要对方的名片。索要他人名片,要注意给别人留下个好印象,争取能把名片要过来,要不自己会觉得没面子。因此有必要学习一下索取名片的礼仪。

1. 通过交换,间接索要

如果想要对方的名片,就可以先把自己的名片递给对方,然后说:“非常高兴认识你,这是我的名片,请多多指教”。站在社交礼仪的角度上,通常对方也会回赠你一张名片。这是取得对方名片的最简单和最直接的方法。

如果对方说没有带或已派发完,可找纸笔记下他的联系方式,以表示自己确实是很想与他保持联络,而不是客套或可有可无。切忌像收集名片似的,直言相要,并且逢人便要。过分热衷于名片的交换,反而有失礼仪,使人敬而远之,甚至遭人鄙视。

2. 通过语言,委婉索要

如果你把自己的名片递给对方了,但对方没有回应,没有主动回递名片给你,你可以委婉地问一句“以后我怎样与你联系?”对长辈、嘉宾或地位、声望高于自己的人,可以说“××(校长、主任、教授等),以后怎样才能向您请教?”对平辈和身份、地位相等的人,可以问“你能不能给我留个电话号码?我好再联系你。”或“如果没有什么不方便的话,能不能麻烦您给我一张名片”。

3. 直接索要

直接索要即明确表示希望得到对方的名片的一种方法,这也是很直接的一种方法。可以说:“好长时间没见您了,我们交换一下名片吧,这样联系更方便”。

4. 礼貌致歉,委婉拒绝

当别人向教师索取名片的时候,如果教师没有名片或教师身上确实未带名片,应向对方礼貌地表示歉意。

如果教师不想给对方名片的话,要用委婉的方法表达,直接拒绝是不礼貌的做法。比如说:“对不起,我忘记带名片了”,“实在抱歉,我的名片用完了”。或者“××老师(先生、女士、教授等),以后还是我跟您联系吧”。这些都比通过直言“不给”来拒绝对方显得得体得多。

五、鞠躬礼仪

鞠躬礼,是人们想向他人表示敬重的一种礼节。常用于下级对上级,服务者对宾客,初次见面的朋友以及欢送宾客等场合。

1. 鞠躬的方式

行鞠躬礼时,应脱帽立正,双目要注视受礼者,自然微笑,然后上身弯腰前倾。一般来说,男士双手自然下垂放在两侧裤线处,女士的双手则应下垂搭放在腹前,以腰为轴,腰、颈、头呈一条直线。

2. 鞠躬的幅度

鞠躬时,一般距对方 2 米左右。鞠躬的深度视受礼对象和场合而定。

一般的问候、打招呼,鞠躬的幅度在15度左右。鞠躬时,视线随之自然下垂,身体前倾到位后停留1秒再恢复原状,同时致以问候或告别。不可一面鞠躬一面抬头看受礼者。

迎客、送客等场合,幅度在30度至40度左右;如遇悔过或谢罪等场合,则90度的大鞠躬才能表示出其诚恳之意。鞠躬的幅度越大,越表示出对对方的敬重。

鞠躬礼毕起身时,鞠躬者应有礼貌地注视对方。

3. 鞠躬的次数

鞠躬的次数,可视具体情况而定。

一鞠躬:身体上部前倾一次,鞠躬大约15～45度。

三鞠躬:身体上部前倾三次,鞠躬大约90度。

六、致意礼仪

致意是一种不出声的问候礼节,常用于相识或不相识的人在社交场合打招呼。

1. 点头致意

点头致意是同级或平辈间的礼节,如在路上行走时相遇,可以在行进中点头示意。对一面之交或不太相识的人在社交场合见面时,可微笑点头致意。

一般礼仪要求是:目视对方,面带微笑,头向前下微低。

2. 举手致意

举手致意适合向距离较远的熟人打招呼,或者同事之间打招呼。

一般礼仪要求是:右臂向前方伸直或适度弯曲,右手掌心向着对方,轻轻向左右摆动一两下。

3. 微笑致意

与相识者在同一场合多次见面时可使用微笑结合点头致意。

4. 起立致意

如有尊者来访,在场者应起立表示欢迎。

一般的礼仪要求是:来访者落座后,自己才可坐下;如尊者离开,则待其先起立后,其他人才可以起立相送。

5. 欠身致意

这是一种表示对他人的恭敬的致意方式。

一般礼仪要求是:身体上部微微前倾,幅度在15度以内。

第六节　做客与会客礼仪

在日常社会生活中,走亲访友是人们联络感情、互通信息、增进感情的一个重要手段。如何得体而又有礼貌地与亲朋好友们相见,得体而又有礼貌地邀请或接待亲朋好友,也是每个教师应该掌握的基本礼仪常识。

一、做客礼仪

1. 做客前的准备

教师在走亲访友之前应作好相关的准备,如果准备不当,贸然前往,做不速之客,有时会令亲朋好友手忙脚乱,甚至出现令人尴尬的场面。

1) 预约拜访

当教师决定去拜访某位亲戚或朋友时,最好提前给对方打个电话、发个短信或电子邮件,商定时间地点并确定下来,以便对方事先作好安排。

如果事先已经商量约定好了时间地点,就应遵守约定,准时到达,不要轻易迟到或失约,以免让别人久等。

如果临时发生了特殊情况,实在不能赴约,应尽可能设法提前通知对方,并表示歉意。随便失约是很不礼貌的事情。

2) 真诚应约

当教师接到别人邀请做客的电话、短信或电子邮件后,要认真考虑是否愿意前往、是否有时间前往等情况,无论答应还是拒绝都要及时、真诚地告诉对方,以免让他人焦急等待。一旦答应,就要守约,没有特殊理由不能失约。

3) 形象得体

去亲戚或朋友家做客时应注意修饰自己的仪容仪表,注重仪态得体。服装应整洁、大方,以示对主人的尊重,不可过于新潮、华丽,避免炫耀之嫌。尽可能带些适宜的小礼品,以表示对主人的尊重。

2. 做客时的礼仪

1) 按时到达

教师若准备赴约去做客时,当天一定要事先安排好时间,按时到达做客地点,不要迟到,以免主人等候,也不要早到,以免主人未作好准备。这是一个基本礼节问题。

2) 按门铃或敲门

教师若来到做客的亲戚或朋友的家门前时,应先擦干净或轻轻跺掉鞋上的泥土,然后按门铃或轻轻敲门。不能随意推门而入,不打招呼擅自闯入是很不礼貌的一件事。敲门要把握好力度和节奏,一般是敲三声作停顿,如果没听见来开门的回应,应再敲三声,切忌用力敲打或用脚踹门。

3) 进门先问候

进入亲戚或朋友的家里后,不宜直接走进室内,可以跟亲戚或朋友简短寒暄一下,如果亲戚或朋友的家里还有家属或其他朋友、客人在,还应同其家属或朋友、客人打招呼,或微笑示意,再找位置坐下或待主人安排座位后再坐下。

4) 注意言行举止

做客时,教师应注意自己的言行举止,给对方留一个好印象。

主人征询“喝点什么”时,最好表示随主人的意。当主人递上茶水时,应立即欠身双手相接,并致谢。如果茶水太烫,要等晾凉了再喝,不要一边吹一边喝。如有杯盖,把杯盖放到茶几上的时候,盖口应朝上。喝茶时要慢慢品饮,不宜发出声音。主人如果端上果品,要等年长者先动手取后,自己再取,果皮果核应及时扔进垃圾桶,切忌乱扔乱放。

做客当中,不应给主人添额外的麻烦,不提额外要求。我们中国人性格相对内敛而好面子,对客人的要求往往都不好意思拒绝,但事后却会对你有意见。如果是男教师,如果主人没有主动请你抽烟,身为客人不宜主动提出要求。如果主人不抽烟,即使请你抽,或者你自己带有烟,最好也不要抽。如果主人拿出烟来,邀请你一起抽烟,要注意烟灰烟蒂应弹在烟灰缸内。同时注意约束自己的举止,未经许可,不要四处走动或东张西望。在别人家里未经许可随便翻动物品是不礼貌的行为。即便是至亲好友也应先打招呼,除非是征得主人同意后或者是报架上的报纸杂志,才能翻动查看。

在会见的交谈中,应谈吐文明,努力营造和谐、融洽的交谈氛围。在主人发表见解时,要认真地听,不要随意插嘴,更不要打断对方的讲话。除了某些必须表达明确观点的事情,一般不宜表现出否定或者猜疑。比如向主人抱怨拜访地点不好找、设施陈旧、哪儿哪儿不美观,等等。或许是事实,但也可能是你的观点或者角度有问题。但不管怎么样,对他人否定,总是让人难以高兴起来。这样的客人,无疑是非常不识趣的。对于交谈中双方观点的不同,没必要和主人争得面红耳赤而失礼。而是在礼貌提出自己观点的同时,对主人的不同意见表示尊重。做客的目的是增进感情或者沟通事宜。所以即使主人一时失礼,只要不涉及人格尊严,都应克制,保持客人应有的风度和大度。

即使主人客气地邀你吃过饭再走,一般也不宜再打扰人家。若真在主人家用餐,要注意用餐礼仪。最好不要抢先入座、先动食物、挑三拣四、评论饭菜、边吃饭边大讲特讲,等等。一般都应礼貌致谢:“厨艺不错啊”、“做得真好吃”,等等。

5) 不多打扰,适时告辞

一般来说,在现代社会,每个人的生活都安排得很紧凑,因此在做客时,应坚持“不多打扰,适时告辞”的原则。该办的事办好了,就要适时地向主人告辞,不要坐在那里东拉西扯,没完没了。如果已经约好见面的时间长度,到点就应该告辞。双方事先没有约定见面时间长短,一般以一小时左右为限。到了吃饭或休息时间,毫无疑问也应告辞。除非你想请对方吃饭,或者对方请你吃饭,否则快到用餐时间时应起身告辞。如果主人有新客人来访,应同新客人打过招呼之后,尽快告辞,以免妨碍他人。

在与主人谈话过程中,还有一些主观情况发生,拜访者也要及时"知趣"而退:当主人表现出非常疲倦的样子;发现主人心不在焉;双方话不投机,或当你说话的时候,主人反应冷淡,甚至不愿答理;主人站起身来,或是把你们的谈话总结了一下,并说出以后可以再继续交流的话;主人虽然显得很"认真",但反复看手表或时钟时,教师应及时寻找合适的时机,结束谈话并告辞,到了主人迫不得已结束谈话时,就非常尴尬了。

当教师准备告辞的时候,不要显得急不可耐。不应在对方说完一段话后立即提出,可选在两人沉默的空间或在自己说完一段话之后。同时,告辞前不应有打呵欠、伸懒腰等举止。提出告辞时,主人往往会说上几句"再坐坐"之类的客套话,那往往也只是纯粹的礼节性客套。所以如果没有非说不可的话,就要毫不犹豫地起身告辞。起身告辞的时候,应向主人及家属一一握手或点头致意。如果主人家还有来访的其他客人,自己有事提前离开,就应低声向主人告辞并表示歉意,以免惊动其他客人;如果已被其他客人发现,即使不熟悉,也要遵守"前客让后客"的原则,礼貌地向他们打招呼告别。如果主人送出门的话,送上几步后,你可以说"请留步"之类的客套话,主动向主人伸出手相握,以示告别,并请其留步。告别前,应该对主人的友好、热情等给以适当的肯定,并说一些"打扰了"、"添麻烦了"、"谢谢了"之类的客套话。如果必要,还可以说些诸如:"这两个小时过得真快!"、"今天真高兴"、"随时欢迎你到我那去"、"请您以后多指教"、"希望我们以后能多多合作"等话。

二、会客礼仪

在生活中,我们除了去亲戚、朋友家做客外,有时也会邀请一些亲戚、朋友来访。如何得体而又有礼貌地邀请和接待客人,需要了解基本的会客礼仪。

1. 会客前精心准备

知道有客人来访时要提前做些准备工作,比如把自己收拾得干净整洁、穿戴得体;把房间收拾得窗明几净;买点水果零食之类等,以免客人到来时,手忙脚乱,招待不周。

如果有提前约好要来小住的亲戚和朋友,还应准备好房间或床位、被褥等。

如果有客人临时突然来访,室内来不及收拾、打扫,应向客人致歉,不宜急于打扫。

2. 热情迎接

在与客人约定的时间快到时,主人可提前开门(安全起见,有专门防盗门的教师,可打开内层木门)候客,或与客人商定好,快到时就电话联系,方便出门迎客。客人在约定时间到达,应热情寒暄,"欢迎欢迎"或"您好,终于等到您来啦"等,以示欢迎。

3. 注意饮品、香烟的准备

客来敬茶是中国人传统的待客习俗,但由于现在饮品种类繁多,主人可事先了解客人的口味,做相应准备。可采用二选一的方法来问客人,如“您是喝茶还是喝可乐?”切忌开放式的问法:“请问您喝点什么?”万一客人要喝的饮品自己家里没有,该是多么尴尬!在给客人敬茶时可将茶杯放在托盘上,如没有托盘,也应用双手奉上,茶水以八分满为宜,不宜太满和太烫。茶杯或饮料应放在客人右手的上方,如果客人不止一位时,第一杯茶或第一瓶饮料应敬给德高望重的长者,当然,熟人可以不必过于讲究。

递烟也是我国待客的一种传统习俗,一般情况下,主人也宜根据来访客人的习惯,准备合适的香烟或不准备。平时抽烟的男性客人坐下后应马上递烟,递烟时注意,尽量不要用手指直接接触烟嘴,如果客人不吸烟,不必强行递送。

4. 创造和谐的交谈环境

与来客交谈时,应注意谈吐文明,举止得当,努力营造和谐、融洽的交谈氛围。交谈的内容可根据客人的目的、身份、职业、兴趣而定,不要谈些对方不太熟悉或不感兴趣的话题,更不能让客人独坐一隅,有冷清之感。在客人发表见解时,认真地听,不随意插嘴、打断对方的讲话。除了某些必须表达明确观点的事情,一般不宜表现出否定或者猜疑。比如向客人抱怨等得好辛苦、与客人为某个观点争得面红耳赤等等。而应是在礼貌提出自己观点的同时,对客人的不同意见表示尊重。会客的目的是增进感情、培养友谊或者沟通事宜。所以即使客人一时失礼,只要不涉及人格尊严,都应克制,保持主人应有的风度和大度。

若亲戚或朋友带小孩子来访,应关注小孩的需求,可适当给他讲故事,或者让小孩自己看书、听音乐、看电视、玩电脑等,注意安全即可。

如果准备邀请客人一起吃饭或到了进餐的时间,客人还未走,要真诚邀请客人一起进餐。待客人同意后,可打电话到熟悉的较好的饭馆预定或主人及其家属进行合作,一人陪客,一人准备饭菜。

5. 送客礼仪

客人提出告辞时,主人应婉言相留。不要客人一说要走,主人马上站起相送或者起身相留,这都有逐客之嫌。因为有些客人本来还想与主人交谈,因怕打扰主人或试探主人态度,于是以“告辞”来观察主人的反应,因此主人一定要婉言相留。

若客人执意要走,也要等客人起身告辞时,再站起来相送。送客时可把客人送到门口、楼下或坐上车,亲切道别,并欢迎客人有空下次再来。不要在客人走时没什么表情、反应,或只是点点头、摆摆手算是打招呼,这都是不礼貌的。待客人走远后,再回身关门或上楼。

客人离开，算好应该到家的相应时间后，可主动去电询问是否安全回家，以示关心。

第七节 馈赠礼仪

馈赠是人们在日常交往中为表达对对方的尊重、爱慕、友谊、祝贺、感谢、慰问、哀悼等情感而赠送给对方礼物一种行为。它是一种非常重要的非语言交往方式，是人们社会生活中不可缺少的交往内容。它以物表情，礼载于物，起到寄情寓意"无声胜有声"的作用。但是，送礼不当却会招来不必要的麻烦。因此，教师若想在交往中通过馈赠礼品以增进彼此的感情，使双方的友谊或感情锦上添花，很有必要学习馈赠礼仪。

一、馈赠礼品礼仪

(一) 明了馈赠礼品的原因

也就是说，教师在准备送礼品对方前，应弄清楚自己为什么要送礼给对方。是表示谢意敬意，是生日礼物、结婚礼物、毕业礼物、新生儿的礼物，是探望病人，还是应邀家中做客，重要节日还是祝贺的礼物，等等，都要分清楚，然后才能有针对性地选择合适的礼物。因为在不同的情况下，应向受礼人赠送不同的礼品。比如，走亲访友时，可赠送鲜花、精致水果、土特产或工艺品，或是向亲戚朋友的孩子赠送糖果、玩具、书籍；生日祝贺可送卡片、蛋糕、鲜花或纪念性礼物；节日祝贺可送健康食品、当地特产；看望病人可以送鲜花、营养品、书刊；朋友结婚，可送礼金、鲜花、书画、工艺品；旅游归来可送人文景观纪念品、当地特产，等等。

但请一定记住，赠送礼物给他人切不可包含不良动机与目的。

(二) 选择礼品的原则

当我们准备送他人礼品时，应尽可能使礼品能表达自己的心意、独特的审美情趣以及对对方的尊重等。

1. 礼品能正确表达情意

馈赠他人礼品最关键的是：礼品能正确表达自己的情意。因此教师在选择礼品时，首先要考虑的就是彼此间的亲疏关系，是亲戚、领导、同事、普通朋友、知心朋友还是家长等，清楚彼此关系才能更好地挑选礼品，正确地表达自己的情意。亲疏不分，礼品不当，会引起不必要的误会或尴尬。比如说女教师就不宜送给关系一般的男性领带和皮带。因为有些礼品蕴涵有一些独特的含义，不能随便轻易送人。

人们有时会根据礼品的贵贱厚薄，来衡量交往人的诚意和情感浓烈程度。但中国古语“千里送鹅毛，礼轻情义重”说得好，送礼只是人们表达情感的一种方式，礼品的贵贱厚薄并不能与其所包含的情意成正比。一位百万富翁捐款一万元与一个乞丐倾其所有捐完身上的一百元，这有可比性吗？人们赠送礼品是来表达对对方的感谢、情谊、尊重等，而不是为了显摆本人的富有。真正好的礼品不是用价格可以衡量的，送礼的心意是重于礼品本身价值的。因此，在选择礼品时，不必只着眼于礼品的价值，更要着眼于礼品所代表的情感和心意。一般说来，礼物价钱合理最适宜，因为有时送礼过重，反而会给受礼者带来心理压力。

另外，对于送出的礼品，在挑选时还应注意是自己也喜欢的。不能将自己不喜欢的礼物因为其便宜、价格贵或其他什么原因而送给对方。送出的礼物，始终还是新的好，千万不要因为有样物品自己很喜欢或者是朋友很喜欢，而将自己用过的东西送给对方，这是不礼貌的行为。一般情况下，应尽可能买个同样的礼物，实在不行，再想想还有什么礼物是比较特别的，也是对方会喜欢的。

2. 礼品挑选有针对性

选择礼品，要站在受赠者的立场上，为受赠者考虑，使赠送的礼品对其有用或受其喜爱。所谓“宝剑赠侠士，红粉赠佳人”，送礼一定要看对象。因此教师在选择礼品之前要考虑对方的性别、年龄、职位、身份、性格、喜好，了解对方的品位等，挑选礼品时因人而异，才能使选择的礼品更有针对性，才能选购更为适宜的礼物。因为如果礼品符合受礼者的兴趣和爱好，它的作用就会倍增。否则就会成为受礼者的包袱，留之无用，弃之可惜，还要专门找地方收藏，让人头疼。比如：给集邮爱好者送邮票，给书法爱好者送文房四宝就比较合适。对孩子送新颖启智的玩具、文具或书籍，对朋友送趣味性的礼物、对外国友人送有中国特色的礼物比较适宜等等。

另外，由于人们经济状况不同，文化程度不同，追求不同，对于礼品的实用性要求也就不同。因此，在选购礼品时还应视受礼者的物质生活水平，有针对性地选择礼品。比如对家境稍差者，礼品以实用为佳；对家境富裕者，礼品以精巧为佳。

3. 礼品挑选合乎习俗

每个民族、国家都有自己独特的文化传统和特点。不同的人由于成长的环境不同，文化不同、信仰不同、习俗也不尽相同。因此教师在赠送礼品时不能想当然，应注意尊重对方习俗。要自觉地、有意识地避开对方的礼品禁忌，尊重对方的民俗禁忌、宗教禁忌、伦理禁忌、个人的禁忌等等。

比如说在中国，有三种礼是不能送的，第一类是谐音类的，比如送钟，“钟”和“终”同音，在我国是绝不能把一台崭新的钟送给老年人的；送梨，“梨”和“离”同音；送伞，“伞”与“散”同音；还有送书，“书”和“输”同音，如果对方爱打牌也不宜送。第二类是有束缚别人意思的，比如领带和皮带，项链和戒指，有时甚至袜子也有顾忌。第三类是与死亡有关的，任何和4有关的，与白颜色的花有关的，还有手帕什么的，当然也都不能送。中国讲究“好事成双”，送红帖，就得双数，比方六百、八百、两千元就是双双对对；送白帖就得单数，比方包个三百、五百、一千元等。

当然，馈赠礼品还应符合各国的有关规定，不能赠送该国限制的违法违规的物品、不能赠送涉及国家机密的物品等。比如，不能将涉黄、涉毒的物品作为礼品送人。

（三）礼品的包装

当把准备赠送的礼品选择好后，就该包装礼品了。大家可千万不要忽视对礼品进行精美的包装这一环节。把礼品精美地包装起来，一方面是表示赠礼者把送礼当做很认真、很隆重的事，以表达对受礼人的尊重；另一方面，受礼人不能直接看到礼品，也会产生一个悬念，想知道究竟是什么礼物呢，有好奇心。如果是恰当的礼物，那么当受礼人打开包装看到中意的礼品时，一定会喜出望外，另有一番惊喜。这给送礼又添了一分情趣，加深了受礼人对送礼人的好印象，起到了增进关系的作用。

同时，在包装礼品的时候，一般建议撕掉礼物的价签为宜。礼物上贴着价签，一般认为是不礼貌的。送一份明码标价的礼物，好像在提醒对方，我的这份礼可是花了很多钱的。你在期待回赠吗？还是想做一笔等价交换、物有所值的生意？这对想表达心意的赠礼者来说，是极不聪明的。

重视包装要做到下面两点：一是包装所用的材料，要尽量优质一点。二是在包装礼品时，包装材料的颜色、图案，包装后的形状，缎带的颜色、结法等方面，都要注意尊重受礼者的文化背景、风俗习惯和禁忌，不要犯忌。比如日本人喜欢红色，忌绿色；美国人喜欢鲜明的色彩，忌紫色；伊斯兰教徒讨厌死亡象征的黄色，喜欢绿色等，都大有讲究。礼品包装要求不论礼品本身有没有盒子都要用彩色花纹纸包装，用彩色缎带捆扎好，并系成好看的结，如蝴蝶结、梅花结等。

（四）礼品的赠送

在挑选好礼品后就要考虑该如何赠送礼品了。根据礼仪惯例，主要是考虑礼品赠送的时间、地点及方式。即在什么时间，什么地点，怎么送比较合适。

赠送礼品的时间是指选择赠送礼品恰当的时机及具体时间。一般说来，贵在及时，超前或滞后都达不到馈赠的目的。“雨中送伞”、“雪中送炭”都是比较好的例子。通常情况下，下列时机是比较恰当的：如结婚、生子、乔迁、晋升、生病住院、表示感谢等。但应注意时间差，即适当的时间间隔。如朋友生病刚做完手术尚未恢复体力时不必送礼，可稍等几天再去。

在赠送礼品的具体时间方面，一般说来，应在相见或道别时赠礼。当作为客人拜访他人时，最好在双方见面之初向对方送上礼品。而当作为主人接待来访者之时，则应该在客人离去前或举行的告别宴会上，把礼品赠送给对方。同时注意控制好送礼的时限。一般以简短为宜,说明意图即可。

考虑赠送礼品的地点时要注意公私有别。一般来说,工作中所赠送的礼品应该在公务场合赠送;在工作之外或私人交往中赠送的礼品,则应在私人居所赠送,而不宜在公共场合赠送。

送礼的方式一般有本人亲自赠送、托人赠送、邮寄运送、雇人代送等,如果不是由于特别的原因,一般建议由本人亲自赠送为宜。如果不是亲自送礼,就应该在礼物上书写赠送人的姓名或附上便条、名片。

送礼的具体做法是:送礼者一般应站着用双手把礼品递送到受赠者手中,并说上一句得体的话。送礼时的寒暄一般应与送礼的目的吻合,如送生日礼物时说一句“祝你生日快乐”,送结婚礼物时说一句“祝两位新婚快乐”等。中国人有自谦的习惯,这在送礼时也应有所表现,送礼时一般喜欢强调自己礼品的微薄,而不介绍所送礼品的稀罕、珍贵或是多种用途和性能,如“区区薄礼不成敬意,请笑纳”、“这是我特意为你选的”。总之,得体的寒暄一是表达送礼者的心意,二是让受礼者受之心安。西方人在送礼时,喜欢向受礼者介绍礼品的独特意义和价值,以表示自己对对方的特别重视。

另外,对自己带去的礼品,不应自贬、自贱,说什么“是顺路买的”,“随意买的”,“没什么好东西,凑合着用吧”等等,既没有必要,又容易让对方产生不被重视的误会。

只有那种平和友善的态度、落落大方的动作及伴有礼节性的语言表达,才是令受赠者愉快、心安的。

(五) 鲜花的赠送礼仪

随着社会的发展,人们物质文化生活水平不断提高,送花在人们的日常生活中也日益流行起来。送花以鲜花为佳,干花、纸花则不宜,更不可送枯萎的花。还需注意的是,鲜花因品种、类型、颜色和数量的不同,被人们赋予了不同的寓意,以此来表达不同的情感。每种花都有它的引申含意,切勿送错对象,表错情。

1. 常见“花卉语”

当用花为媒来传递友谊时,要注意运用正确的“花卉语”,以免出现尴尬。以下是几种常见的花卉的寓意:

荷花——纯洁　玫瑰——爱情之花　康乃馨——健康长寿
兰花——优雅　梅花——刚毅不屈　松柏——坚强
橄榄枝——和平　剑兰——步步高升、福禄　竹子——正直
万年青——健康长寿　百合——圣洁、幸福　红豆——相思
丁香花——谦逊　毋忘我——永志不忘我　桂花——友好吉祥
牵牛花——爱情　富贵竹——吉祥、富贵　马蹄莲——幸福纯洁
茉莉——和蔼可亲、忠贞　郁金香——爱的表白、祝福

如给老人祝寿，可送万年青，万年青象征着“健康长寿”；拜访德高望重的老者，宜送兰花、梅花、君子兰等，寓意品质高洁。

母亲节(5月的第二个星期日)可送康乃馨“母亲之花”。

红色康乃馨，用来祝愿母亲健康长寿。

黄色康乃馨，代表对母亲的感激之情。

粉色康乃馨，祈祝母亲永远美丽年轻。

白色康乃馨，除具有以上各色花的意思外，还可寄托对已故母亲的哀悼思念之情。

父亲节(6月的第三个星期日)送秋石斛为主。菊花、向日葵、百合、君子兰、文心兰等象征“尊敬父亲”、“平凡也伟大”。

看望父母，可选康乃馨、百合花、菊花、满天星等，寓意父母百年好合，幸福美满。

给朋友祝贺生日，可送月季和石榴，这两种花象征着“火红年华，前程似锦”。

祝贺新婚，可送百合、郁金香、香雪兰等花色艳丽、花香浓郁的鲜花，表示富贵吉祥，幸福美满。

祝贺开业，可选牡丹、一品红、富贵竹等，表示开业大吉，生意兴隆。

情人节(2月14日)可送红玫瑰表达爱人、恋人之间的情感。

对爱情受挫的人，可送秋海棠，因为秋海棠又名相思红，寓意苦恋，以示安慰。

探望病人，可送兰花、水仙、马蹄莲等，或选用病人平时喜欢的品种；而不宜送盆花，以免病人误会久病成根；也不宜送香味很浓的花，易引起病人不适；也不宜送颜色太浓艳的花，会刺激病人的神经，激发烦躁情绪。

丧事祭奠，适合用白玫瑰、白莲花或素花，象征惋惜怀念之情。

2. 玫瑰花语

1) 黄玫瑰花语

对于友情，黄玫瑰代表纯洁的友谊和美好的祝福，所以送给一般的朋友会是一份不错的礼物。而对于爱情，黄玫瑰就算是一种不祥之物了，因为它代表失恋和消逝的爱，甚至是一种嫉恨的表达。在日本，黄玫瑰是分手的代表礼物。

2) 蓝玫瑰“蓝色妖姬”的花语

单枝蓝色妖姬花语：相守是一种承诺。

双枝蓝色妖姬花语：相遇是一种宿命。

三枝蓝色妖姬花语：你是我最深的爱恋。

3) 红玫瑰花语

1朵玫瑰花语：我的心中只有你！

2朵玫瑰花语：这世界只有我俩！

3朵玫瑰花语：我爱你！

4 朵玫瑰花语:至死不渝!

5 朵玫瑰花语:由衷欣赏!

6 朵玫瑰花语:互敬、互爱、互谅!

7 朵玫瑰花语:我偷偷地爱着你!

8 朵玫瑰花语:感谢你的关怀扶持及鼓励!

9 朵玫瑰花语:长久!

10 朵玫瑰花语:十全十美!

11 朵玫瑰花语:最爱! 只在乎你一人!

99 朵玫瑰花语:天长地久!

100 朵玫瑰花语:百分之百的爱!

365 朵玫瑰花语:想你在每天!

999 朵玫瑰花语:天长地久!

1001 朵玫瑰花语:直到永远!

3. 部分国家送花禁忌

鲜花美丽又漂亮,使人感受到生命的美好、蓬勃的生机,但在不同的国家里,人们对同一种花的含义的理解是有区别的。如荷花在中国、印度、泰国等国评价很高,但在日本却被视为象征祭奠的不祥之物。菊花是日本王室的专用花卉,人们对它极为尊重,可是菊花在西班牙、意大利和拉美各国却被认为是“妖花”,只能用于墓地和灵前。郁金香在土耳其被看做是爱情的象征,但德国人却认为它是没有感情的花,等等。教师如有国外亲戚或朋友,在赠送鲜花时应谨慎选择,以免引起不必要的误会。

(1) 在中国的一些传统年节或喜庆日子里,到亲朋好友家作客或拜访时,送的花篮或花束,色彩要鲜艳、热烈,以符合节日的喜庆气氛。可选用红色、黄色、粉色、橙色等暖色调的花,一定不要送整束白色系列的花。在中国广东、香港等地,由于方言的关系,送花时尽量避免用以下的花:剑兰(见难),茉莉(没利)。

(2) 日本人不愿接受有菊花或菊花图案的礼物,因为它是皇室家族的标志。日本人喜欢的图案是松、竹、鸭子、乌龟等。日本人忌讳“4”、“6”、“9”等几个数字,因为他们的发音分别近似“死”、“无赖”、“劳苦”,都是不吉利的。给病人送花是不能带根的,因为“根”的发音近于“困”,使人联想到一睡不起。另外日本人还忌讳荷花,认为荷花是丧花。因为日本人通常在寺庙做丧事,佛教的寺庙以莲花为专用花。

(3) 在意大利、西班牙、法国等国,菊花象征着悲哀和痛苦,绝不能作为礼物相送。法国人喜好花,当你应邀到朋友家中共进晚餐,应带上几支不加捆扎的鲜花,但菊花除外。菊花表示哀悼,因为只有在葬礼上才会用到;也不要带杜鹃花及其他黄色的花朵,因为在法国,黄色的花朵意味着夫妻间的不忠贞,也不宜送。另外,康乃馨在法语里与“扣眼”同音,被称为“魔鬼之眼”,属于不祥之物。

(4) 百合花在英国人和加拿大人眼中代表着死亡,绝不能送。

(5) 与德国、瑞士人交往:送朋友妻子或普通异性朋友,不要送红玫瑰给他们,因为红玫瑰代表爱情,会使对方误会。德国人视郁金香为“无情之花”,送此花给他们代表绝交。

(6) 在俄罗斯等国家若送鲜花的话,记住一定要送单数,因双数被视为不吉祥。俄罗斯人送女主人的花束一定要送单数,将使她感到非常高兴。送给男子的花必须是高茎、颜色鲜艳的大花,俄罗斯人也忌讳“13”,认为这个数字是凶险和死亡的象征,而“7”在他们看来却意味着幸运和成功。

二、受赠礼仪

中国自古以来就是礼仪之邦,通常讲究赠送有礼,受礼有节。教师在接受他人赠送的礼物时,也需要掌握相关的礼仪。

1. 接受时态度大方,适时感谢

在一般情况下,对于他人诚心诚意赠送的礼品,只要不是违法、违规的物品,接受礼品时最好的态度从容大方、恭敬有礼,并适时表示感谢或谦让。

当赠送者向受赠者赠送礼品时,受赠者应停止自己正在做的事,起身站立,双手接过礼品,并向对方表示感谢。不可忸怩失态、盯住礼品不放、过早伸手去接,或拒不以手去接,推辞再三后才接下。如果时间、条件允许,受赠者可以当面打开欣赏一番,这种做法是符合国际惯例的。它表示看重对方,也很看重对方赠送的礼品,这样做比把礼品放在一旁,待他人走后再拆封自己欣赏要好得多。

礼品拆封时,要注意动作文雅、文明,不要乱撕、乱扯,随手乱扔包装用品。开封后,赠送者还可以对礼品稍作介绍和说明,介绍和说明要恰到好处,不应有炫耀之嫌。受赠者应适当对礼品表示欣赏或加以称赞,然后将礼品放置在适当之处,并向赠送者再次道谢。切不可表示不敬之意或对礼品说三道四、吹毛求疵。

2. 拒绝时自然友好,详细解释

在有些时候,我们觉得是并不是很熟悉的人却送了很昂贵的礼品,有时会觉得收了别人的礼品,是不是日后会有什么不妥,抑或是其他某种原因不想接受他人的礼物,但又不想使双方难堪,甚至得罪对方。那么在拒收礼品时,应保持自然友好的态度,先向对方表达感谢之情,再向对方详细解释拒收的原因,切忌生硬阻挡,以免对方难堪。

拒收礼品一般可采用以下三种方法:

1) 婉言相告

受赠人可采用礼貌、委婉的语言,向赠送者暗示自己难以接受对方的礼品。

比如，当对方向自己赠送手机时，可礼貌、委婉地对对方说："非常感谢您记得我，可是我已经有手机了，非常感谢。"

2）直言相告

也就是直截了当地向对方说明自己难以接受礼品的原因。在公务交往中此法尤为适用。比如，当对方赠送大额现金时，可以说："我们有规定，接受现金馈赠一律按受贿处理。"如果是比较贵重的礼品，可以说："按照有关规定，您送我的这件东西必须登记上缴，您还是别破费了，事情能办我会尽力的。"

3）事后退还

有时，拒绝他人所送的礼品，若是在大庭广众之下进行，往往会使赠送者尴尬异常。遇到这种情况，可采取事后退还的方法。这时应注意：一是不要破坏礼品的包装，二是应该在当天把礼物送回去，不要拖得太久。如果包装已经拆开，可以价值相当的礼物回赠给人家。

总之，教师无论是采用哪一种方式拒绝别人的礼物，首先是教师本人必须做到坚持自己的想法。如果不能坚持的话，就很容易莫名其妙地收下了他人的礼物，让自己左右为难。

3. 礼尚往来，注意分寸

依礼还礼，礼尚往来，是人之常情。还礼最佳的时间有如下几个：一是当对方赠送自己礼物时，二是在对方或其家人有某个喜庆活动时，三是在以后登门拜访时。还礼还应注意分寸，千万不能因送礼、还礼而受累。

有一个故事说的是邻里之间的礼尚往来。

> 为表示友好，教师甲用小碗给教师乙家送了一碗饺子；为了还礼，没过几天，乙家用中碗给甲家送了一碗饺子；来而不往非礼也。于是，甲家过几天给乙家用大碗送了一碗饺子；乙家一看急了，不能失礼呀，于是用盛汤的瓷盆给甲家送了一盆饺子；甲家一看，嘿！不能让人小瞧了！赶紧做了一锅饺子给乙家送去……

还礼不是"还债"，要讲自觉自愿。还礼次数也不要过多，完全没有必要一而再、再而三地还礼，就像上述故事中的那样，反而成了双方的一种负担。

思考题

1. 教师与学生交往应注意哪些方面的礼仪？
2. 教师与同事交往时应注意哪些方面？
3. 教师与单个家长交往时应注意哪些方面？

4. 在教育博客、班级博客和班级 QQ 群中教师的言行又该注意哪些方面?
5. 开家长会时,教师应做哪些准备工作?
6. 教师在接打电话时要注意哪些方面?
7. 通常人们在见面时如何称呼对方? 如何握手? 如何递接名片?
8. 在做客与会客时,教师应注意哪些礼节?
9. 馈赠礼品给他人时,有什么地方是值得我们注意的?

第九章

公共场所礼仪

公共场所是供公众使用或服务于人民大众的活动场所，是向公众提供工作、学习、文化、社交、娱乐、体育、医疗、卫生、休闲、旅游需要和满足部分生活需求所使用的一切公用建筑物、场所及其设施的总称。根据功能的不同，公共场所一般分为宾馆旅店类、公共浴池及理发店类、影剧院舞厅类、体育场馆公园类、展览馆及图书馆类、商场、候诊（车、机）室类、儿童活动中心、学校等几大类。公共场所是人们生活中不可缺少的组成部分，是反映一个国家、民族物质文明和精神文明的窗口。

公共礼仪，在此是指人们置身于公共场合时所应遵守的个人行为规范。它的基本要求是：独善其身，礼待他人。良好的公共礼仪可以使人际之间的交往更加和谐，使人们的生活环境更加美好。公共场所礼仪总体原则是：遵守公德，仪表整洁，讲究卫生，尊老爱幼，礼让妇女，不碍他人。

公共场所是为社会公众提供服务的地方。只有社会上的每一位公民都受到了良好的教育，公共场所的秩序和环境卫生才能得到根本的改善。学习交通工具、图书馆、影剧院、住宿场所、购物场所等礼仪，教师可以带头从自身做起，自觉参与社会活动，言传身教，改造、变革社会环境，促使社会发展进步，同时也能为教师自身社会交往创造和谐融洽的气氛，与他人建立或保持良好的人际关系。

第一节　公共交通工具礼仪

公共交通工具已经成为现代社会人们日常生活的重要组成部分。教师无论是乘坐公共汽车、地铁、出租车或轿车，还是乘坐火车、轮船、飞机等公共交通工具，在这些公共场所都应遵守一定的礼仪规范。

一、乘坐公共交通工具的礼仪

很多教师在学校的时候表现得为人师表，可一旦到了公共汽车、地铁、火车、飞机等公共场所，就忘记了自己的身份，表现欠妥。所以，教师一定要时刻注意为人师表的形象，注意讲究公德，遵守秩序，爱惜公物，尊重他人。

1. 严格自律，文明乘坐

乘坐任何公共交通工具，均应遵守公共交通工具的相应规则，着装文明，举止得体，文明用语常挂嘴边，上下车辆自觉排队，有序进出。不携带易燃易爆危险品或有碍安全的物品上车。

乘坐公共汽车、地铁时，主动购票。如遇无人售票车，或者刷公交卡，或是准备好投币的零钱，不给司机或他人添麻烦。上车后不抢占座位，遇到老弱病残孕及怀抱婴儿的乘客应主动让座。

乘坐火车、飞机、轮船时，均应提前购票，持票上车，按规定携带物品，自觉接受安全检查。上去后，对号入座，不要随处乱坐。坐船时如买到的是不对号的散席船票，要听从船员的指示、安排。坐飞机时，登机后不要乱摸乱动，不使用手机、手提电脑等可能干扰无线电信号的电子设备。登机坐下来后就要把安全带系好，等待起飞。

进入公共交通工具后，注意将随身携带的物品安放到位，不设置路障。当在公共汽车上提较大的包或袋子的时候，应尽可能地和他人保持一定距离，以免碰到他人，特别是走在他人后面的时候，碰到他人的脚后跟还容易使人摔跤。坐火车、飞机时，较大行李应放在行李架上。雨天乘公共交通工具，请带好伞袋，把雨伞放到事先准备好的伞袋里。

在座位上，不要脱鞋，这样自己是舒服了，但这样不仅不雅观，还是对其他乘客极大的不尊重，尤其是一些乘客的脚有异味时。在火车上需要更衣时，应注意回避他人。除家人外，不要注视、打量其他任何正在睡觉的人，对异性尤其不宜如此。在火车、飞机等上睡觉时，要注意睡姿、睡相。文明用语常挂嘴边。那些因为踩脚、碰人没说句抱歉的话而引发的“战争”，显得既没教养又很无聊。保持安静是文明的表现。在公共交通工具里应自觉保持安静，不要大声聊天。在公共汽车、地铁中最好不要吃东西。在火车、轮船、飞机上，吃东西时应注意稍微轻声一点，不打扰他人。

下车、下船、下机时，应提前准备，与其他乘客要相互礼让，排队依次而下。同时照顾好身边的长辈、女士和孩子。上下船时，如果是通过跳板或借助于小船，切勿乱蹦乱跳，以免落水。另外要等飞机完全停稳后再起身拿行李，并排队按顺序走出去。

2. 讲究卫生

在乘坐公共交通工具的过程中，要自觉维护环境卫生，保持环境整洁。不随地吐痰、乱丢果皮纸屑，不吸烟，不让小孩随地大小便。废弃的物品要自觉放在垃圾箱里。有些人知道不应该把瓜果皮壳等扔在车内，却顺手从窗口扔出去，这同样是不道德的。其实，每辆车上都应该设有垃圾箱，完全可以多走几步把垃圾扔进垃圾箱里。阅读后的报纸或杂志要整理好，不要随便乱扔。

应随身携带应急药品，预防生病或有晕车、晕船、晕机的现象出现。因晕车、晕船、晕机而呕吐，不要直接吐在地上，要吐在垃圾袋里，吐完后，要立即清理。同时注意讲究个人卫生，及时洗漱。

在公共交通工具上吸烟是很不道德的表现。有吸烟习惯的人，要到列车的吸烟区或两节车厢间的过道去。

3. 尊重、体谅他人

在公共交通工具上应尊重乘务人员，体谅乘务人员的难处，服从乘务人员的管理，对乘务人员平等相待，感谢乘务人员的服务，尊重、支持、配合对方工作。

跟其他乘客应当和睦相处，互帮互助，友好相待。遇到老弱病残孕和抱小孩的妇女，有座位的年轻教师应主动让座。而不要看到需要让座的时候，赶紧闭上眼睛装作“已入仙境”，丢了自己的翩翩风度。当有人给自己让座时，要立即表示感谢。照看好自己的孩子，不让其哭闹。若自己周围有人晕车、晕船、晕机或生病，要给予对方力所能及的帮助。如遇紧急情况，特殊事件，应奋力自救，并尽心尽力救助他人。

另外，准备坐出租车时，应在出租车停靠地点耐心等待，而不能跑到马路中间招手。刚上车时，应事先和司机确认好要去的具体地点。上车后要注意保持车内的整洁，不吸烟。如果制造了垃圾，要自觉用袋子装起来准备下车后扔到垃圾箱里，而不要扔到车窗外。在车上，不要乱蹬、乱踏。

二、小轿车礼仪

随着人们生活水平的提高，小轿车也逐渐成为许多教师的代步工具。教师需要学习一些小轿车的礼仪，做到出行平安，方便自己，方便他人，凸显教师特有的礼仪风范。

(一) 驾驶小轿车礼仪

1. 遵守交规，安全驾驶

教师在准备驾驶小轿车前，一定要已拿到正规的驾驶执照，并及时了解道路、天气等情况，同时认真进行车辆检验，严格遵守交通法规，自觉服从交警管理。

在驾驶时，系好安全带（副驾驶也需系安全带）；不使用手机，如果需接打手机，必须先找好位置停车，以保证自己和他人的安全。在加油站加油的时候，不论多紧急的事情，都不要接打电话；当遇红绿灯时，要严格遵守交通规则；行驶时车与车之间要保持安全的距离；不强行加塞，不争道抢行；避免在快车道上低速行驶；拐弯时要进入适当的车道；不乱停车；停车前要减速；汽车发生故障时，应尽量把车推到一边，防止造成交通拥堵；最后一个最关键点是，不管饮酒多少，酒后坚决不开车。

2. 文明驾驶,礼让他人

首先是仪容仪表文明。在车里男性司机不可以穿背心,女性司机不可以穿过薄、过露的服装。很多人认为,车里是私人空间,好像没必要注意仪容仪表,所以我们就能经常有幸“欣赏”到男性司机朋友在天热的时候光着膀子甚至坦胸露怀开车。其实小轿车行驶在道路上,车外的人透过车窗就可以看到你的“尊容”。所以说,司机如果不注意自己的仪容仪表,是不尊重别人、不尊重自己的表现。

其次是教师应养成良好的行为习惯。保持车身清洁,不往车外扔垃圾、吐痰。在街上经常见到有司机摇开车窗,“嗖”或“叶”一声把垃圾或痰吐到车外的景象,这是非常不文明的行为,这和行走在路上往地上扔垃圾或吐痰的行为没什么两样,只是卫生监督员没抓到你而已。如果后排座坐着其他人,特别是异性朋友,不要通过车内后视镜“窥视”,以免造成尴尬。

在遇红绿灯时,不要停在斑马线上,以免给行人带来不便。即使交通灯已经转变为绿色,在靠近人行横道时,应注意观察周围的动态,如果有行人或非机动车要横穿马路时,必须在人行横道前停下,不要和行人抢路,以免发生意外。当遇到雨天或车子经过水坑的时候,一定要注意减速、避让,不要因快速行驶而使泥水溅到行人的身上。在路口转弯时应减速或停车,让直行的行人或非机动车先行。遇到盲人或其他行动不便的行人,应减速慢行,必要时应停车。

进入居民区、碰到交通堵塞或者新手上路,不乱鸣笛。进入居民小区后,不能鸣笛,且一定要减速慢行。当遇到交通阻塞时,许多司机会在短时间内频繁地按喇叭,就像一个泼妇大喊大叫一样,这是非常不礼貌的行为,况且按喇叭无济于事,还会让人更加烦躁。另外应该对新司机抱以宽容和理解。不要在后面使劲按喇叭,或者跟得太紧,造成新手紧张而出现意外。

如果需载乘领导、亲戚或朋友等客人,上车时,应将车子开到客人跟前,帮助客人打开右侧后门,并以手挡住车门上框,同时提醒客人小心,等其坐好后再关门。若客人中有尊长,应予以帮助,将其扶到车上。下车时,则应先下,打开车门,等候客人或长者下车。

最后是车灯文明。灯光是汽车的语言,驾驶员只有掌握了灯光的使用规范和含义,才能够做到在路上与其他车辆自如交流。

(二) 坐小轿车的礼仪

教师如果是乘坐他人的小轿车,应遵循客人为尊、长者为尊、女士为尊的礼仪规则。

1. 座次

在正式场合,乘坐轿车应分清座位的主次,找准自己的位置。轿车上的座位有尊卑之分。车上最尊贵的座位是后排右座,其余座位的尊卑次序依次是:后排左座、后排中座、副驾驶座。后排的位置应当让尊长坐。当由先生驾驶自己的轿车时，则其夫人一般应坐在副驾驶座上。非正式场合，不必过分拘礼。

如果教师是和上司同坐一辆车，座位由上司决定，待其坐定后，你再任意选个空位坐下，但注意不要去坐后排右席。抵达目的地后，你应首先下车，下车后，绕过去为上司打开车门。并以手挡住车门上框，协助上司下车。

2. 举止

乘坐他人的小轿车时，要注意安全第一，不争抢座位，举止得当，讲究卫生。基本顺序要求是：倘若条件允许，应请尊长、女士、来宾先上车、后下车。作为女性，上下车姿势必须十分讲究，具体来说包括上车和下车姿势。

上车姿势：上车时仪态要优雅，姿势应该为“背入式”，即将身体背向车厢入座，坐定后即将双脚同时缩进车内（如穿长裙，应在关上车门前将裙子弄好）。

下车姿势：应将身体尽量移近车门，然后将身体重心移至另一只脚，再将整个身体移离车外，最后踏出另一只脚（如穿短裙则应将双膝并拢，两只脚同时踏出车外，再将身体移出，双脚不可一先一后）。起身后，等身体直立以后转身关车门，关门时不要东张西望，而是面向车门，避免力气过大，若发出“嘭”的一声巨响，会让人误以为你对他有意见。

第二节　图书馆、阅览室礼仪

图书馆、阅览室是公共的学习场所，教师应从我做起，在丰富自身知识的同时，自觉遵守有关礼仪，历练自身礼仪修养。

1. 仪表端庄、语言文明

仪表就是人的外表，包括容貌、服饰和姿态等。图书馆、阅览室是公共场所，教师应注意自己的仪表，塑造自己的最佳形象。到图书馆、阅览室学习，要衣着整齐干净，大方得体，不能穿背心、吊带和拖鞋入内，不要披衣散扣。面容清洁，头发梳理整齐，给人留下精神饱满的好印象。保持双手的干净，没有油腻污渍，这样才不至于翻书时把书弄脏。

在图书馆、阅览室内，应自觉排队，借还图书时，应双手将书递到工作人员手中，并注意使用“您好”、“请”、“帮”、“谢谢”等礼貌用语。如果借还书的人很多，要耐心等待，不可连声催促工作人员，也不可走来走去。言行失当是会遭到别人的鄙视和侧目的。

在借书时如果与别人同时看中同一本图书，不要争夺，可向工作人员询问有无复本，或别的版本。如果实在没有，应相互谦让，急需者先借，另一人在工作人员那里做预约登记。

2. 保持安静

到图书馆、阅览室看书，要保持图书馆和阅览室的安静和整洁卫生。

进入图书馆、阅览室前应主动将通信工具关闭或调至振动或静音状态，接听手机应悄然走出室外轻声通话。在图书馆、阅览室不要穿走路声音很响的鞋子，走路脚步要轻，物品要轻拿轻放，尽量不要发出声响，入座时动作要轻。

碰到熟人可点头微笑致意，如确实想与熟人交谈，应简短明了，附耳低语，较长时间的讨论应离开图书馆或阅览室找一个不影响他人的地方，不在阅览室内交谈、聊天，更不大声喧哗。

不要吃有声或带有果壳的食物，以免影响他人。

阅读时要默读，不能出声或喃喃自语。翻看书刊要轻。

不带幼儿到图书馆、阅览室，更不可彼此嬉戏打闹，乱叫乱跑。

有事需要工作人员的帮助，不能大声呼喊，要走到工作人员身边低声询问。

3. 维护环境

图书馆、阅览室是公共的学习场所，教师到图书馆、阅览室有义务讲究卫生，维护图书馆、阅览室的环境，确保其干净整洁。

雪雨天进图书馆时，应注意把雨具放在指定地点，还要把鞋底的泥水弄干净，以免溅到其他读者身上或把图书馆、阅览室的地面弄脏。

在图书馆、阅览室阅读时，不乱扔纸屑，不随地吐痰，不大声咳嗽，不吃零食或嚼口香糖。在图书馆、阅览室边看书边吃东西，不仅影响他人阅读，破坏学习气氛，还易弄脏图书。

自己的纸笔要记着带走，废弃的纸张应自觉扔到室内的垃圾篓或带到室外扔到垃圾箱内，自觉把桌椅复归到原位。

不为他人抢占座位，不在座位上躺卧，也不在图书馆、阅览室内吸烟。在所有公共场所中都要有一种“礼让”精神。进入图书馆、阅览室，自己找个座位就行，不应为别人占座位。如果临时走开，回来时发现座位上坐了别人，不应赶走人家。倘若确需这个座位，而且走时留下了书本，但仍被他人占据，此时不妨轻声商量，互相谅解。图书馆作为公共场所，有空位人皆可坐，但欲坐在别人旁边的空位时，应有礼貌地请问旁边是否有人。

4. 爱惜书本、公物

教师在享受读书所带来快乐的同时，也要懂得爱惜图书馆、阅览室里的书籍、公共物品。这不仅体现出公民的一种素质，也是教师的一种义务与责任。细微的爱护不仅方便自己，也使得他人和自己一样可以拥有快乐。

图书馆的书刊资料属于公共财产，是供读者循环借阅的，阅览时应注意保护和爱惜书籍。翻页时不要沾唾沫。查阅目录卡片时，不翻乱卡片、撕坏卡片，或用笔在卡片上涂抹画线。也不要在图书上随意圈点、涂抹、折页。还有的人在书上做标记、写字，甚至作出为有些图像添上胡须、戴上太阳镜之类的恶作剧，同样应该受到谴责。

“窃书不算偷”，孔乙己的名言请不要带到图书馆来。将公共图书据为己有，或将书中有精美的插图、精彩的段落的书页撕下来，或是把自己需要的资料图片撕下来、剪下来，有失读书人的体面，得不偿失。现在多数图书馆已提供了复印服务，如果你确实需要某种资料的话，可征得工作人员同意后，到指定处复印。决不可为了占有资料而不惜损坏图书。

对图书馆、阅览室的桌椅板凳应注意爱护，不随意刻画，破坏。爱护图书馆里公共财物和设备。不摇动桌椅，不在桌、台上乱刻乱画。

5. 及时复位、归还

图书馆、阅览室的图书，每本都被摆放在相对固定的位置，这是为了方便读者寻找。但有些读者看完书后，一时找不到原来的位置，就会将书随意摆放，这不利于后来者借阅读书。离开时，如有暂时不借的图书，要及时把书刊放回原处，不能随便放在桌子上。实在找不到位置，可向工作人员求助。

借出阅读的图书读完后要及时归还，“热门书”更应速看速还。读到一本喜欢的书，有些人就会爱不释手，忘记归还时间。还有的借书之后，可能就不想再还。但要知道图书馆、阅览室的图书本来就属于公共财产，是供大家循环借阅的，有的书对教师有价值，同样也可能对其他读者来说特别有价值，如果不及时归还，就会影响下一个读者的借阅。这是非常不道德的。

第三节　博物馆、艺术馆礼仪

博物馆、艺术馆，带给人们的是一种精神上的享受，是人们享受终身教育的第二课堂，也是高雅的文化殿堂。高雅的学习和参观环境需要观众具备文明、科学的参观素质和习惯，这也与人们为提高自身文化素质和道德素养而来参观博物馆、艺术馆的初衷相一致。因此，教师在参观博物馆、艺术馆的过程中应注意言行，时刻文明、有序参观，为维护博物馆、艺术馆的优质参观环境起带头作用。

(一) 仪表端庄

到博物馆、艺术馆参观学习，要衣着整齐干净，大方得体，不能穿背心、吊带和拖鞋人内，不要披衣散扣。而应面容清洁，头发梳理整齐，给人留下精神饱满的好印象。

(二) 遵守规定，爱护展品

参观博物馆、艺术馆，应遵守博物馆、艺术馆的相关规定。

1. 听从工作人员的安排

为保障观众尽可能有一个良好的参观环境，一般博物馆、艺术馆工作人员会采取相应措施控制人流。这时，就需要大家互相体谅，听从工作人员的安排，按照工作人员的指挥秩序排队领票、参观及体验各项互动项目，以免发生不必要的争执和妨碍其他观众参观。

2. 包包等物品寄存

进博物馆、艺术馆要将大衣、帽子、包包或旅游携带的杂物存放在指定的柜子里。博物馆、艺术馆作为公共文化活动场所，其目的之一是为所有观众提供良好的参观内容和参观环境，如观众带包进入，一方面，在观众较多的条件下，袋、包会遮挡其他观众的视线，进而影响其他观众的参观效果；另一方面，博物馆、艺术馆的每件展品都有丰富的内涵，认真看完整座博物馆需要大量时间，携带袋、包需要花费相当的体力。因此，建议观众尽量避免携带大体量的物品进入博物馆，如携带袋、包参观博物馆，请按博物馆要求存包参观。还应提醒的是，应按博物馆规定，带包进入前要通过必要的安检。

3. 爱护展品

爱护展品，做到不抽烟，不随便触摸展品，未经允许不使用闪光灯拍照展品。

博物馆和艺术馆为了保护展品及维护自身的权益，一般都禁止参观者摄影，允许照相的，也禁止使用闪光灯。因此参观时要注意遵守有关规定。一方面，个别展览的展品因版权原因，博物馆不允许观众进行拍照，特别是一些临时展览和引进展览，主办方一般都会明确提出不允许对参展展品进行拍照。另一方面，博物馆艺术馆藏品门类丰富，部分展品因为材料特殊，如书画、古籍善本、织绣品等文物，都很“怕光”，在强光的照射下，会加速它们的“衰老”，甚至形成永久性的损坏；在幽暗、安静的展厅环境里“闪光”，也会影响其他观众的正常欣赏和参观。因此，参观者应该克制自己拍照的欲望，让更多的后人看到完好无损的文物。

最后不要用手抚摸展品，以免损坏展品；注意不要让孩子不小心碰坏展品或展厅内的设施。博物馆、艺术馆部分展品由于体积较大，或为观众能更直观地观察这些展品，被裸露展出，未加装玻璃罩等防护措施。一般会规定在指定范围内参观，教师一是应注意不得逾越禁止线，二是不随意触摸或攀爬这些展品，以免造成它们的污损，影响其他观众参观。特别应该注意的是，部分文物展品因为存世时间较长，本身已经朽败，随意触摸和攀爬极易使它们损毁，造成不可估量的损失；一些文物展品如金属类、织绣类、竹木器等文物展品对温湿度有较高要求，触摸展品使汗液滞留在文物展品表面，易使这些文物发生变化，不利它们的展出和保存。各馆对观众参观裸露展品都会提出具体要求或采取相应措施，如设置说明牌劝导观众不要随意触摸和攀爬展品，或用隔离带将展区与活动区隔离，请观众理解并给予积极配合。

同时教师需注意的是不得顺手牵羊，“牵”走公物。

(三) 保持安静，文明参观

每一个博物馆、艺术馆都会有提示牌，告知观众进馆参观应注意的各种事项，如观众须知，博物馆、艺术馆平面图，许多博物馆、艺术馆还会提供博物馆、艺术馆的简介。可是一些参观者常常忽视了提示牌的作用，有了问题总是不断地向馆内工作人员询问，这种做法既会给工作人员增加很多工作负担，也耽误了自己的时间。所以参观博物馆过程中，不妨多留心提示牌，做到心中有数，按顺序边看边走，安静参观。

不要戴着帽子或食品杂物进入展览厅，一边参观一边吃零食是不文明的举止。要吸烟、喝饮料、吃东西可到专门指定的地方去。不在博物馆、艺术馆内乱丢纸屑或吐痰。

如携儿童入内参观，必须照看住儿童，不得大声喧哗或任其奔跑。若要参观的地方已有人驻足，不要从他人面前经过，以免妨碍他人观赏，而应当从其身后走过。如果别人停住欣赏某件展品，而你不得不从他前面越过时，一定要说声“对不起”、“不好意思，借过”之类的话。

另外，倘若患有重感冒引起严重咳嗽，则不宜进入博物馆、艺术馆参观。

(四) 尊重导游、讲解员

博物馆、艺术馆本身就是厚重的教科书，仅靠教师自己短时间的参观，无法做到全面、详细的了解。而通过倾听导游或讲解员的讲解，边听边看，将会了解更多从展品说明和展品本身了解不到的知识。因此听导游或讲解员讲解时要专心，不得随意干扰，妄加评论，更不要出言不逊，要尊重导游、讲解员的解释介绍。遇到有不懂的地方或问题，可向讲解员请教，当然也不要问个没完没了，惹他人生厌。

第四节　影剧院礼仪

到影剧院看电影、戏剧，欣赏音乐会，是一种很好的娱乐活动，能带给人美的享受。在这种文明的环境中观赏演出，教师应当遵守影剧院里的公共秩序，讲究文明礼貌。

1. 仪表端庄

观看电影、戏剧，欣赏音乐会，要衣着整齐干净，大方得体，不能穿背心、吊带、拖鞋等入场，也不应散衣解扣，这都是不雅观的。西方人士把欣赏音乐会视为一件高雅而庄重的事，因而出席音乐会的服饰很讲究，男士西装革履、打领带，女士则要穿上礼服并化妆。衣冠不整进入音乐厅，必定会令人侧目。

2. 保持安静,文明观看

观看电影、戏剧,欣赏音乐会等时,应尽量提前或准时入场,对号入座,不应迟到。进入影剧院时,要尽可能不出声地走到自己的座位上去,即使电影、戏剧等未开演也要这样做。千万不要吵吵嚷嚷,前呼后拥地闯入,以免引起其他观众的反感。如果自己的座位在中间,应当有礼貌地向同排已就座的观众示意,请其让自己通过。通过让座者时要与之正面相对,注意不让自己的臀部正对别人的脸。

如果是专场演出,一般是普通观众先入场,嘉宾在开幕前由主人陪同入场,此时,其他观众应有礼貌地起立鼓掌表示欢迎。专场演出,要把好的座位(文艺节目以第七、八排座位为最佳,电影以十五排前后为最佳)让给领导人、师长或外国朋友。

观看电影,迟到后入场时,行走时脚步要轻,姿势要低,不要在通道上停留,以免影响他人。通过让座者时应与之正面相对,不让自己的臀部正对着他人,同时应向被打扰的周围观众轻声道歉,对起身礼让的观众致谢。在欣赏音乐会时,观众一般均应在开始前入座。一旦演奏开始,听众就将被禁止入内,而只能在门外静听,等候中场休息时才可入内。欣赏戏剧、歌剧、芭蕾舞剧时,开演后迟到者同样要等到幕间休息时才能进场,这期间只能通过场外的闭路电视看演出。

观看电影、戏剧,欣赏音乐会等时,戴帽者进场后应主动摘下帽子,以免挡住后面观众的视线。坐下后,不要左右晃动或来回走动,以免影响他人的视线。同时,也不应把身旁的两个扶手都占用了,因为你身边的人也有权使用它。不要把脚蹬在前排观众的椅背上,以免弄脏影剧院座椅及别人的衣物。

在观看节目时,保持影剧院内的安静。不吃带皮和有声响的食物,也不把影剧院当成小吃店大吃大喝。不交头接耳、窃窃私语、笑语喧哗、随声哼唱。对于看过的影剧,不要充内行在下边给别人介绍剧情,不要对演员的表演妄加评价,不要打扰他人看戏。遇咳嗽、打喷嚏时,要以手帕捂住口鼻,压低声音,防止唾沫星飞溅到他人身上。如因特殊原因演出中断,应在座位上耐心等候,不要大喊大叫起哄、吹口哨、怪声尖叫或敲打椅子。

观看电影、戏剧,欣赏音乐会等时,中途尽量不退场,这会影响其他观众。如确需离开,离座时要弯腰行走,并对被挡住视线的观众表示歉意。看戏时也不要打瞌睡、打哈欠,如不感兴趣可在幕间休息时间离开。幕间一般 10 到 15 分钟休息时间,可利用休息时间到休息室吸烟或喝饮料。

演出快结束时,不能为抢先出场而离座,应在演出结束后依次退场,不前拥后挤。专场演出退场时,应先请领导人和外宾退场,然后才是一般观众。教师应和其他观众一起有秩序地离开,不要推搡。

3. 尊重演员

鼓掌、喝彩是对节目肯定和对演员的支持和鼓励。观看戏剧、欣赏音乐会等时，应尊重演员的辛勤劳动，适时礼貌地鼓掌或喝彩。不应用吹口哨、怪叫、跺脚等方式宣泄情感。每个节目演完，要鼓掌表示感谢。在听音乐时，一定要等一曲演奏完毕再鼓掌，一曲未了或乐章之间不应鼓掌。演出中间鼓掌会把音乐气氛打乱，就如同中途打断别人的讲话一样，只会显示出自己的无知。如果某人或某组器乐演奏特别精彩，观众经久不息地鼓掌要求他再来一个是可以的，但不宜连续多次。京戏唱到精彩处时，台下观众可以叫好喝彩，但应注意在精彩唱段结束时鼓掌。在一些国家，还伴有在喝彩时激动得站起来的情况。但这时要注意，如果大家都不站起来，也不要一人站起来。演出片断后的鼓掌，也应视情况而定，应尽快止息，以免打断或影响后面的演出。几年前，意大利著名歌唱家帕瓦罗蒂来京演出，激发了歌迷的极大热情。在演出大厅里，掌声和欢呼声甚至压倒了艺术家雄厚的歌声。演出从始至终，观众无不站立，挥动手中节目单，这虽表示了观众的热情，但这种观赏方式也显得有些过火。在观赏传统的歌剧、芭蕾舞节目时，应考虑到这些传统艺术需要典雅环境。这与看现代爵士乐、摇滚乐队的表演，可以吹口哨、发怪声，演员激动的情绪与疯狂观众配合的环境是截然不同的。

演出中出现一些故障、特殊情况或是演员的差错失误时，要给予理解，不应喧闹、喝倒彩、叫倒好、跺脚等。对精彩节目可以要求加演，但不要大声呼喊、吹口哨起哄。要关心演员的体力，要求加演适可而止。在观看戏剧、欣赏音乐会时，不可大声咳嗽、打呵欠、打瞌睡，甚至是翻动节目说明书。

给演员献花，一般在演出结束或演员谢幕时为好，在音乐会演出中途登台献花是不适宜的。请自己喜爱的演员签名，也应分场合和情况，缠住演员不放是很失礼的行为。

整个演出结束，要热烈鼓掌表示感谢，等演员谢幕完毕，全场应起立鼓掌，以示尊敬，然后方可离开座位退席，有秩序地退场。演员谢幕前不要提前退席。如有贵宾在场，一般应待贵宾退席后再有秩序地离开。

4. 维护环境

观看电影、戏剧，欣赏音乐会等时，要自觉遵守影剧院规则，不抽烟，不随地吐痰、乱扔果皮杂物。携带手机的应将其关闭，或调成振动或静音状态。如有规定不能摄影，则应按规定行事。与恋人一起观看影剧时，不应有过分亲昵的举动，既不雅又挡他人视线。对扰乱公共场所秩序的人，教师乃至每位观众都有责任进行规劝，帮助维护场内秩序。

第五节　用餐礼仪

俗话说"餐桌见人品"，"吃相看修养"，教师无论是在学校食堂用餐，还是宴请或赴宴用餐时都要讲究文明礼貌，注意相关礼仪。礼仪是很具体很细节的东西，不是用来讲大道理，而是看具体怎么做。

在学校食堂就餐时，教师应自觉排队，勤俭就餐，礼让座位，文明进餐。由于是在校内，一般教师还知道注意自己的言行，因此重点跟大家探讨教师在校外饭店、酒店或其他就餐地点的用餐礼仪。

一、就座礼仪

教师在赴宴前，应适度修饰自己，准点到场。如果教师是作为主人宴请朋友、客人，如有座位安排，应事先准备妥当，座次排列：一般是面门为上，居右为上（进门者的右、行进者面向的右、动态的右），居中为上。等客人到达后，应以缓和的动作，分别向他们示意，“请坐这里”。如是随意请客，可让客人随便找个位子坐下，以便使气氛轻松愉快。

如果教师是客人应邀出席用餐，应在得到主人示意后再入席就座。如果主人没有示意坐哪里，可坐在最靠近主人的座位。如参加比较随意的小型聚会，主人在座位安排上没有特别的讲究，可随意就座。有时参加大型宴请，由于人数较多，在餐桌上放有主人事先准备好的写有客人姓名、学校名称的台签，因此，没有专门的领位员，客人也可以找到自己的座位，等到同桌其他客人到达之后，寒暄一番，即可入席。

二、餐巾使用礼仪

(一) 吃中餐时

(1) 在餐厅，通常是在点完餐点后才将餐巾打开。如果是有主人主持的正餐，要等主人先打开餐巾客人再打开。一开始就将餐巾打开是违反餐桌礼仪的。打开餐巾的时候不要在空中甩。

(2) 餐巾主要用来防止弄脏衣服，兼作擦嘴角及手上的油渍，不用餐巾擦拭餐具。因此，在就餐过程中，应注意餐巾的使用方法，尽量只用餐巾轻轻抹擦唇角。如果需要擦汗或者擦鼻涕等，应使用餐巾纸或手帕等。

(3) 如果有小孩用餐，可把餐巾放在小孩的胸前。

(4) 现代的中餐，除了摆放餐巾以外，还有小的湿毛巾。这个湿毛巾的用途主要是净手和擦脸。好的餐厅往往会在宴会的过程中，数次更换这种小毛巾，以保持其干净和湿度。当然，小毛巾也可以用来擦拭嘴角上的菜汁、油迹。

(二) 吃西餐时

(1) 坐下后，马上将餐巾平铺在自己并拢的大腿上。正方形餐巾：对折成等腰三角形，直角朝向膝盖方向；长方形餐巾：对折后，折口向外平铺。

(2) 用餐期间离开餐桌，将餐巾放于椅子上，表示暂时离开。

(3) 用餐期间与人交谈前,应先用餐巾轻轻地擦一下嘴。

(4) 用餐完毕离开餐桌,将餐巾放在餐桌上的餐盘左方。

三、就餐礼仪

(一) 讲究卫生

在用餐期间,勤用餐巾纸擦净手指和嘴巴,嘴角和脸上不可留有食物残余。在吃鱼、虾或者蟹的时候,更是如此。吃这些食品经常需要动手,嘴巴上也难免会留下一些痕迹。这时,千万要勤用餐巾纸擦拭嘴巴和手指,否则看起来实在不太雅观,有时甚至会倒胃口。

在餐桌上,如想照顾他人,要使用公共筷子和汤匙。

嘴里有食物时,不张口与人交谈。说话时不可喷出唾沫。不要乱吐废物,一般餐厅都有专门放杂废物的盘子,应轻吐到自己面前的盘子里面。

不要当众剔牙,吐痰擤鼻,坏人食兴。食物屑塞进牙缝,即使你觉得嘴里好像塞了一大块肉也不要这样做。喝口水,试试看情况会不会好一些,如果还是觉得牙缝塞得紧,不舒服,暂时告退到洗手间。在这里你可以好好漱一漱口,或者用牙签好好剔一剔。

案例:剔牙缝朋友失胃口

张先生前不久刚结婚,为答谢好友王先生一家,夫妻二人特地在家设宴。新娘的手艺真不错,清蒸鱼、炖排骨、烧鸡翅……王先生一家吃得津津有味,只不过偶尔有肉刺钻进牙缝。王先生拿着桌上的牙签,当众剔除滞留在牙缝中的肉,还"文雅"地将剔出来的肉刺吐在烟灰缸内。看着烟灰缸里吐出来的肉刺,张先生和新娘子一点胃口也没有了。

在进餐的时候,可能会发出一些突如其来的、不太悦耳的响声,如打喷嚏、打饱嗝、咳嗽等声音。如果咳嗽或打喷嚏,尽量离人远一点,转身低头用手绢或餐巾(纸)捂着,避免溅到他人。转回身时说声"抱歉"。如果喷嚏一个接一个地打,最好起身到洗手间去。

在进餐过程中,不随意宽衣解带,脱鞋脱袜。

(二) 举止得当

中餐礼仪中点菜原则一般是:主陪方点菜、买单者点菜、领导点菜、尊者点菜。教师应注意场合,不要随便点菜。

入席后,进餐时坐姿端正。椅子离餐桌不要太远,也不要太近,以方便进食为宜。双手不宜趴在餐桌上,双脚平稳踏地,不跷二郎腿,也不要抖动,肢体动作的要求是不影响不侵犯邻座。看主人拿起筷子或西餐餐具,或等到坐在主人或女主人右首的主客开始用餐时,自己才可开始就餐,这项规矩在上每一道餐点时都适用。在大型宴请活动中，没有主办方人员同座，应等到大部分同桌到达后才开始用餐。如果是西餐，往往先给主宾上菜，要是主宾当中有女士，应该给女主宾先上，随后按逆时针方向，沿台子上菜，最后给男女主人上菜。上菜时，盘子从你左边递过来，当你吃完每一道菜，侍者从你右边将盘子和餐具端走。在上菜时，侍者或主人将你一份漏掉了，你不必不好意思，尽管提出来，给你补上，同时，你应叫大家不要等你，让大家先吃。

在用餐时，应避免一些不良的个人习惯。不要不停地敲餐具、手指在桌上敲动、用筷子敲碗或杯子等。不往桌子对面的客人扔筷子或其他餐具。不把筷子架在杯子上、交叉放置或把筷子插在饭碗或菜盘里，也不要把筷子伸到他人面前。谈话时不要挥舞筷子。不要拿着筷子不放、盯着某个菜猛吃，不要翻覆挑拣，也不要使筷子在菜盘上游动，不知夹什么菜或者举着筷子找自己偏爱的食物，甚至下座取食，起身夹菜。最好的办法是请最靠近你的人帮你传递过来，接到东西后，不要忘了说声谢谢。取菜时，分量要适中，即使是你最喜欢的食物。还应注意夹菜时不要一路滴汤，筷子不要粘满了食物，也不要用嘴吮吸筷子，这都是不雅的举止。喝汤用汤匙，入口前若要吹凉汤匙里的汤，也请小声吹气。喝汤十分容易发出声响，尽量做到不出声、出小声。在咀嚼食物的时候，响声不要太大，控制响声的最好办法是咀嚼的时候把嘴闭紧。进餐的时候，不要说话，等到咽下去之后再说话。在吃饭过程中，要尽量自己添饭，并主动给其他人添饭、夹菜。但应注意尊重他人意见，不要替人添菜热情过头。他人给自己添饭、夹菜时，要道谢。

不要随意抽烟，遵守餐厅的规则或征求在座其他人的意见。

案例：过烟瘾空中散烟灰

万先生是个烟民，前几天去同学家做客。饭菜刚上了一半，万先生的烟瘾犯了。他随意点上一支烟，非常享受地深吸一口，随即舒展地吐出一个烟圈。烟圈随即弥漫到整个客厅，烟灰也在客厅中飞舞，有的还落在餐桌上。坐在万先生对面的同学夫人，闻到烟味后呛得直咳嗽，举起的筷子尴尬地停在半空中。

不酗酒划拳，争吵起哄，也不以酒灌人，出人洋相。尊重对方的饮酒习惯和意愿，不以各种理由逼迫对方喝酒。敬酒时，用双手举杯敬酒，眼镜注视对方，喝完后再举杯表示谢意。碰杯时，杯子不要高于对方的杯子。

用餐时要跟着大家的进餐节奏，过快或过慢都不宜。

如在酒店或餐厅，还应尊重服务员的劳动，对服务员谦和有礼。当服务员忙不过来时，应耐心等待，不可敲击桌碗或喊叫。对于服务员工作上的失误，要善意提出，不可冷言冷语，加以讽刺。

(三) 语言文明

在餐桌上不可高声谈话，影响他人。不要在餐桌上评论饭菜，让主人难堪。

案例：失小节破坏好印象

张姑娘大大咧咧出了名。有一天到男友家做客，男方母亲根据儿子“供述”，为未来的儿媳妇准备了丰盛的饭菜。“这个好吃，那个不好吃。”张姑娘口无遮拦地评价，还不断用筷子翻动碟子中的菜，“这块大的给您吃！这块给你吃！”张姑娘把挑拣出来的大块肉，先给未来的婆婆，再给男朋友。饭后，婆婆给儿子发了话，这样的儿媳妇不娶也罢。

不讲低俗笑话、恶心段子、他人隐私。为了调节用餐气氛，有人经常会说一些笑话，比如啤酒是马尿、屎壳郎搬家等，让就餐者听了倒胃口。尤其一些爱开玩笑的人，有时还喜欢说或者读一些恶心的段子。不仅影响用餐者的食欲，还是一个人不文明的表现。另外，有时因为是亲密朋友间聚餐，往往会无所顾忌地谈论别人的隐私或缺点，其实这是最不礼貌的行为，因为对方会觉得“你会不会在其他聚会时也谈论自己的特别之处”。因此，做客吃饭的时候，多说一些轻松的话题，或者说一些过去的趣事，不仅调节就餐气氛，还能因此加深彼此的交情。

四、暂时离席礼仪、离席礼仪

在用餐中如有紧急电话，连续打喷嚏、咳嗽、饱嗝或者有不悦耳的响声即将来临，身体有所不适，需要去洗手间或者用药时，需要暂时离席。

(1) 离席之前要跟同桌打个招呼，说一声：“抱歉，我得离开一下，一会儿就回来。”同时还要招呼大家继续用餐，这样做表示对在座各位的尊敬。否则，不声不响地离席使人不解，还会给人留下不礼貌的印象。

(2) 吃西餐暂时离席，除了要把餐巾叠好放在椅子的反手或者座位上以外，还要将刀叉呈汉字的“八”字型斜放在盘子上，刀在右边、刀刃向里、在上，叉在左边，叉梳朝内、在上。这样侍者知道你尚未吃完，就不会把你的盘子收走。

(3) 用完餐离座时，将椅子往内紧靠着边。

第六节 住宿礼仪

在现代社会中，教师外出学习、交流、参加会议或旅游等，都会涉及在外住宿的问题。古人云：“在家千般好，出门一时难。”教师有必要学习一些住宿礼仪，既使自己在外住着安全、舒服、经济实惠，又彰显自身的文明。

(一) 登记入住礼仪

当教师需要办理住宿手续时，最关键的礼仪是礼貌咨询，遵守入住规章制度。教师走进旅馆、酒店或招待所时，如保安人员出于职责打量或盘问自己时，要合作,不应口出微词,或不予理睬扬长而去。如果携带了大量的行李,有时会有门童帮助搬运行李,应该礼貌谢过之后再去登记入住。严禁携带武器、易爆、易燃、剧毒以及有放射性、有刺激性、有异味的物品进入旅馆、酒店或招待所内。宠物也是禁止带入旅馆、酒店或招待所内的。

到旅馆、酒店或招待所前台时,应先有礼貌地向服务台工作人员打个招呼,然后再询问是否还有客房或床位。应平等对待服务人员,尊重他们的人格。在办理住宿登记手续时,应耐心地回答前台工作人员的询问,遵守旅馆、酒店或招待所的规章制度,办理登记手续,按要求出示相关证件,填好旅客登记卡,态度友好,选择房间,再领取钥匙。如要求住某间客房或换房,应采用协商方式,进行通融。不要趾高气扬,咄咄逼人。这既有助于展示教师个人良好的素质,也有助于教师更好地享用旅馆、酒店或招待所提供的服务。

一般旅馆、酒店或招待所房租以日计算,中午12时至次日中午12时为一天。要住几天或什么时候退房,需要与旅馆、酒店或招待所前台协商好。另外在旅馆、酒店或招待所前台办理入住手续时,除房费外,还需交纳一定数额的押金,押金的数额,不同的旅馆、酒店或招待所有不同的规定。

有吸烟习惯的教师,在订房前应问清楚该旅馆、酒店或招待所是否禁烟,吸烟者应先预订可吸烟的房间。若投宿的旅馆、酒店或招待所明文规定客房内禁止吸烟,就应遵守规定。

若该旅馆、酒店或招待所已客满,应大方地向服务人员道别,再找其他旅馆、酒店或招待所。

(二) 客房的礼仪

1. 礼貌待人

教师在旅馆、酒店或招待所里住宿,对于自己所遇到的一切人,都应保持礼貌,微笑相对。搭乘有人服务的电梯,应清晰报出自己欲去的楼层,并向服务人员致谢,而不能无视对方的存在,自己去按按钮直接操作。接受旅馆、酒店或招待所提供的各项服务时,应及时道谢。对于为自己服务的饭店工作人员,要充分地予以尊重和体谅。

当服务员需要进入客房打扫卫生、送开水、送报刊时,应表示欢迎,并且道谢;如不方便其进入,可事先在门外把手上悬挂"请勿打扰"的告示牌,或开启"请勿打扰"指示灯。但离开房间时,应取下此牌或关闭此灯。在走廊里遇见客房服务员,尤其是对方首先向自己打招呼,也应向对方问好。在服务员进来做清洁时,教师可先到室外转一转,等服务员忙完再回房间。服务员早晨通知起床时,应回答"谢谢!"不要拿起电话,没有回答对方就将电话挂掉。使用总机人工接转的电话,要向接线员小姐问好和道谢。万一客房内个别设备出现故障或损坏,可向客房部报修。维修工来了之后,应表现大度,切莫口气粗暴,责怪刁难对方。

若和其他旅客同住一室，应相互适应，相互理解，相互关照。晚上就寝不要太晚，以免影响室友休息。他乡遇故知一定很棒，与朋友欢喜相聚也应该注意有节制，一是最好不要在自己住宿的地方会客，二是会客时间不宜太长。在一般情况下，饭店的前厅或咖啡厅，被视为住店客人会客的理想去处。在客房内会客并不是很恰当，尤其当来访者为异性时。

2. 遵守规定

教师入住后，应阅读或听取旅馆、酒店、招待所的介绍，遵守旅馆、酒店或招待所的有关规定。在旅馆、酒店、招待所之内，包括在本人住宿的客房之内，最好不吸烟。在旅馆、酒店、招待所内部明文规定禁止吸烟时，更是要自觉地遵守这项规定。不要出入无常或玩到深更半夜才返回旅馆、酒店、招待所。有些旅馆、酒店、招待所电视的特定台、房内冰箱里存放的物品，以及其他明确标有价格的物品，使用后需计价付费，取用前应注意其说明。但茶包、咖啡包及未标价的洗浴用品是免费供应的，可放心使用。洗涤衣物、房间送餐、按摩等服务消费自理。自行携带之大功率电器(如电汤锅等)，使用前应查询旅馆、酒店或招待所使用规定。原则上旅馆、酒店或招待所内是不允许旅客在房内煮东西的。

3. 讲究卫生，爱护公物

教师住进客房后应讲究卫生，爱护公物。放好个人物品，维持房间整洁，不在本人住宿的客房之内做饭，或是任意点火焚毁个人物品。不在本人住宿的客房之内乱丢、乱扔私人物品，或是将果皮、纸屑等废弃之物扔到地上和窗外，而是将废弃物扔进垃圾桶。在房间用餐完毕，要用餐巾纸将碗、碟擦干净，放进垃圾桶或是放在客房外的过道上方便服务人员收拾。爱护房内设备，不随便移动电视机的位置等，也不在墙壁上乱涂乱画。衣物洗涤后应挂在浴室内，不要将洗涤的衣物悬挂在公用的走廊里、阳台上、窗边或放在灯罩上烘干。在公共洗手间，不把水弄得到处都是。

4. 保持安静、文明住宿

旅馆、酒店或招待所是公众休息的场所，教师在旅馆、酒店或招待所中住宿应保持安静。无论在大厅、走廊还是自己的房间，务必保持安静，不宜大声聊天或吵闹，走路轻手轻脚，不要乱跑乱跳。不要将电视机的音量调得太大，或长时间打电话，不制造与周围环境不和谐的噪音，不影响隔壁住宿者的安宁。

在旅馆、酒店或招待所餐厅用餐，宜衣着整齐。大厅和走廊是酒店生活中的主要公共场合，因此一定要记住，不要表现得像在自己家中一样。身着内衣、睡裙、背心、裤衩之类的“卧室装”在饭店内部的公共场所转来转去或活动。打赤膊，或是衣冠不整，同样也不允许。不提倡与互不相识的住店客人相互登门拜访。随意去素不相识的住店客人的房间串门，或是邀其一起进行娱乐，都是十分冒昧的。更不得在旅馆内聚赌或嫖娼。

5. *注意安全*

教师若带有很多现金、有价证券或其他贵重物品，可存放于前台收银处或客房的保险箱中，免得遗失或被盗，退房时记得取回。

多数旅馆、酒店或招待所客房关门时即锁住，因此出门前记得带钥匙；外出时携带印有旅馆、酒店或招待所地址、电话的名片，这样万一迷路时，可请当地人依名片上的电话、地址帮助你回到旅馆、酒店或招待所。有人敲门时，应先从门上圆孔查看，或将门闩锁链挂好后，先开个小缝看看是谁，避免歹徒侵入。洗过澡后，可在浴缸储水，以备火警时沾湿衣物逃生用。最重要的一点，入住后应先查看逃生出口与自己客房的相关位置，并牢记逃生路线。如有其他人员在同一旅馆、酒店或招待所住宿，应牢记领队或团员房间号码，以备不时之需。如果忘记，可到柜台询问。

(三) 退房的礼仪

教师在离开旅馆、酒店或招待所前，应保持客房整洁、物品完整，不做损人利己之事。不要将旅馆、酒店或招待所里的毛巾、烟灰缸、睡衣或其他物品带走，酒店对物品的管理非常严格，这会导致令人尴尬的局面，而且到最后你还是要为此付款。如果真的很喜欢，可向旅馆购买。洗发膏、牙刷、肥皂、信封、信纸之类的小用品可以带走，但要注意有些物品是有偿使用的。如果还想买些纪念品的话，可以到酒店的商店里看看。如果不小心弄坏了酒店的物品，不要隐瞒抵赖，要勇于承担责任加以赔偿。最后要及时到服务台结账，并同旅馆、酒店或招待所的工作人员礼貌话别。

第七节　购物礼仪

随着人民物质文化水平的提高，人们逛街、逛商店买东西已经不仅仅只是一种生活上的需要，有时也是一种娱乐消遣。但是购物并非简单的掏钱买东西，一位懂得购物礼仪、讲究文明礼貌的顾客会获得购物的满足和心情的愉悦。作为顾客，教师在购物时应讲文明、讲礼仪，从我做起，从小事做起，使自己逐步养成文明礼仪习惯，成为有气质、有风度、有教养的现代文明人。

1. *爱护公物，维护环境*

在商店购物，要自觉维护商店的公共卫生，爱护商店的公共设施。浏览商品时，保持安静，不大声喧哗、高声呼叫。不在商店里随地吐痰、吸烟、乱扔果皮、包装纸等，充分体现自己的文明修养。

2. *考虑周详，物归原位*

挑选商品时，教师应事先考虑清楚，决定是否购买，再招呼营业员去取，尽量避免售货员的无效劳动。在选购物品时，教师要细心，但不要太吹毛求疵，最好不要挑这挑那，试了又试，挑了又挑，再三麻烦营业员，影响营业员为其他顾客服务。挑选商品要预先考虑，若无意购买，就不要随便地让营业员将商品拿给自己。如果是营业员主动向你推荐某种商品，也应视情况礼貌地给予答复。

如果手有污渍，应避免触摸商品，尤其不可触摸食品。在挑选易损和易污的商品时，必须小心谨慎。万一不小心损坏了物品，应主动赔偿或把损坏的物品买下来，切不可强词夺理不认账。在超市购物时，如果您带有小孩的话，则应避免小孩乱抓货架上的商品，弄乱和损坏货品，不让小孩在未付账前就打开食品包装吃起来。

在自选商场，可以尽情挑选物品，没有人要求你一定要买什么，但起码要懂得物归原位。保持所试穿过的衣服的整洁，不随手将衣服扔在衣架旁或是试衣间里；挑选物品时，轻拿轻放，挑选过后不购买的物品也请放回原位。另外，在试穿衣服时还要注意不要长时间占用试衣间，免得其他顾客没有地方试穿想买的衣服。

3. 礼貌购物，态度友善

到商店柜台购物，教师对营业员应礼貌客气，要用恳切的声调招呼营业员，对男营业员可称“先生”、“同志”、“师傅”等，对女营业员可称“美女”、“小姐”、“这位姐姐”等，不要以“喂”代替礼貌称呼。需要营业员帮忙时，应客气地用“请您……”提出要求，不要用命令的语气说话。如果当时营业员正在为别的顾客服务，应在旁边稍候片刻，不要高声喊叫，更不应敲击柜台，而应耐心等待；如果没有其他顾客，而是营业员没听见，则可继续打招呼。选购商品时，不要说话尖刻，过分挑剔，耗费时间，影响营业员为其他顾客服务。如果你觉得给营业员添了不少麻烦，可以加一句表达心意的话：“真不好意思，给您添麻烦了。”如实在难以选出满意商品，应向营业员打招呼交还，并表示歉意。接受他们的帮助后要说声“谢谢”。尤其是营业员帮你解决了特殊困难时，更要真诚致谢，或在留言簿上留言，或事后写信予以表扬。

在试衣服之前，先用餐巾纸擦掉嘴唇上的口红，并且十分小心，也不能让睫毛膏碰着衣服。

顾客多时，要按顺序购买，自觉排队，遵守公共秩序。并注意照顾老弱病残者，对于外宾也要礼让。

使用商场手推车时，要抓稳，不要碰到别人，停下来看货架上的东西时，要把手推车停在适当的位置，让别的顾客的手推车可以轻易地通过。

营业员在工作过程中有时难免会出现一些小差错，教师应谅解对方并善意提示，好好商量解决。如果遇到个别服务员态度不好，可找商店有关领导商量解决，不可蛮横无理，当场大吵大闹，出言不逊。

教师购物完毕，在营业员开单时，应做到钱货清晰明白。如是当场付款，要当面点清钱货。

4. 有序排队

去收银台付款时，应自觉依序排队，保持间距(前后之间不应有身体上的接触)，轮到自己时再上前购买。不管别人而插队加塞是很不文明的，有时还会引起纠纷。也尽可能不要为遇上的熟人捎带代买。如果自己确有急事需要先买，应向营业员和排在前面的人说明理由，在征得他们的同意后，方可提前购买。当你排队等候付账时，如果你的手推车里装得满满的，而排在后面的人只有两三件，可以礼让一下，让其先行结账。如遇到老弱病残、儿童或有急事的顾客，则应发扬互助、礼让的精神，主动让他们先购买。

购物车使用完毕，请放到指定的位置，不随意摆放。

5. 文明退货

大多数的商店允许顾客退换商品。教师在购物时要留心保存好购物票据，以防在退货时遇到难题。购物票据是一种凭证，它证明了所购商品的地点和单位，商场在退货的规定中都明确要求顾客在退货时要提供相关票据。

拿回商店更换或退款的物品，必须是未经使用、标牌完好的。因此教师在规定的期限内一定要注意保持物品的完好。一般来说，商场对退货的规定都是在7天之内，时间如果拖得太久，对退货是不利的。有些顾客因为工作忙碌的原因，买回家的商品常常放置很长时间都没有来得及查看，或记错了购货小票上标明的时间，这样很容易造成本来能够顺利办理退货最终却没退成的尴尬局面，所以顾客每一次购物后应及时检查购回商品，以免过了退货期限，给自己和商家都造成不必要的麻烦。

在购买服装后，一定先不要拆去附在服装上的标牌，并留好外包装，在试穿后确定是否合身，并仔细查看服装在质量上有无缺陷，如果有不满意的地方一定要退货时，应该尽快去所购地退货。在退货的商品中，食品一般都是不予退货的，尤其是那些拆过包装而无法复原的食品，更是不能退货的。当你购买了某类食品，而又不是因为超过有效期或质量存在问题，就无法进行退货。

退货一般最好带上原包装，比如鞋盒、礼品盒、电器包装盒等。因此在购物后还应该把产品外包装保留一段时间，直到确认商品没有问题，无须退货时再扔掉，以备万一。因为一些商品可以因质量问题向厂家退货，而附带的包装盒在退货过程中是可以继续使用的，如果没有包装，商家也难以向厂家退货。

如果需要退换商品，应向营业员耐心地说明原因。态度平和，寻求营业员的理解，才是解决事态的积极态度。不能把对质量有问题的火气，冲营业员发泄。若按规定属于不能退换的商品则在购物前要考虑仔细，一旦买下，不应再退。

第八节　旅游观光礼仪

外出旅游，可以放松身心、开阔视野、亲近大自然、陶冶情操、锻炼身体等。随着生活水平的不断提高，越来越多的人都喜欢出去旅游，教师也不例外。但是，旅游观光是一项文明的活动，教师在具体参与这项活动时，应注意讲究哪些礼仪呢？

1. 遵守社会公德、注意安全

遵守公共交通工具的规定，不携带危险品、违禁物品乘坐公共交通工具外出旅游。

外出旅游，教师应慎独，注重个人形象、言行举止，遵守社会公德，维护公共秩序。

旅游时服饰可舒适自然，运动装、休闲装皆可，注意衣着整洁、得体，不在公共场所袒胸露背，以免有碍观瞻。遵守公共秩序，自觉排队，按顺序购票入馆、人园；入乡随俗，尊重当地的风俗习惯和一些宗教戒规，否则可能会因小事而酿成误会。在游玩途中，不在公众场所高声交谈、嬉笑打闹，不讲粗话；不并行挡道；不在禁烟区吸烟；不在禁止拍照的地方拍摄；尊重他人权利，不强行和外宾合影；不对着别人打喷嚏；不长时间占用公共设施，影响他人；年轻情侣、新婚夫妇结伴游玩，自然是亲密无间，但在大庭广众之下，过于亲昵的举动都是有失礼节的。提倡健康娱乐，抵制封建迷信活动，拒绝黄、赌、毒。

旅游中，不围观、尾随陌生人；不擅自闯入私人的地方；不独自前往禁行之处“探险”。不进入“请勿入内”的草地或鲜花丛中拍照，也不到危险或不宜攀爬的地方照相。如果是随团旅游，一定要听从导游的安排，应征得导游同意方可离队。

2. 爱护公物

无论是到哪里旅游，一定要注意爱护公物。大到公共建筑、设施和文物古迹，小到花草树木，都要珍惜和爱护，不损坏公共设施。

山川名胜和历史古迹是不可再生的宝贵的自然资源和文化遗产，应倍加珍惜。不在文物古迹上随意涂写刻画，不攀爬触摸文物，拍照摄像遵守规定。

不攀折花木、采折花卉、践踏草地，不在树木、建筑物上乱刻乱画。不用树木为承重载体做各种运动，在照相时不要拉扯树木的花枝。不戏弄、追捉、投打、乱喂游览点的动物，在山林中还应注意防火。

3. 保持环境卫生

要树立环保意识，自觉保持旅游景点的环境卫生。不随地吐痰和口香糖、乱扔果皮纸屑、饮料瓶、烟头、杂物等。不在禁烟场所吸烟。不污染景点内的水资源，尽量保持水域的环境卫生。不随地大小便，不要把弃置的物品抛入水中。野餐野炊之后，一定要将瓜皮果壳连同包装材料收拾处理干净，集中丢弃在垃圾箱或垃圾点，不可随手丢弃，要将所挖灶坑恢复原状后再离去。

4. 关心、礼让他人

在旅游中，应关心、礼让他人。如走在狭窄的曲径、小桥、山洞时，要主动给老弱妇孺让道，不争先抢行。有些旅游景点设置有长椅长凳，供游人作短暂休息所用，不可只顾自己一个人长时间占用。见到老、弱、病、残、孕妇和怀抱小孩者，应主动让座和请人让座。当自己见到空位时，若旁边已有人坐或站立在一旁，应征得别人同意后方可入座，并要表示谢意。若发现有游客有紧急事情需要帮助，应伸出援手给予力所能及的帮助。在拍照留念时，若近处有人妨碍拍照，应有礼貌地向其打招呼，切不可大声叫嚷、斥责和上去推拉。照完相后，还应向其道谢。照全景照时如需别人帮忙，应礼貌客气地提出请求并表示谢意。如果不小心冒犯了他人，应及时致歉，不要与之发生纠纷，保持平和心态，不急躁，不与人争吵、打架。在自由游览时不可玩得兴起而耽误归队时间，让全队人为你担心等待。

第九节 医院礼仪

医院是救死扶伤的地方，也是一个特殊的公共场所。人们去医院看病，要讲究看病礼仪；住院治疗，要遵循住院礼仪；探望病人时，则应注意探望病人礼仪。

(一) 看病礼仪

人难免生病。有了病，就要去医院看病。那么在医院看病时，教师应当注意哪些礼仪呢？

1. 遵守秩序，文明候诊

教师在挂号、就诊、取药时应依序排队，耐心等待医务人员为自己服务，保持医院的安静和环境的整洁。挂号、候诊时不要大声喧哗和随意走动，也不可在挂号和候诊地点吸烟、随地吐痰和乱丢果皮纸屑。保持一个安静、清洁和舒适的诊治环境，既有利于医务人员的工作，又可减少对所有候诊病人的不良刺激。候诊时不要不停走动或围在医生旁边，更不能在医生旁边大声喧哗或打手机，影响医生诊断。

当医务人员叫到自己的名字或编号时，应主动积极并有礼貌地应答，随后到指定的位子坐下，不要迟疑拖沓，以免耽误医生时间。

2. 如实陈述病情

轮到自己看病时，教师要耐心等待医生发问后再陈述病情，不要急于陈述。有时医生会做些消毒、看病历等诊断前的准备工作。医生向你问话后，再有条不紊、实事求是地陈述。对病情和症状，既不可缩小、隐瞒，也不可以夸大，更不允许弄虚作假和无中生有地编造。如为了骗取病假，千方百计地欺骗医生，甚至不择手段伪造体温、心率、血压、血尿和血便，乱涂化验单等，这些做法不仅不道德，而且也会伤害自己，贻误对疾病的诊断和治疗。

3. 尊重、信赖医生

就诊时要有礼貌，给予新老医生同等的尊重和信赖。特别是当较年轻的医生为自己诊断病情时，要积极配合，主动提供病情症状，协助医生做出正确的诊断。假如对医生的诊断产生怀疑，应该有礼貌地向医生述说自己的疑虑，请医生再作考虑，并尽可能解释清疑虑，切不可看到诊断结论和自己的预计不符，就随意打断医生的话，甚至和医生争吵。作为病人，一般也不宜向医生点名要药，要听从医生的诊断。如果自己久病成"医"，略知几种药适用，可以诚恳地向医生说明原委，提供给医生作为参考，但决不可强迫医生接受自己的意见。

另外，教师在看病时尽量不要打手机，打手机一方面不仅是对医生工作的不尊重，而且也影响医生看病，另一方面还耽误医生和后面病人的时间。

4. 妥善处理问题

就诊时如果碰巧遇到个不负责任的医生，对疾病作出了教师认为可疑的处理时，作为病人教师应尽量控制情绪，切忌随便发火，应耐心地询问医生有关处理的依据，请医生采取必要的措施帮助释清疑虑。如果当时不能解决问题，可向其他医生或医院有关领导反映情况，请他们根据医务工作者的工作准则判断对错并作出处理。如果已肯定是医生失职，作为病人也不应随意吵闹，更不能纠集家属或同事、好友一起围攻医生，扩大事态，而应该通过正当途径来妥善地解决所存在的问题。如果受医疗条件限制，医院不能满足自己的要求时，可同医生商量转院治疗，不可无理纠缠和指责。

(二) 探病礼仪

探视住院的亲朋好友，是人之常情，但也要注意人际交往的基本礼节。

1. 注意时间

一是注意探视时间。进入医院探视病人，一方面是要遵守医院规定，应在医院允许的探视时间内进行探视，以免影响病人的休息和医院正常的工作秩序。另一方面是应为病人着想，方便病人。注意不要在病人刚住进医院或刚做完手术便去探望，以免影响病人的治疗和休息。

二是注意逗留时间。一般探视病人的时间不宜过长，10 分钟左右即可起身告辞，最多不超过半小时(除非病人有要求)。告别时，一般应谢绝病人送行，并询问病人有没有什么需要帮助的，或是否有事相托。离开前再嘱咐病人安心治疗，祝他(她)早日恢复健康，表示过两天再来看望。

另外，在有其他访客到来时，可打个招呼先行离去。

2. 衣着得体，礼品适当

去医院探视病人，应注意衣着得体，干净整洁。女士还应注意不要浓妆艳抹，服装不宜鲜艳刺目。

探望病人时，可根据病人所患疾病及其病情，携带合适的礼品。比如一些糖尿病人、肠胃病人不能吃水果，就不宜带水果去；看望心肌梗死的病人，则可带些香蕉、橘子、西瓜给病人食用，保持大便的通畅以缓解病情；看望高血压、冠心病患者，可带山楂类食品，它们含有丰富的酸类物质和维生素C，可软化血管；看望肺炎、肺结核的病人，可带梨以及对治疗疾病有益的营养品。另外，还有许多人给病人送去鲜花，使病人心情畅快，但要注意，有些病人或同病房的人可能对鲜花过敏，或者患呼吸道疾病，不适宜呼吸有花粉的空气。同时还要注意不要送纯一色的白花等。其实，书籍、画册、羊毛毯、保温杯等都可以送给病人。

3. 言行、举止得当

去医院探视病人，如果不是至亲，尽量不要带小孩去医院，以免小孩吵闹，影响病人休息。进住院部后，若病人病房门关着，应先轻声敲门，以免病人在换药、擦身体等时候贸然进入，双方尴尬，这也是对病人的一种尊重。进门后可同病人握手、点头或微笑示意，若有椅子，可以找把椅子挨床边坐下。没有病人的授意，最好不要沿床沿坐下。

病人在患病期间，心理状态比较特殊和敏感，因此教师在探视时表情宜轻松、自然、乐观，神态不要过于沉重，更不要在病人面前落泪。说话要语气平和、自然。对病人用的针头、皮管及其他医疗仪器，不要大惊小怪，增加病人压力。当发现病人脸色憔悴时，不能大吃一惊地问“您的脸色怎么这样难看?”而要说“这儿医疗条件不错，您的病一定会很快好转的。”与病人交谈时应轻声细语，关切聆听病人讲话，多说些宽慰与鼓励的话，给病人信心，增加战胜疾病的勇气。如果病人不愿多谈病情时，不要追问。如已知道应保密的病情，更不能对病人进行暗示。当着病人的面与病人家属窃窃私语，会给病人造成猜疑，影响心情，切忌如此做。多讲些外面生动有趣的新闻，使病人愉快。向病人介绍自己或熟人治愈该病的经验，介绍报刊上登载的与疾病斗争的决心和信心。多讲讲病人家庭和睦、工作单位情况良好的事，解除病人的后顾之忧，专心养病。

若病房内还有其他病人，不应在那夸夸其谈，影响他人休息。尊重医护人员的劳动，服从医护人员的管理，维护医院的医疗秩序。如果多人探视病人时，探视人之间不要谈话过长，以免冷落病人。

另外，在探视病人前，还应先适当了解病人的病情，传染病人的衣物用具避免接触。

(三) 住院礼仪

教师若生病需住院治疗，作为病人要听从医生的安排，积极配合医生治疗疾病。住院期间，应尊重医护人员，遵守病房的作息制度，自觉保持病房的卫生，与其他病友友好相处，互相关照。积极乐观，鼓舞他人，战胜疾病。

第十节　公共卫生间礼仪

俗话说人有三急，卫生间是每个人每天都要光顾的地方。家中卫生间的卫生大家都知道主动去维护，那么在一些公共卫生间，教师该如何去讲究公德、遵守规范，体现自身良好的教养呢？

1. 有序排队

使用公共卫生间，应注意标志，不进错卫生间。

在有些公共场所的卫生间厕位出现“供不应求”的局面时，排队等候无疑是保证良好如厕秩序的最重要的条件。你只需静静地等待，不要频繁地敲卫生间的门，更不要大声催促，因为通常卫生间的门销上都有“有人”、“无人”或“未使用”、“使用中”的标志，你在不确定厕位内是否有人的时候，可以轻敲一下门，如果有人，那就耐心等待。如果你确实内急难忍，或是同行的老人或孩子等不及排队，那就和排在前面的人解释一下，商量看能否插个队。通常大家都会礼让老人和孩子的。千万别擅自加塞儿，与他人争抢。在卫生间的门关着的时候，有些如厕者甚至不敲门就破门而入，造成尴尬的场面。

如厕后洗手也是一样，如果别人正在占用洗手池，就应该等待别人用完后再上前使用。

2. 简短寒暄

在洗手间遇到熟人不要刻意回避，尽量先和对方示意或打招呼。不要觉得尴尬而装做没看见把头低下，给人不爱理人的印象。但也要注意在洗手间这种“特殊场合”，不要过多客套，还是彼此平淡一点的好，点头、微笑或简短寒暄即可。

3. 举止得当

使用公共卫生间时，若每个独立卫生间有小门时，使用时应关好小门。在卫生间内还要注意不要发出怪声响，如迫不得已，也要以冲水的声音来加以掩饰，否则会使自已以及外面的人感到难堪。在开放式的公共卫生间内，盯着他人看是非常失礼的行为。男士在小便的时候切不可左顾右盼、瞻前顾后、东张西望，抬头看天花板等避免直视他人的做法是不错的选择。

一些平日里节省有加的人使用起公共卫生间的厕纸却“挥霍无度”，本着“不用白不用”的原则大肆浪费，甚至将厕纸拿走私用，使用自来水、洗手液也同样“大方”，这都是很不文明的行为。

便后应洗手。洗手时，尽量不要将水溅得四处都是，如果不小心将水溅出，则应用纸巾擦拭干净。有的洗手间还专为洗手后擦手提供了烘手机、毛巾或纸巾等，洗手后千万要注意将手擦开净再走，不要习惯的一边走路一边甩动双手，弄得到处是水，甚至甩到其他人身上。有些人还习惯在自己身上一抹，这都是失礼的表现。

一般情况下，母亲可以带男幼童一起上女厕，但父亲不可以带女幼童上男厕。

4. 讲究卫生

卫生间里的行为举止是一个人文明素养的最直接展现。人人都希望使用干干净净的洗手间，所以教师必须从我做起。有些场所的卫生间里设施比较先进，环境比较优雅，气味比较清新，但是很多普通的卫生间却不能给光顾者留下美好的印象。由于保洁员打扫不及时，加上如厕者不注意维护卫生，有些公共卫生间的“悲惨”景象常常不堪入目，气味令人窒息。教师在使用卫生间时，要注意厕纸是否允许冲入下水道，以免造成厕所堵塞，给保洁员增加麻烦。使用完卫生间，应自觉冲水，谨记“来也匆匆，去也冲冲”的规范，不给他人添麻烦，带来不便。

思考题

1. 教师在乘坐公共交通工具时，应注意哪些礼仪？
2. 在图书馆、阅览室应注意哪些礼仪？
3. 外出用餐时，应了解哪些礼仪才不致出糗？
4. 在外住宿时，应懂得哪些礼节，才能给别人一个好印象？
5. 在医院探视病人时，应注意哪些礼节？

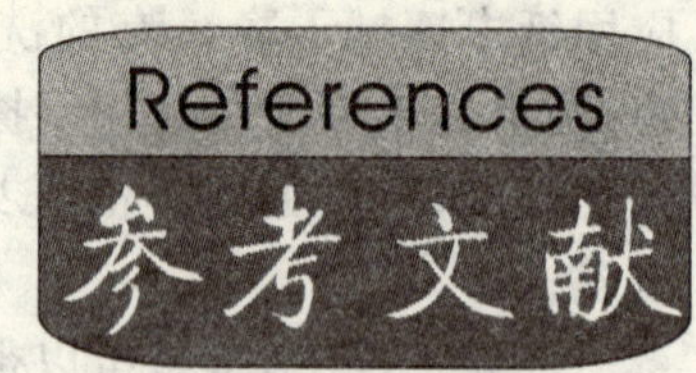

1. 宋嗣廉，韩力学. 中国师范教育通览[M]. 长春：东北师范大学出版社，1998.

2. 毛礼锐，瞿菊农，邵鹤亭. 中国古代教育史[M]. 北京：人民教育出版社，1983.

3. 孙培青，中国教育史[M]. 上海：华东师范大学出版社，2000.

4. 夏征农，陈至立. 辞海（第六版彩图本 1-6）[M]. 上海：上海辞书出版社，2009.

5. 广东广西湖南河南辞源修订组，商务印书馆编辑部. 辞源（修订本）(1-4)[M]. 北京：商务印书馆出版，1980.

6. 周行健，余惠邦，杨兴发. 现代汉语规范用法大词典（上卷）[M]. 2 版. 北京：学苑出版社，2001.

7. 李行健. 现代汉语规范词典[M]. 北京：外语教学与研究出版社，语文出版社，2004.

8. 大中国上下五千年编委会. 中国礼仪文化[M]. 北京：外文出版社，2010；

9. 刘青，邓代玉. 中国礼仪文化[M]. 北京：时事出版社，2009；

10. 夏志强，翟文明. 礼仪常识全知道[M]. 北京：华文出版社，2009.

11. 王辉. 日常礼仪的 300 个关键细节[M]. 重庆：重庆出版社，2011.

12. 李兴国，田亚丽. 教师礼仪[M]. 上海：华东师范大学出版社，2006.

13. 刘维俭，王传金. 现代教师礼仪教程[M]. 南京：南京师范大学出版社，2006.

14. 郭娅玲. 中小学教师礼仪[M]. 长沙：湖南师范大学出版社，2001.

15. 马振海. 教师礼仪[M]. 开封：河南大学出版社，2001.

16. 张艳燕. 教师文明礼仪知识读本[M]. 北京：人民日报出版社，2003.

17. 金正昆. 社交礼仪教程[M]. 北京：中国人民大学出版社，1998.

18. 张岩松. 现代交际礼仪[M]. 3 版. 北京：中国社会科学出版社，2006.

19. 徐爱琴. 实用礼仪学[M]. 杭州：浙江大学出版社，2005.

20. 金正昆. 职场礼仪[M]. 北京：中国人民大学出版社，2008.

21. 金正昆. 社交礼仪教程[M]. 北京：中国人民大学出版社，2009.

22. 夏志强. 礼仪常识全知道[M]. 北京：中国华侨出版社，2011.

23. 海英. 礼仪的力量:海英老师的 33 堂礼仪课[M]. 北京:北京师范大学出版社,2011.

24. 雅瑟. 社交与礼仪知识全知道[M]. 北京:企业管理出版社,2010.

25. 毕文杰. 你的职场礼仪价值百万[M]. 北京:中国画报出版社,2012.

26. 西出博子. 快乐职场礼仪:让别人从内心欣赏你[M]. 北京:中国友谊出版公司,2012.

27. 苏霍姆林斯基. 给教师的建议[M]. 杜殿坤,编译. 北京:教育科学出版社,1984.

28. 林华民. 做一流的教学能手:特级教师林华民的 108 个教学主张[M]. 北京:朝华出版社,2010.

29. 余文森. 有效教学十讲[M]. 上海:华东师范大学出版社,2009.

30. 周彬. 课堂密码:对课堂教学的深度思考[M]. 上海:华东师范大学出版社,2009.

31. 周彬. 课堂方法[M]. 上海:华东师范大学出版社,2011.

32. 陈钧,张楚廷,胡淑珍. 教师职业技能训练丛书之一——教师口语技能[M]. 湖南:湖南师范大学出版社,1996.

33. 陈钧,张楚廷,胡淑珍. 教师职业技能训练丛书之三——教师文体写作技能[M]. 湖南:湖南师范大学出版社,1996.

34. 陈钧,张楚廷,胡淑珍. 教师职业技能训练丛书之四——教学技能[M]. 湖南:湖南师范大学出版社,1996.

35. 田恒平. 小学教师评语手册[M]. 太原:山西科学技术出版社,2006.

36. 王道俊,郭文安. 教育学[M]. 北京:人民教育出版社,2009.

37. 张艳燕. 教师文明礼仪知识读本[M]. 北京:人民日报出版社,2003.

38. 魏峰. 我国"教师节"的设立[J]. 教师教育研究,2007(3):41-44,49.

39. 顾希佳. 关于礼仪起源几种成说的辨析[J]. 唐都学刊,2001(2):70-74.

40. 史华楠. 中国礼仪的起源与鸿蒙之初的礼仪文化[J]. 浙江大学学报(人文社会科学版),1999(1):24.

41. 李衡眉. 礼仪起源于有虞氏说[J]. 烟台大学学报(哲学社会科学版),2001(2):69-72.

42. 于民洵. 浅谈对教师礼仪的几点认识[J]. 职业技术,2009(10):57.

43. 张秉福,叶海芹. 关于加强教师礼仪教育问题的思考[J]. 北京市经济管理干部学院学报,2005(12).

44. 管砚宁. 加强师范生礼仪教育[J]. 企业导报,2010(1):234.

45. 包萍,王煜. 高等院校师范生教师职业礼仪教育的缺失与对策[J]. 通化师范学院学报,2009(3).

46. 张廷俊.论师范院校的礼仪教育[J].乐山师范学院学报,2003(10).

47. 方心如.试析我国礼仪教育缺失的原因及对策[J].教学与管理,2010(4):39-40.

48. 陈小建,戴春芳,何旭明.大学教学情绪场的构建[J].井冈山学院学报(哲学社会科学),2009(1).

49. 范文利,朱晓斌.构建良好课堂氛围的教学情绪场[J].现代中小学教育,2007(5) :9-11.

50. 汪晓明,胡献明.论构建良好的课堂教学情绪场[J].青海师专学报(教育科学),2008(3) :99-100.

51. 罗秋明,刘安民.试论教学情绪场与学生的发展[J].株洲工学院学报,2002(5):135.

52. 宋倩.漫谈身体语言及其在课堂教学中的作用[J].宿州教育学院学报,2006(10):44-45.

53. 高明,柳颖,李复然.浅谈非语言艺术在教学中应用[J].读与写杂志,2011(2):166.

54. 杨春馥.教态对教学效果的影响[J].现代教育科学,2006(1):55-56.

55. 刘爱武.内外兼修,打造师者文明仪态[J].职业,2008(5):111.

56. 王宏宝.浅谈社交礼仪中的坐、立、行[J].科级资讯,2010(9):223

57. 陈兵.漫谈教师讲课时动态语言的运用[J].陕西师范大学学报(哲学社会科学版),2006(7):282.

58. 于春秋.用目光传神达意:教师应具备的技艺[J].厦门教育学院学报,2011(2):41-44.

59. 侯延霞.浅谈教学中的微笑效应[J].职业,2010(9):47.

60. 祖辛耘.浅谈教师的微笑在课堂教学中的重要性[J].职业与教育,2009(5):64.

教学支持说明

《新编教师礼仪训练教程》系华中科技大学出版社“十二五”规划重点教材。

为了改善教学效果，提高教材的使用效率，满足高校授课教师的教学需求，本套教材备有与纸质教材配套的教学课件(PPT 电子教案)供教师选用。

为保证本教学课件及相关教学资料仅为教师个人所得，我们将向使用本套教材的高校授课教师免费赠送教学课件或者相关教学资料，烦请授课教师填写如下授课证明并寄出(发送电子邮件或传真、邮寄)至下列地址。

地址：湖北省武汉市珞喻路 1037 号华中科技大学出版社有限责任公司营销中心

邮编：430074

电话：027-81321902

传真：027-81321917

E-mail：yingxiaoke2007@163.com

证　明

兹证明____________大学____________系/院第____学年开设的__________课程，采用华中科技大学出版社出版的__________编写的________________作为该课程教材，授课教师为________，学生共计__________个班共计__________人。

授课教师需要与本书配套的教学课件为：

授课教师的联系方式

联系地址：________________

邮编：________________

联系电话：________________

E-mail：________________

系主任/院长：________(签字)

(系/院办公室盖章)

______年______月______日